Organizadores:
André Felipe de Albuquerque Fell
Catarina Rosa e Silva de Albuquerque
Fátima Regina Ney Matos
Jorge da Silva Correia Neto

ESTUDOS QUALITATIVOS
em Gestão da Tecnologia e Sistemas de Informação

EDITORA
CIÊNCIA MODERNA

Estudos Qualitativos em Gestão da Tecnologia e Sistemas da Informação

Copyright© Editora Ciência Moderna Ltda., 2010
Todos os direitos para a língua portuguesa reservados pela EDITORA CIÊNCIA MODERNA LTDA.

De acordo com a Lei 9.610 de 19/2/1998, nenhuma parte deste livro poderá ser reproduzida, transmitida e gravada, por qualquer meio eletrônico,mecânico, por fotocópia e outros, sem a prévia autorização, por escrito,da Editora.

Editor: Paulo André P. Marques
Supervisão Editorial: Camila Cabete Machado
Copidesque: Nancy Juozapavicius
Capa: Paulo Vermelho
Diagramação: Tatiana Neves
Produção Editorial: Aline Vieira Marques

Várias Marcas Registradas aparecem no decorrer deste livro. Mais do que simplesmente listar esses nomes e informar quem possui seus direitos de exploração, ou ainda imprimir os logotipos das mesmas, o editor declara estar utilizando tais nomes apenas para fins editoriais, em benefício exclusivo do dono da Marca Registrada, sem intenção de infringir as regras de sua utilização. Qualquer semelhança em nomes próprios e acontecimentos será mera coincidência

FICHA CATALOGRÁFICA

FELL, André Felipe de Albuquerque; ALBUQUERQUE, Catarina Rosa e Silva de; MATOS, Fátima Regina Ney; NETO, Jorge da Silva Correia.
Estudos Qualitativos em Gestão da Tecnologia e Sistemas da Informação
Rio de Janeiro: Editora Ciência Moderna Ltda., 2010.

1. Teoria da informação
I — Título

ISBN: 978-85-7393-904-0   CDD 003.54

Editora Ciência Moderna Ltda.
R. Alice Figueiredo, 46 – Riachuelo
Rio de Janeiro, RJ – Brasil   CEP: 20.950-150
Tel: (21) 2201-6662/ Fax: (21) 2201-6896
LCM@LCM.COM.BR
WWW.LCM.COM.BR

Notas Sobre os Autores

Américo Nobre G.F. Amorim. Graduado e mestre em Administração (UFPE), tem experiência em gestão de empresas de *software* e internet. É Diretor Executivo da D'Accord Music Software. Sua produção acadêmica enfoca áreas como comércio eletrônico, produtos virtuais e exportação de *software*, tendo publicado livros e artigos premiados internacionalmente.

André Felipe de Albuquerque Fell. Graduado em Administração (FCAP/UPE), especialista em Engenharia da Qualidade (UFPE), mestre e doutor em Administração Doutor em Administração (PROPAD/UFPE). Membro do Núcleo de Estudos e Pesquisas em Sistemas de Informação (NEPSI / UFPE). Os principais interesses em pesquisa são nas áreas de gestão do conhecimento, comércio eletrônico e TI/SI. Tem experiência como coordenador de IES e atualmente é professor universitário.

Assuero Fonseca Ximenes. Graduado em Ciência da Computação (UNICAP), pós-graduado em Gestão Estratégica da TI (FCAP/UPE) e mestre em Administração (PROPAD/UFPE). Consultor e analista de sistemas, atualmente é professor do IPESU. Os principais interesses em pesquisa são nas áreas TI, SI e inovação.

Catarina Rosa e Silva de Albuquerque. Graduada em Administração (FCAP/UPE), especialista em Marketing (UFPE) e mestre em Administração (PROPAD/ UFPE) na linha de pesquisa Informação, Inovação e

Tecnologia. É professora / coordenadora da pós-graduação da Faculdade Maurício de Nassau. Atualmente é pesquisadora e consultora da Informe Air. Os principais interesses em pesquisa são nas áreas de TI e marketing.

Décio Fonseca. Graduado em Engenharia Elétrica na UFPE, mestre em Ciência da Computação pela UFPE e doutor em Ciência da Computação pela Université de Paris VI, é professor Adjunto e pesquisador da UFPE/DCA desde 2006 na área de Sistemas de Informação. Foi professor/pesquisador do Centro de Informática da UFPE de 1988 a 2006 nas áreas de banco de dados e engenharia de *software*. Como profissional foi analista de sistemas na UFPE e na CHESF durante dez anos e diretor de TI na UFPE durante oito anos. Os principais interesses em pesquisa são nas áreas de gestão da informação, do conhecimento e de TI e de sistemas de informação.

Elidomar da Silva Alcoforado. Graduado em Hotelaria (UFPE) e mestre em Administração pelo Programa de Pós-Graduação em Administração da Universidade Federal de Pernambuco (PROPAD / UFPE). Professor Assistente no Núcleo de Hotelaria e Turismo da Universidade Federal de Pernambuco (UFPE). Os principais interesses em pesquisa são nas áreas de sistemas de informação, teoria e prática operacional de hotéis e planejamento hoteleiro.

Fátima Regina Ney Matos. Graduada em Psicologia e mestre em Administração pela UFC. Doutora em Administração pelo PROPAD / UFPE. Atuou como consultora em RH e em Responsabilidade Social e atualmente é professora visitante da UFC e Consultora em Comportamento Organizacional.

Jairo Simião Dornelas. Graduado em Informática (UFPE) e em Administração (UNICAP), mestre em Ciência da Computação (UFPE) e doutor em Administração (UFRGS) com pós-doutorado na HEC-Montreal-Canadá. Atualmente é membro do Conselho Universitário (UFPE) e já foi coordenador do curso e chefe de departamento (UFPE). É Professor Adjunto da UFPE na área de Administração e de Sistemas de Informação. Os principais interesses em pesquisa são nas áreas de gestão da TI, sistemas de informação e apoio à decisão.

Jorge da Silva Correia Neto. Graduado em Administração (UFPE), especialista em Docência do Ensino Superior (FADEPE) e mestre em Administração (PROPAD/UFPE). É Professor Assistente da UFRPE-UAST desde 2006 nas áreas de Administração e de Sistemas de Informação. Vinte anos de experiência profissional como desenvolvedor de *software* e empresário da área de tecnologia da informação. Os principais interesses em pesquisa são nas áreas de gestão da TI, sistemas de informação e marketing.

José Rodrigues Filho. – Graduado em Administração (UFPB), mestre em *Hospital Administration* (Polytechnic of the South Bank – London), doutor em Administração pela University of Manchester (Inglaterra). Foi professor visitante na Acadia University (Canadá) e atualmente é Professor Adjunto da Universidade Federal da Paraíba. Os principais interesses em pesquisa são nas áreas de sistemas de informação, gestão do conhecimento e governo eletrônico.

Marcílio Ferreira de Souza Júnior. Graduado em Ciência da Computação e mestre em Modelagem Computacional de Conhecimento pela UFAL, doutorando em Administração pela UFPE-PROPAD. É professor do IF-AL desde 2003 nas áreas de Engenharia de *Software*, Programação de Computadores e de Sistemas de Informação. Atua profissionalmente como analista de sistemas da Secretaria Estadual de Saúde de Alagoas desde 2005. Os principais interesses em pesquisa são nas áreas de sistemas de informação, engenharia de *software* e tecnologia da informação na gestão de saúde pública.

Marcos André Mendes Primo. Graduado em Engenharia Elétrica pela UFPE e mestre na mesma área pela UFPB, é doutor em Supply Chain Management pela Arizona State University desde 2003. Atualmente é Professor Adjunto da UFPE e vice-coordenador do Programa de Pós-Graduação em Administração (PROPAD) da UFPE. É coordenador do núcleo de pesquisa GIRO (Gestão de Inovação em Redes de Operações), membro do comitê científico da divisão gestão de operações e logística - GOL da ANPAD e líder do tema Gestão da Qualidade de Produtos e Serviços desta divisão, além de editor executivo da revista eletrônica Gestão.ORG do Propad/UFPE. Pertence ao corpo de pesquisadores do Centro de Estudos em Gestão Naval (CEGN) da USP/SP.

Maria Conceição Melo Silva. Graduada em Administração (UFS), especialista em Gestão Estratégica de Sistemas de Informação (UFS), mestre em Administração (UFAL) e doutora em Administração (PROPAD / UFPE). Além de revisora do periódico Custos & Agronegócios, é Professora Adjunta da Universidade Federal de Sergipe (UFS). Os principais interesses em pesquisa são nas áreas de TI, de sistemas de informação e tomada de decisão.

Mônica Ximenes Carneiro da Cunha. Graduada e mestre em Engenharia Elétrica (UFCG), é doutoranda em Administração pelo PROPAD-UFPE desde 2007 e professora da Coordenadoria de Informática do Instituto de Educação, Ciência e Tecnologia de Alagoas – IF-AL desde 1996, onde atua nas áreas de Análise de Sistemas, Banco de Dados e Sistemas de Informação. Os principais interesses em pesquisa são terceirização de sistemas de informação, integração de sistemas de informação e gestão da informação no setor público.

Nilke Silvania Pizziolo Fell. Especialista em Supervisão Escolar pela Universidade Cândido Mendes. Educadora de Jovens e Adultos. Professora Universitária.

Raquel Oliveira Xavier. Graduada e mestre em Administração pela UFPE/PROPAD. Professora e Consultora nas áreas de Administração e Sistemas de Informação. Vinte e um anos de experiência profissional na área de Tecnologia da Informação.

Rezilda Rodrigues Oliveira. Graduada em Administração (UFPE), mestre em Administração (FGV-RJ) e doutora em Ciência Política e Sociologia (IUPERJ). Professora Adjunta da Universidade Federal de Pernambuco (UFPE) com atuação na graduação e na pós-graduação. Os principais interesses em pesquisa são análise institucional, gestão do conhecimento, capital social, análise de *stakeholders* e responsabilidade social.

Rodrigo Cesar Reis de Oliveira. Graduado em Administração (UFPB), mestre em Administração (PROPAD/UFPE). Professor universitário e seus principais interesses em pesquisa são nas áreas de TI, avaliação de programas e projetos, e sustentabilidade.

Prefácio

Há muitas e boas razões para um mergulho literal na obra Estudos *Qualitativos em Gestão da Tecnologia e Sistemas de Informação*. O primeiro deles que se reveste de singular relevância é que é uma obra plural, que liga a prática efetiva, desejada e necessária de uso de sistemas de informação em atividades organizacionais, com destaque para a área de gestão de relacionamento com o cliente, até a idéia de tecnologia empregada na sociedade e na produção cultural das comunidades intelectuais. Não bastasse este escopo, a obra ainda reserva bons ângulos para exame da produção científica nacional na área de administração da informação, com perspectiva de investigar temas emergentes de pesquisa e em pesquisa.

Uma segunda força a nos incentivar à leitura é justamente a característica recém-citada de enveredar por abordagens de pesquisa que não se querem feitoras de regularidades. De fato, todos os escritos reunidos no livro escapam da rotineira argumentação de pesquisa em sistemas de informação e arredores, quando se debruçam com um olhar interpretativo sobre seus temas.

Essa inovação permite que se incorporem de forma inventiva ao estudo de uma área cuja gênese e condução epistemológica são tradicionalmente ligadas às áreas "engenhadas" das ciências, um nítido viés qualitativo, que dá título à obra. Neste viés, aparecem novas correntes de apreciação dos fenômenos sociais ligados aos sistemas de informação nas organizações e valorizam-se aspectos de inovação, gerenciamento, atendimento e mesmo qualidade de *software*, pelo fator de entendimento dos atores, mas que por métricas derivadas das apurações de fatores ligados a esses mesmos atores.

Não bastasse essa inovação, ainda há uma vasta contribuição sobre a sempre notória e plural gestão de conhecimento. Aqui também a presente obra tem certos quês que a individualizam. De fato, buscam-se tecnologias como *groupware* ou visões à Habermas para se entender, entre outras coisas, a percepção dos indivíduos sobre a contribuição da tecnologia para se produzir realmente uma gestão da informação, base fundamental para a pretendida e propalada gestão do conhecimento.

Todas as incursões comentadas são de cunho qualitativo e justificam a obra que propugna também a olhar sobre métodos alternativos para se fazer uma das mais metodizadas atividades da especialidade da informática organizacional: o desenvolvimento de sistemas. Por isto, é tentador entender como isto ocorre à luz da *grounded theory*.

Por fim, mas não menos direcionador de seu (e meu) convencimento para mergulhar na leitura, há o fato da origem da produção. Quase a totalidade dos autores têm vínculo com um núcleo de produção científica. Este núcleo tem se revelado um baluarte da geração e disseminação de conhecimento em sistemas de informação na sua região. A produção como revelada nesta obra, mostra pesquisadores preocupados com sua realidade vivencial, os quais trazem para o centro da cena de pesquisa as pessoas e suas vicissitudes, que conseguem erigir uma forte competência em pesquisa rigorosa e acadêmica, mas útil, aplicada e inserida na realidade do espaço em que eles vivem. Bravo!

Vejam então que além das muitas razões argüidas e listadas, há boas expectativas de averiguar quão importante, hodierna e estrutural é a atividade de pesquisa bem guiada e com preceitos amplos e valorativos da presença da pessoa no centro das escolhas e da condução do fenômeno de gestão de tecnologia nas organizações.

Não resta mais a dizer a não ser vire a página e prazerosa leitura!

Jairo Simião Dornelas
Professor Adjunto
Centro de Ciências Sociais Aplicadas - UFPE

Sumário

PARTE 1
GESTÃO DA TECNOLOGIA DA INFORMAÇÃO 1

Capítulo 1
A Inovação de Produtos Sob a Ótica do CRM: um Estudo de Caso 3

    Resumo 3
    Introdução 4
    Referencial Conceitual 5
        Cultura organizacional 5
        Empreendedorismo corporativo 6
        Inovação 7
        Mudança organizacional 7
        Marketing 8
        Marketing de relacionamento 9
        Tecnologia da informação nas organizações 9
        Gestão do relacionamento com o cliente 11

Desenvolvimento de novos produtos 12
Procedimentos metodológicos 14
O caso 15
Desenho da pesquisa 15
Análise dos dados 16
Síntese dos resultados 19
Considerações finais 20
Limitações e sugestões para estudos futuros 22
Referências 23

Capítulo 2
CRM: Prática Crescente e Vital no Segmento Farmacêutico 29

Resumo 29
Introdução 30
Marketing de relacionamento 31
Tecnologia da informação 32
Gestão de relacionamento com o cliente 33
Procedimentos metodológicos 34
O caso selecionado 34
A pesquisa 35
Apresentação e análise dos resultados 37
As entrevistas com as lideranças 37
As entrevistas com as atendentes 39
As entrevistas com os clientes 41
Análise da percepção dos clientes 41
Comportamento de compra 41
Expectativas dos clientes 43

Percepção dos clientes 45
Satisfação do cliente 46
Lealdade 46
Relacionamento 47
Percepção da mudança 48
Síntese da análise dos resultados 49
Considerações finais 50
Referências 53

Capítulo 3
O Papel do Gerente num Contexto de Mudança Baseada no Uso da Tecnologia CRM 57

Resumo 57
Introdução 58
Referencial conceitual 60
   Mudança Organizacional 61
      O Papel do Gerente como Agente de Mudança 61
   Marketing 62
      Marketing de Relacionamento 63
   Tecnologia da Informação 64
      Gerenciamento do Relacionamento com o Cliente (CRM) 64
Metodologia 65
   Delineamento da Pesquisa 66
   Coleta dos Dados 67
      Triangulação 67
   Análise dos Dados 68
Análise dos resultados 69

Análise descritiva das variáveis demográficas 69
Análise univariada 70
Pergunta Síntese e Análise de Correspondências 75
Conclusão 76
Referências 78

**Capítulo 4
Qualidade de Software em Pequenas Empresas: Metodologias, Táticas
e Desafios 83**

Resumo 83
Introdução 84
Histórico da organização estudada 85
Conceitos referidos 85
   Desenvolvimento de software 86
   Metodologias de desenvolvimento de software 86
   Gestão de projetos 87
   Qualidade de software 87
   Melhorias de processo de software 88
Procedimentos metodológicos 88
O Processo de melhoria em análise 89
Dificuldades e resultados obtidos 93
Considerações finais 95
Referências 96

**PARTE 2
GESTÃO DA INFORMAÇÃO E DO CONHECIMENTO 99**

Capítulo 5
Análise do Uso da Tecnologia de Groupware para a Gestão do Conhecimento: o Caso de uma Companhia do Setor Energético 101

Resumo 101
Introdução 102
A Tecnologia de Groupware 103
Gestão do Conhecimento (G.C.) 105
Tecnologia de Informação (T.I.) e Gestão do Conhecimento (G.C.) 106
A Companhia HidroElétrica do São Francisco - CHESF 108
    A rede corporativa da CHESF 109
Procedimentos metodológicos 111
Algumas constatações e resultados 113
Considerações finais 115
Referências 116

Capítulo 6
Um Estudo da Produção Acadêmica Nacional sobre Gestão do Conhecimento Através da Teoria do Conhecimento de Habermas 119

Resumo 119
Introdução 120
Gestão do conhecimento e teoria do conhecimento de Habemas 121
    Gestão do conhecimento (GC) 121
    A teoria do conhecimento de Jürgen Habermas 124
Material e método 126
Discussão dos resultados 131
    Contexto de desenvolvimento dos artigos 133

Definições de GC 134
Referência institucional do(s) autor(es) do(s) artigo(s) 134
Resultados encontrados pelo(s) autor(es) nos artigos sobre GC 136
Considerações finais 136
Referências 138

Capítulo 7
A Contribuição da Tecnologia da Informação para a Gestão do Conhecimento em Pequenas e Médias Empresas na Região Metropolitana do Recife 143

Resumo 143
Introdução 144
A organização do conhecimento 145
    O conhecimento organizacional 147
    Gestão do conhecimento 148
    Tecnologia de informação de suporte à gestão do conhecimento 150
    As pequenas e médias empresas 153
    O uso da TI em pequenas e médias empresas 154
Considerações finais 158
Referências 159

PARTE 3
PESQUISAS EM SISTEMAS DE INFORMAÇÃO 167

Capítulo 8
Pesquisa Qualitativa em Sistemas de Informação (S.I.) no Brasil: Uma Análise da Produção Acadêmica 169

Resumo 169
Introdução 170
Pesquisa em SI no Brasil 171
Pesquisa qualitativa em SI 172
Estruturação do referencial para a análise dos paradigmas 174
    Positivismo 177
    Pós-positivismo 177
    Teoria crítica e posições ideológicas afins 178
    Construtivismo 179
Estruturação do referencial para a análise dos métodos 179
    Pesquisa-ação 180
    Estudo de caso 180
    Pesquisa etnográfica 181
    Grounded theory (teoria fundamentada nos dados) 181
Material e método de análise 182
    Análise dos paradigmas adotados 182
        Artigos interpretativos identificados 183
    Análise dos métodos de pesquisa adotados 184
Considerações finais 185
Referências 186

Capítulo 9
Desenvolvendo um Sistema de Informação em Enfermagem através da Grounded Theory 191

Resumo 191
Introdução 192
Metodologias de desenvolvimento de sistema de informação 194

A metodologia tradicional ou ortodoxa 195
As metodologias alternativas 196
O desenho participativo 197
Sistema de informação em enfermagem 198
A grounded theory 200
Procedimentos metodológicos 201
Algumas constatações e resultados 204
Implicações para um sistema de informação 219
Considerações finais 221
Referências 223

Capítulo 10
Participação dos Usuários no Desenvolvimento de Sistemas de Informação: Uma Reflexão sob a Óptica Positivista e Interpretativista 227

Resumo 227
Introdução 228
Desenvolvimento de sistemas de informação: foco em engenharia de requisitos 231
Perspectivas positivista e interpretativista no desenvolvimento de sistemas de informação 234
   A perspectiva positivista na área de SI 236
   A perspectiva interpretativista na área de SI 239
Ênfase na participação do usuário no desenvolvimento de sistemas mais eficientes e mais adaptados à realidade 242
   Participação na mudança de sistema 242
   Usuário final, mudança, participação e envolvimento 244

Modelo de aceitação a tecnologia (TAM) 245
Desenho participativo 245
Considerações finais 247
Referências 249

PARTE 4
TECNOLOGIA E SOCIEDADE **253**

Capítulo 11
Corpo, Tecnologia e Produtividade **255**

Resumo 255
Introdução ao corpo 255
Corpo e tecnologia 257
    Ficção e memória 259
Corpo e produtividade 260
    Desempenho do corpo produtivo 262
Tecnologia e produtividade 263
Considerações finais 267
Referências 268

Capítulo 12
Um Estudo Observacional da Dualidade da Tecnologia em Filmes Cinematográficos de Ficção Científica **271**

Resumo 271
Uma breve exposição histórica 272
Dualidade da tecnologia 274

A Pesquisa qualitativa 276
  Breve histórico da pesquisa qualitativa 276
  Algumas características da pesquisa qualitativa 279
Procedimentos metodológicos 281
  A Observação como método de coleta de dados na pesquisa
  qualitativa 281
  O "modus operandi" do estudo proposto 283
Categorias analíticas identificadas na 1ª Parte 284
Categorias analíticas identificadas na 2ª Parte 286
Considerações finais 288
Referências 289

PARTE 1

GESTÃO DA TECNOLOGIA DA INFORMAÇÃO

Capítulo 1

A Inovação de Produtos Sob a Ótica do CRM: um Estudo de Caso

Jorge da Silva Correia Neto
Catarina Rosa e Silva de Albuquerque
Jairo Simião Dornelas

Resumo

O artigo analisa a influência de um projeto de gestão do relacionamento com o cliente (CRM) sobre os processos operacionais de inovação de produtos (NSD). São descritos os elementos motivadores, as mudanças no processo de NSD, seus efeitos no *portfolio* de produtos e as dificuldades operacionais. O estudo de caso se deu numa das maiores empresas do setor de segurança do país e que vem implementando seu projeto CRM desde 2002. Foram conduzidas três rodadas de entrevistas com pessoas-chave no processo de inovação de produtos da empresa – um diretor, nove gerentes e três analistas – promovendo uma visão longitudinal. Um roteiro de entrevista foi elaborado a partir da revisão bibliográfica nas áreas de inovação, mudança organizacional, marketing de relacionamento, tecnologia da informação e CRM. Os dados foram analisados com as técnicas de análise de conteúdo e léxica. Apesar da organização ser relativamente voltada para a inovação, ter espírito empreendedor e ser descentralizada, as mudanças no processo de inovação de produtos concentraram-se mais na qualidade das informações disponíveis que nos processos em si, que continuavam pouco estruturados, informais e com pouco envolvimento dos clientes. Mesmo assim, o projeto CRM proveu o suporte para o lançamento de três novos produtos nos últimos quatro meses.

Palavras-chave: CRM, Tecnologia da informação, marketing de relacionamento.

Introdução

O fim do século XX é marcado pela instabilidade geopolítica, econômica, de desregulamentação e tecnológica (TAPSCOTT; CASTON, 1995). Isso provocou uma transformação no ambiente empresarial e fez com que muitas empresas optassem pela estratégia competitiva da diferenciação (PORTER, 1998), "escolhendo uma perspectiva de serviço como sua abordagem estratégica" (GRONROOS, 2003, p.19) e pelo marketing focado na customização para segmentos, tendo na tecnologia da informação (TI) um de seus pilares de sustentação e potencialização (BRETZKE, 2000).

Redes, *hardware* e *software*, além dos modernos sistemas integrados de gestão (ERP) podem ser vistos como alguns dos habilitadores dessa revolução nos conceitos de marketing e, até mesmo, de gestão empresarial. Entretanto, "os benefícios trazidos pela TI são marginais se apenas impostos sobre as condições organizacionais existentes, especialmente nas estratégias, estruturas, processos e cultura." (VENKATRAMAN, 1994, p.74). Além das mudanças tecnológicas, são necessários ajustes na interdependência dos processos de negócios.

Segundo Gordon (2002), a gerência do relacionamento com o cliente, mais conhecida no mercado como *customer relationship management* (CRM), surge como um novo modelo de negócios, aliando tecnologia aos componentes humano e estrutural, viabilizando o gerenciamento do relacionamento entre as pessoas e buscando criar e manter relacionamentos duradouros através da criação de mais valor para as partes a longo prazo.

As características intrínsecas aos serviços, incluindo o fato dos consumidores estarem freqüentemente envolvidos em sua execução, reforçam a necessidade de um compromisso mais longo e uma maior intimidade entre quem oferece e quem consome o serviço (ALAM; PERRY, 2002), demonstrando assim, a importância estratégica da inovação e dos processos de desenvolvimento de novos serviços como diferencial competitivo (ALAM, 2002).

Neste cenário, esta pesquisa procurou compreender as mudanças ocorridas nos processos operacionais que cercam a inovação de produtos (vale ressaltar que a expressão "inovação de produtos", neste contexto, estará englobando também os serviços, que são a essência do segmento em estudo) partindo da visão única de clientes propiciada pelo CRM e de uma maior interação cliente-organização nos processos de inovação de produtos. Mais especificamente, buscou-se:

- analisar os principais fatores motivadores do projeto CRM;
- identificar as mudanças ocorridas no processo de inovação de produtos, sob a ótica do CRM;
- avaliar o uso intensivo de dados, provenientes do CRM, nos processos de inovação de produtos;
- relatar dificuldades operacionais associadas à implementação do CRM;
- apurar os efeitos da prática do CRM no portfolio de produtos.

Referencial Conceitual

Cultura organizacional

A cultura organizacional pode ser vista como uma construção política, um instrumento utilizado pelos atores sociais para regular suas interações de forma a obter um mínimo de cooperação necessária à concretização de objetivos do grupo organizacional. Essas interações envolvem os hábitos, valores compartilhados, crenças, formas de interação e conduta e afetam todos os aspectos da organização: estrutura, estratégia, processos e sistemas de controle (DESHPANDÉ et al., 1993; MOTTA; CALDAS, 1997; MOTTA; VASCONCELOS, 2002).

Numa pesquisa realizada junto a 50 corporações japonesas, Deshpandé et al. (1993) examinaram a relação entre cultura organizacional, orientação para o consumidor, inovação e desempenho de mercado. Eles concluíram que existe correlação positiva entre o desempenho e a orientação para o mercado, que as empresas com cultura voltada para o mercado e as empreendedoras *(adhocracias)* tiveram uma performance maior que as dominadas pela coesão interna (clãs) e pelas regras (hierárquicas). Eles concluíram ainda que quanto maior o foco na inovação, maior o desempenho da companhia.

Empreendedorismo corporativo

Conceitualmente, empreendedorismo está ligado ao fazer algo novo, diferente, mudar a situação atual e buscar, de forma incessante, explorar novas oportunidades de negócio, tendo como foco a inovação, a criação de valor, os processos e os recursos (STEVENSON, 1993; MORRIS; KURATKO, 2002).

Por outro lado, o empreendedorismo pode ser aplicado e praticado sem a criação de uma nova organização, sendo então chamado de empreendedorismo corporativo e destacando o papel do empreendedor e a busca da inovação (PINCHOT III, 1989). Está diretamente relacionado com a obsessão pela oportunidade em termos de sua identificação, avaliação, captura e exploração. É holística por natureza, com uma liderança equilibrada e com o propósito de criar valor. Tem como principais dimensões a inovação, a propensão a assumir riscos e a proatividade (TIMMONS; SPINELLI, 2003).

A liderança deve estar presente em todos os níveis organizacionais, pois é uma forte característica empreendedora que leva as pessoas a buscarem a inovação. Essa liderança pode ser formal, baseada na hierarquia, ou revolucionária, focada na identificação de oportunidades e na transformação destas em realidade. Os líderes revolucionários devem estimular o espírito empreendedor incentivando a formação de equipes multifuncionais e a assunção de riscos calculados, reduzindo os níveis hierárquicos, implementando os fundos corporativos para investimento nos novos negócios, promovendo a rotatividade de cargos, o *empowerment*, o acesso irrestrito às informações e trazendo para dentro da empresa, a voz do consumidor (ROBBINS, 2002; DORNELAS, 2003).

Inovação

Inovação está relacionada com mudança, com fazer as coisas de forma diferente, com criar algo novo e com a transformação do ambiente onde se está inserido (DORNELAS, 2003), agregando valor à empresa através da oferta de soluções criativas para os problemas dos clientes, induzindo assim, o crescimento da empresa (DESCHAMPS, 2001).

Para Druker (2003), inovação é o instrumento específico dos empreendedores, o meio pelo qual eles exploram a mudança como uma oportunidade para um negócio diferente. Os empreendedores buscam, deliberadamente, as forças de inovação, as mudanças e os sintomas que indicam oportunidades para que uma inovação tenha êxito: i) acaso; ii) incongruência entre a realidade como ela é e como deveria ser; iii) mudanças incrementais sugeridas pelos clientes; iv) demográficas; v) tecnológicas; vi) de percepção, advindas de mudanças substantivas nas necessidades dos clientes.

Peters (2001) acrescenta que para as empresas terem longevidade é preciso que elas se reinventem continuamente. Para tanto, deve-se dar mais atenção à criatividade que à qualidade, a descentralização deve ser radical, o espírito empreendedor deve ser fortalecido e os indivíduos devem procurar o auto-desenvolvimento e reservar mais tempo para a reflexão.

Mudança organizacional

Wilson (1992) e Motta (1997) atestam que os processos de mudança podem acontecer de forma adaptativa ou planejada. Na primeira abordagem, os processos podem ser vistos como fenômenos que emergem das interações históricas, econômicas e de negócios, sendo frutos do jogo do poder. Na segunda abordagem, as intervenções são planejadas cuidadosamente. Motta (1997) ainda acrescenta uma terceira abordagem, chamada de aprendizagem contínua, que procura criar um clima propício para novas idéias, mais participativo e aberto a novas experiências.

Este processo, segundo Adizes (2001), é composto por seis etapas seqüenciais: diagnóstico; *empowerment*; reestudo da missão e dos valores; realinhamento estratégico; realinhamento da TI e; realinhamento dos sistemas de recompensa.

Na visão de Szilagyi e Wallace (1990), existem quatro tipos de mudança:

- estrutural - introduzida por novas políticas, procedimentos e diretrizes formais;
- tecnológica – baseada em novos *layouts*, métodos e ferramentas de trabalho;
- de tarefa - com foco no desempenho e na motivação dos funcionários;
- comportamental - com relação a atitudes, motivação e comportamentos.

Por fim, para Torres (1995), os processos de mudança são influenciados pelas dimensões magnitude e tempo de implementação:

- ajuste - onde a magnitude é pequena e o tempo é suficiente para a adaptação, ocorrendo um ajuste natural ao longo do tempo;
- acomodação - onde a magnitude é pequena, mas o tempo insuficiente, causando pequenos danos ao processo;
- evolução - onde a magnitude é grande, mas o tempo é suficiente para a adaptação, requerendo ações pró-ativas de planejamento da mudança;
- revolução - onde a magnitude é grande, mas o tempo insuficiente. Neste último caso, ações pró-ativas são imprescindíveis.

As mudanças tecnológicas costumam ser revolucionárias, pois os processos de negócios sofrem uma alteração radical, com reflexos na cultura, na estrutura e nas estratégias de negócios (TORRES, 1995; DAVENPORT, 2002).

Marketing

Segundo Kotler e Armstrong (1998), o marketing tradicional pode ser definido como um processo social e gerencial através do qual indivíduos obtêm o que desejam e necessitam, criando e trocando produtos e valores entre si.

Entretanto, como na atualidade praticamente todo produto agrega algum tipo de serviço, é mister entender exatamente o que é o serviço. Serviço é um ato ou desempenho oferecido por uma parte à outra. Embora o processo possa estar ligado a um produto físico, o desempenho é essencialmente intangível e normalmente não resulta em propriedade de nenhum dos fatores de produção. Serviços são atividades econômicas que criam valor e fornecem benefícios para clientes em tempo e lugares específicos, como decorrência da realização de uma mudança desejada no destinatário do serviço ou em seu nome. Além disso, os serviços têm como características a intangibilidade, a heterogeneidade, a perecibilidade e a simultaneidade entre produção e consumo (LOVELOCK; WRIGHT, 2001).

Marketing de relacionamento

A expressão marketing de relacionamento (MR) só começou a aparecer na literatura acadêmica e comercial de marketing a partir da década de 80, mais precisamente em 1983, numa palestra de Leonard Berry na *American Marketing Association*. A ascensão dos serviços colaborou para o surgimento do MR, já que pessoas e processos passaram a ser mais valorizados (BARNES, 2002; GRONROOS, 2003).

Morgan e Hunt (1994) afirmam que o marketing de relacionamento pode ser visto como um conjunto de atividades dirigidas à criação e desenvolvimento de relações, inter ou intra-organizacionais. As relações inter-organizacionais envolvendo os funcionários, departamentos e unidades organizacionais, e as relações inter-organizacionais envolvendo clientes, fornecedores, parceiros, governos e sociedade.

A co-participação dos clientes pode ser direta, através da modelagem personalizada do produto, ou indireta, através do banco de dados sobre o cliente, o que vai gerar uma base de conhecimento e experiência, e permitir o desenvolvimento personalizado de produtos (MCKENNA, 1992; GORDON, 2002).

Tecnologia da informação nas organizações

A tecnologia da informação (TI) facilita o acesso às fontes de conhecimento de maneira mais rápida e com menor custo, oferecendo variadas opções para criação, distribuição recuperação e preservação da informação (BEAL, 2004) e caracteriza-se como elemento viabilizador para agregação de valor.

Numa análise mais técnica, a TI pode ser definida como sendo todos os componentes de *hardware* e *software* envolvidos no processamento de informações (ALTER, 1999). Tem como funções básicas a obtenção, transmissão, armazenagem, recuperação, manipulação e exibição dos dados, e surgiu da necessidade de se estabelecerem estratégias e instrumentos de captação, organização, interpretação e uso das informações, através de vários recursos tecnológicos (PEREIRA; FONSECA, 1997).

Os grandes bancos de dados viabilizam o armazenamento de todas as interações do cliente com a empresa e, através de ferramentas de extração e processamento, essas informações são compartilhadas por todos na busca do melhor atendimento possível às necessidades e desejos dos clientes (BRETZKE, 2000).

As redes de computadores são um conjunto de dispositivos, *software* e meios de comunicação que conectam computadores (TANENBAUM, 1997; STAIR; REYNOLDS, 2002), potencializando a comunicação organizacional. As redes são indispensáveis na implementação do CRM dados o volume, a diversidade de formas de contato e a dispersão dos atores envolvidos (SORDI, 2003).

Para Laudon e Laudon (1999), um sistema de informação (SI) é um conjunto de componentes inter-relacionados que coletam, manipulam e disseminam dados e informação, proporcionando um mecanismo de *feedback* para atender a um objetivo específico. A saída promove uma resposta utilizada para fomentar mudanças nas entradas ou atividades de processamento (MELO, 2002). A partir dos anos 90, começam a surgir os primeiros sistemas integrados de gestão, os *enterprise resource planning* (ERP), que são SI que permitem o gerenciamento completo e integrado de uma organização (STAIR; REYNOLDS, 2002). Os ERP são essenciais para o CRM, pois gerenciam todas as transações realizadas pelos clientes, fornecendo a base para captar, armazenar e distribuir essas informações pela organização.

Segundo Laudon e Laudon (1999) e Inmon (2001), o processo de *data warehousing* passa pela análise e refinamento de dados transacionais e históricos, além da coleta de dados externos, com a subseqüente extração, limpeza e transformação dos dados. Os *data warehouses* (DW), por sua vez, são coleções de dados orientados por assunto, integrados, não voláteis e variantes no tempo. São desenhados para suportar grandes extrações de dados, processamento e apresentação, em complexos processos de análise e tomada de decisão (ELMASRI; NAVATHE, 2000; INMON, 2001).

No marketing de relacionamento, registrar, analisar e agir com base nas informações de cada uma das interações dos clientes com a organização é o que tem diferenciado as empresas mais bem sucedidas. O conhecimento apreendido com as informações contidas no DW pode ser avaliado como um *continuum* que passa pela fase dos relatórios, depois pelas análises em consultas *ad hoc*, pela predição e, por fim, pelo conhecimento acerca de seus clientes. Toda essa evolução é suportada pelo DW e leva a maiores níveis de resposta e rentabilidade (ELMASRI; NAVATHE, 2000).

Com o *data mining* (DM) é possível minerar, ou seja, descobrir novas informações em termos de padrões ou regras sobre uma vasta quantidade de dados, através da inferência. A extração de novos padrões de significado que não poderiam ser acessados através das consultas tradicionais é o ponto de destaque do DM (ELMASRI; NAVATHE, 2000; TARAPANOFF, 2001).

Gestão do relacionamento com o cliente

Apesar de terem um sentido comum, diversas são as formas de se conceituar a gestão do relacionamento com o cliente e elencar seus pontos-chave. Bretzke (2000) define CRM como a integração entre o marketing e a TI com o objetivo de prover a empresa dos meios mais eficazes e integrados para atender, reconhecer e cuidar de todos os clientes, em tempo real.

Peppers e Rogers (2000) e Brown (2001), afirmam ainda que o CRM não é uma solução apenas tecnológica: abrange a cultura, os processos e a estrutura organizacional, demandando um planejamento prévio em seus diversos níveis.

O grande desafio dos administradores que optam pelo CRM é unir gestão, marketing e tecnologia. Gordon (2002) e Rigby *et al.* (2002) afirmam que os principais desafios seriam o de convencer a alta direção sobre o retorno do investimento em MR, em não centrar a atenção apenas na tecnologia, em planejar o projeto como um todo sistêmico, envolvendo processos e TI, em encontrar os clientes sobre os quais se concentrar e em saber como se tornar mais relevante para os clientes e assim estar sempre agregando valor a essa relação.

Nessa linha, Kale (2003) afirma que os fatores críticos de sucesso seriam o patrocínio pela alta cúpula, a determinação do porquê e onde o CRM é necessário, a definição prévia de objetivos mensuráveis, a criação e o treinamento das equipes certas, a implementação das mudanças de forma incremental, gerenciadas e vendidas internamente, o monitoramento externo do projeto de CRM e a criação de mecanismos efetivos de *feedback* interno e externo.

Desenvolvimento de novos produtos

No tocante ao processo de desenvolvimento interno de novos produtos, diversos autores (SCHEUING; JOHNSON, 1989; JONES, 1995; ALAM; PERRY, 2002) confirmam pesquisa pioneira feita nos EUA, em 1968, como item modelar que, em 1982, sofreu ajustes em seus dois primeiros passos, para valorizar a formulação de uma estratégia de produtos, como pode ser visto na figura 1.

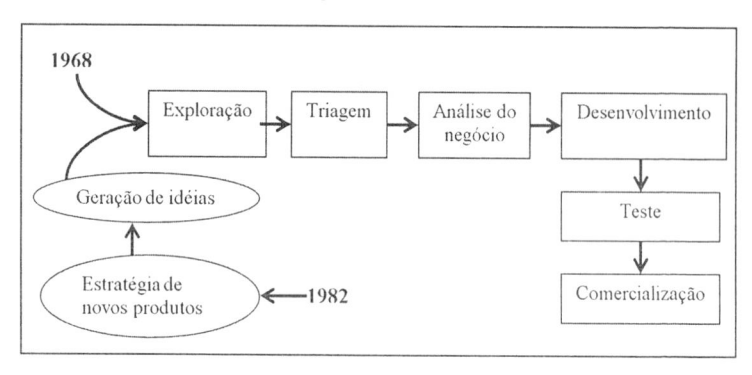

Figura 1: Processo de desenvolvimento de novos produtos (Booz; Allen; Hamilton).

Com a âncora de modelos de desenvolvimento de novos produtos (SCHEUING, 1974; PESSEMIER, 1977; URBAN; HAUSER, 1980), diversos modelos mais especializados no desenvolvimento de novos serviços – NSD (*new service development*) - têm sido apresentados na literatura especializada (DONNELY et al., 1985; JOHNSON et al., 1986; BOWERS, 1986).

O modelo de Scheuing e Johnson (1989), exibido na figura 2, estabelece fases sucessivas, pelas quais se pode estruturar um novo serviço.

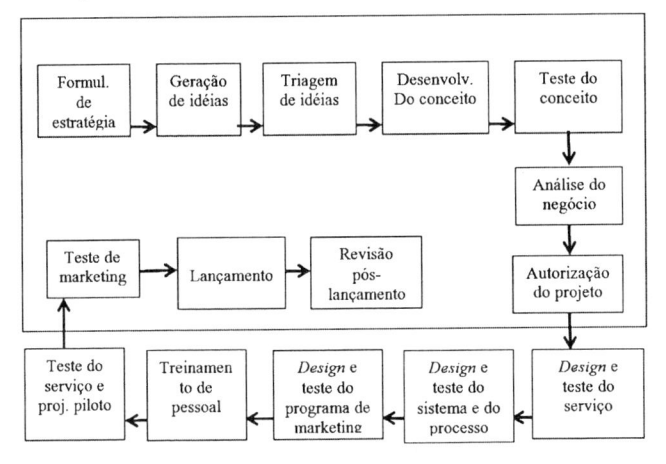

Figura 2: Modelo normativo de desenvolvimento de novos serviços.
Fonte: Adaptado de Scheuing; Johnson, 1989, p.30.

O modelo destaca a inter-relação das funções de *design* e teste e a complexidade dos vários passos iterativos na tarefa a empreender, mas não aborda temas como os times multifuncionais, o processamento paralelo de algumas etapas e a redução do tempo de cada ciclo de desenvolvimento. Além disso, outros questionamentos podem ser feitos acerca da participação dos consumidores no NSD, tais como: quais os principais objetivos dessa participação, quais as fases que demandariam um maior envolvimento, qual a intensidade dessa participação em cada fase e quais seriam os meios para se obter informações destes clientes. Alam (2002) e Alam e Perry (2002) se propõem a ancorar tais questões, como apresentado na figura 3.

Por fim, De Brentani (1991) identificou que existiriam três fatores críticos de sucesso no NSD: os serviços devem prover qualidade funcional e experiencial aos clientes; devem ser inovadores e superiores aos da concorrência; devem se beneficiar plenamente de um processo formal de NSD e das vantagens competitivas da organização. Edgett (1994) complementa afirmando que a gerência dos processos de NSD aumenta a probabilidade de sucesso, pois a maioria das variáveis de sucesso está sob controle da gerência.

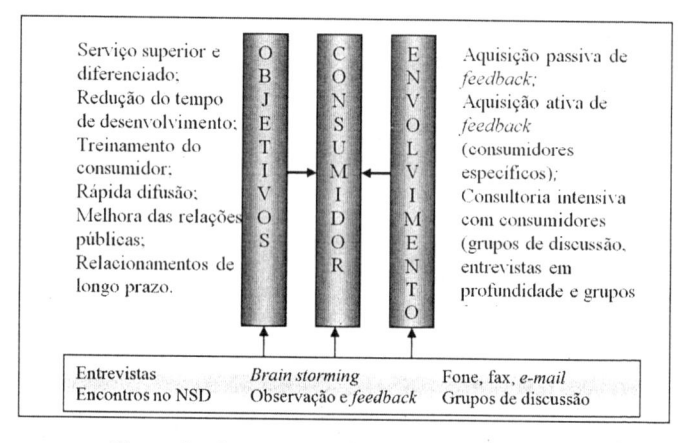

```
Serviço superior e         O    C    E    Aquisição passiva de
diferenciado;              B    O    N    feedback;
Redução do tempo           J    N    V    Aquisição ativa de
de desenvolvimento;        E    S    O    feedback
Treinamento do             T    U    L    (consumidores
consumidor;                I  → M  ← V    específicos);
Rápida difusão;            V    I    I    Consultoria intensiva
Melhora das relações       O    D    M    com consumidores
públicas;                  S    O    E    (grupos de discussão,
Relacionamentos de              R    N    entrevistas em
longo prazo.                         T    profundidade e grupos
                                     O
         ↑                  ↑              ↑
Entrevistas         Brain storming       Fone, fax, e-mail
Encontros no NSD    Observação e feedback Grupos de discussão
```

Figura 3 – Participação dos consumidores no NSD

Procedimentos metodológicos

Como o objeto da pesquisa dita o método de investigação (HAGUETTE, 1987), a natureza da pesquisa que mais se adequou foi a qualitativa. Já que o objeto em estudo tinha um alto grau de complexidade e seria estudado em seu ambiente natural, o uso do método qualitativo se mostrava como o mais apropriado. Como a presente pesquisa se propôs a ampliar os conhecimentos na área, de um problema no qual existia pouco conhecimento difundido academicamente, o estudo exploratório era o indicado (CHURCHILL, 1999).

A estratégia de estudo de caso permitiu o aprofundamento sobre o objeto de pesquisa e os ajustes dos instrumentos utilizados para explorar elementos imprevistos (LAVILLE; DIONNE, 1999). Além disso, os estudos de caso são muito utilizados quando se deseja pesquisar sobre "como" e "por quê" um determinado fenômeno contemporâneo ocorreu, como no caso desta pesquisa (YIN, 2001). A seleção do estudo de caso único se embasou nas proposições de Stake (1994), acerca dos casos instrumentais, e nas de Miles e Huberman (1994) acerca de um ambiente adequado e propício ao estudo e à acessibilidade do pesquisador ao ambiente.

O caso

O grupo ao qual a organização escolhida pertence tem atuação em 14 Estados brasileiros e mais de 15.000 empregados, totalizando um faturamento anual de cerca de R$ 300 milhões. Além do porte, essa organização se apresenta como um caso singular dado o envolvimento da alta direção na consecução desse projeto, inclusive em termos de investimentos, superior a R$ 1 milhão nos últimos dois anos, incluído aí o Siebel®, SI contratado para o projeto de CRM. Dentre os vários módulos disponíveis, a empresa adquiriu e implantou, com as devidas customizações, os módulos de *call center* ativo, *call center* receptivo, campanhas e gerenciamento.

Desenho da pesquisa

A pesquisa foi desenvolvida ao longo de 7 meses, onde foram feitas a revisão de literatura, a coleta e a análise dos dados. Buscando uma visão longitudinal das mudanças ocorridas nos processos operacionais de NSD, nesse período foram realizadas três rodadas de entrevistas (com 12 gestores e um diretor), além da coleta de documentos e das observações, guiadas por um protocolo de estudo.

Os dados coletados foram processados com as técnicas de análise de conteúdo e análise léxica, facilitadas pelo uso do *software* Sphinx®, de apoio a análises de dados qualitativos (CAQDAS), que trouxe como principais benefícios a velocidade, a consistência, o rigor e o acesso a métodos analíticos (KELLE 1997; WEITZMAN, 1999; FREITAS; JANISSEK, 2000).

O principal método utilizado para validar as informações coletadas e diminuir as falhas de interpretação foi o da triangulação, por permitir verificar a repetibilidade de uma observação ou interpretação (STAKE, 1994).

Análise dos dados

Perfil dos respondentes
Em termos de faixa etária, excetuando-se o superintendente comercial e o gerente geral da unidade Pernambuco, que têm mais de 50 anos, todos os respondentes tinham entre 30 e 40 anos, com formação superior (alguns inclusive com pós-graduação patrocinada pela empresa). A rotatividade é baixa (média superior a 7 anos de casa) e existe efetivamente uma política de formação de gestores, apoiada nos programas *Trainee* e de desenvolvimento gerencial.

Fatores motivadores
O grande volume de clientes e as mudanças organizacionais, como a criação da área corporativa, se apresentam como grandes motivadores do projeto CRM. Aliados a estes fatores estão as características de liderança e empreendedorismo de seus gestores. Integração de processos e eficiência, aliados à visão da alta gestão de que inovação é uma necessidade para se manter a liderança, completam o quadro de motivadores do projeto CRM.

Mudanças no processo de inovação
Como principal força motivadora para a inovação foi identificada a mudança de percepção dos clientes, ou seja, mudanças substantivas por que passam estes clientes e que geram novas demandas a serem atendidas pela empresa. A força tecnologia está relacionada com os fornecedores de produtos para a área de segurança. Por fim, a força mudança dos processos, apesar de ter sido citada apenas uma vez na primeira rodada de entrevistas, foi citada em diversos outros momentos.

Como principais forças internas à organização que atuam como indutoras da inovação foram identificadas a central de atendimento a clientes (CAC) e a força de vendas, de onde surgem os *insights*, fruto da relação com os clientes e com o mercado como um todo. Como fontes externas salientam-se os clientes, sugerindo uma inovação mais incremental.

Processo de inovação
A pesquisa avaliou esta questão de forma longitudinal. Através de três rodadas de coleta de dados ao longo de 7 meses, buscou mudanças que tivessem sido introduzidas no processo de inovação de produtos, por menores que fossem, principalmente as relacionadas com a participação do cliente.

Foi possível perceber que as novas demandas dos clientes são o insumo básico do processo de inovação de produtos, sejam elas captadas diretamente - através da participação dos clientes - ou indiretamente - através do corpo de vendas da organização - e que a interação para obtenção dessas demandas vem crescendo. Ademais, novas informações oriundas do projeto CRM já estão influenciando o processo de inovação de produtos.

Avaliação do uso intensivo de dados
Apesar da participação direta dos clientes na fase de proposição de idéias para inovação de produtos já existir antes do projeto CRM (na forma de sugestões e levantamento de necessidades em projetos específicos), os respondentes acreditavam que essa participação seria potencializada com o projeto CRM. Por outro lado, a participação indireta, ou seja, através da análise dos bancos de dados, já estava ocorrendo, através de relatórios estatísticos utilizados para *brainstorming* e *insights*, como em projetos recentes, como o de vendas cruzadas, o *MaisSegurança* e o *Monitoramento Garantido*.

Novas informações sobre os clientes
Mesmo ainda estando em implantação, praticamente todos os respondentes conseguiam identificar novas informações sobre os clientes que eram advindas do projeto CRM, como por exemplo, segmento, dados de cobrança, propostas, contratos, produtos utilizados pelo cliente, relação de equipamentos instalados etc. Mas eles crêem que muito esforço ainda precisará ser feito para que as pessoas da linha de frente registrem efetivamente as entrelinhas dos relacionamentos.

Relacionamento interno e externo
No tocante aos micro-relacionamentos, foi visto que o relacionamento entre o corporativo e as unidades era um processo em franca melhoria, principalmente por conta de novos espaços para troca de idéias e do

manual de procedimentos envolvendo o corporativo e as unidades. A descentralização vinha aumentando e melhorando o relacionamento interno e a comunicação. O fato de já estarem sendo registradas todas as ações para atender às necessidades ou reclamações dos clientes também diminuiu a burocracia e agilizou os processos.

Nos relacionamentos interorganizacionais essas melhorias são menos sensíveis até porque são mais lentas, mas a *extranet* estava sendo brindada como um sucesso por vários gestores. Além disso, também foi citada a utilização do CRM para diminuição da inadimplência, agora com cobrança centralizada e com o apoio da CAC.

CRM
Para influenciar positivamente o comportamento dos clientes, fortalecendo os elos de compromisso e confiança estabelecidos, a organização tem buscado registrar com qualidade o relacionamento, manter uma forte parceria com os clientes e potencializar isso através de ações de comunicação, como por exemplo, através da *extranet* e do novo formato do jornal mensal *fiquetranquilo news*, que agora é integrado com a fatura mensal do cliente.

Foi possível perceber que a organização está mais direcionada para a fidelização de seus clientes, e que tem se utilizado da inovação de produtos como mais uma estratégia para este fim. Além disso, com base nas novas e melhores informações hoje disponibilizadas pelo CRM, na melhoria do relacionamento interorganizacional e do micro-relacionamento, e em algumas ações de CRM já colocadas em prática, já é possível se falar em uso intensivo de dados para inovação de produtos.

Dificuldades operacionais associadas à implementação do CRM
As principais dificuldades operacionais estavam relacionadas com a customização e a implementação dos dois novos *software*, que envolviam praticamente todas as áreas da organização, além da própria montagem da infra-estrutura de TI. Essas dificuldades tiveram um pequeno impacto no prazo, mas não no processo de inovação de produtos.

O CRM e o *portfolio* de produtos
Nos últimos quatro meses, mesmo com todo o trabalho inerente ao projeto em si, foram criados três novos produtos, todos influenciados pelo CRM:

- O *backup celular* viabiliza o contato entre o cliente e a central de monitoramento, independente da linha telefônica fixa. Esse produto veio de um *insight* do coordenador comercial ao analisar um relatório que mostrou um crescimento acima do normal no número de ocorrências desse tipo, numa dada cidade e mês.

- A *extranet* viabilizou, de início, que o cliente pudesse checar os horários de ativação e desativação de seu sistema de alarme, e ainda a emissão de 2ª via de nota fiscal e boleto, agilizando um processo que demorava até 5 dias.

- O produto *patrulheiro-vendedor*: os patrulheiros, agora, passam a analisar as condições dos equipamentos de segurança dos clientes, dão dicas de segurança, falam sobre outros produtos e, de uma forma geral, melhoram os relacionamentos existentes com a clientela, podendo, é claro, perceber alguma remuneração adicional pelas vendas que possam advir dessa interação.

Além desses novos produtos, também foi bastante significativo para a organização o *cross-selling* desenvolvido para clientes corporativos da região sudeste a partir dos dados que estavam agora disponíveis nos bancos de dados centralizados, a partir do DM do próprio Siebel®.

Síntese dos resultados

Como influenciadores do processo operacional de inovação de produtos foram identificados os clientes (mesmo que freqüentemente ainda de forma passiva), o estilo de liderança e as características empreendedoras. Mas não se pode deixar de lembrar que como principais propósitos norteadores foram percebidos a integração dos processos, a eficiência e a inovação.

A TI é a grande responsável pelo ferramental necessário para que o CRM possa ser potencializado para a gestão tanto dos micro-relacionamentos como dos relacionamentos interorganizacionais, e que estes também influenciam os processos operacionais de inovação de produtos, como é demonstrado a seguir.

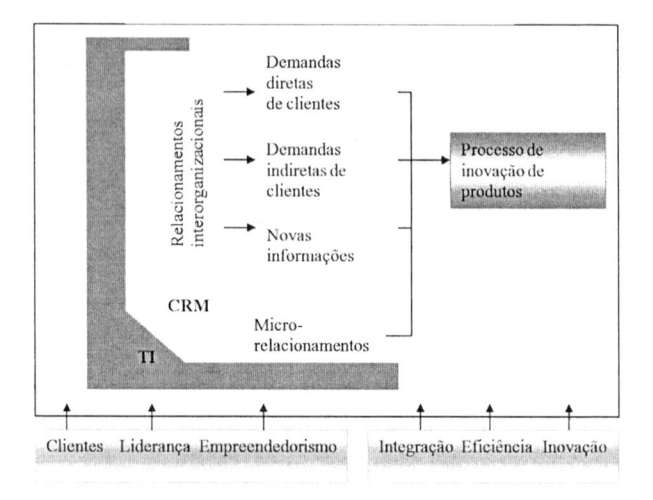

Figura 25 (5): Síntese dos constructos e variáveis

Considerações finais

Corroborando com as proposições de Peters (2001), Druker (2003) e Dornelas (2003), entre outros, o caso estudado pode ser visto como o de uma organização relativamente voltada para a inovação. Isto pôde ser evidenciado pelo espírito empreendedor de seus dirigentes e gestores, pelo estilo declarado de liderança - mais revolucionário que formal - de seus principais executivos, em especial de seu diretor de planejamento e marketing, e por uma forte descentralização e integração dos processos organizacionais, promovidas pela reestruturação organizacional realizada e pela implementação do projeto CRM, que está integrando os diversos departamentos e garantindo informações de melhor qualidade para o uso compartilhado de todos os níveis organizacionais.

Foi possível perceber que a principal força para inovação (DRUKER, 2003) vem do mercado-alvo, com as mudanças substantivas das necessidades dos clientes sendo transformadas em oportunidades de negócios a serem atendidas pela organização. Além disso, como as principais fontes para inovação estão na CAC, na força de vendas e nos próprios clientes, ficou demonstrado o potencial de uso de ferramentas de gestão do relacionamento com o cliente.

Quanto aos fatores críticos de sucesso delineados por De Brentani (1991), a organização parece ainda ter um processo amador de NSD, mesmo que os gestores já tenham em suas mãos a maioria das ferramentas de controle necessárias, como apregoado por Edgett (1994).

O processo de desenvolvimento de novos produtos da organização estudada se assemelha ao proposto por Alam e Perry (2002), com as atividades em paralelo, mas sem um maior formalismo, talvez por conta da proximidade e do relacionamento existente entre proponentes e decisores. Entretanto, ainda existe um longo caminho para que a organização possa tirar proveito da participação direta do cliente em todas as fases do processo de inovação de produtos, como proposto por Alam (2002).

No tocante ao projeto CRM como um todo, o patrocínio da alta cúpula, a determinação dos objetivos, a transformação do projeto num projeto multi-departamental (onde todos eram co-responsáveis), a implementação das mudanças de forma incremental e a criação de mecanismos efetivos de *feedback*, como professado por Kale (2003), aumentaram as chances de sucesso deste projeto.

Com relação às possíveis dificuldades operacionais associadas à implementação do projeto CRM, elas se concentraram basicamente na dimensão tecnologia, onde as maiores dificuldades foram associadas à implementação de um dos sistemas de informação envolvidos, e na dimensão pessoas, onde houve certo atraso na conclusão da implantação do Siebel®. Entretanto, houve um lado positivo, que foi o fato de já existir certa cultura de relacionamento na empresa, fruto, principalmente, do sistema de atendimento a clientes que informatizou a CAC há 6 anos, da formação acadêmica e dos programas desenvolvimento de talentos.

Face aos resultados obtidos e à análise realizada, pôde-se perceber que existem impactos nos processos de inovação de produtos quando da implementação de um projeto de CRM. Nesta empresa, contudo, eles se concentram mais na qualidade das informações sobre as quais os gestores poderão se debruçar do que no processo em si, pelo menos no intervalo de tempo utilizado. Impactos nas dimensões pessoas, processos e tecnologia, como indicavam os referenciais conceituais analisados, foram confirmados.

Entretanto, ficou claro também que essas mudanças ocorrem de forma lenta e gradual, mesmo que o grupo gestor tenha atitudes pró-ativas e empreendedoras, seja jovem e experiente, com boa formação e participante de programas de educação continuada.

Em resumo, pôde-se verificar que houve mudanças nos processos de inovação de produtos sob a ótica do CRM, mesmo que elas só venham a ser mais significativas num prazo maior, corroborando com as proposições teóricas que embasaram o estudo. Como principais contribuições do ponto de vista gerencial podem ser citadas: o volume e a qualidade das informações, além da melhoria dos relacionamentos inter e intraorganizacionais como um fator de melhoria das relações humanas dentro e fora da organização.

Limitações e sugestões para estudos futuros

Como principais limitações podem ser citadas a natureza qualitativa e o caráter exploratório, o fato de ser um estudo de caso e o pequeno prazo utilizado para a realização das coletas, que restringiu uma visão longitudinal mais ampla.

Os resultados e reflexões suscitadas a partir deste estudo podem, no futuro, ampliar o conhecimento acerca de diversos temas, como por exemplo: i) estudar a inovação de produtos sob a ótica do CRM em empresas que atuem em mercados altamente competitivos; ii) desenvolver um estudo quantitativo sobre essa mesma temática, envolvendo as categorias e dimensões identificadas; iii) desenvolver um modelo de desenvolvimento de novos produtos já sob a ótica do CRM; iv) investigar a participação dos clientes nesse processo, mas sob a ótica do próprio cliente.

Referências

Adizes, Ichak. É preciso mudar antes. **In: Inovação e Mudança** : autores e conceitos imprescindíveis. Coletânea HSM Management. Organizado por Carlos Alberto Júlio e José Salibi Neto. São Paulo: Publifolha, 2001. 171 p.

Alam, Ian. An Exploratory Investigation of User Involvement in New Service Development. **Journal of the Academy of Marketing Science** – v. 30, N° 3 – 2002, p. 250-261.

Alam, Ian; Perry, Chad. A customer-oriented new service development process. **The Journal of Services Marketing** – v. 16, n° 6 – 2002, p. 515-534.

Alter, Steven. **Information systems:** a management perspective. 3. ed. New York: Addison-Wesley, 1999.

Barnes, James. **Segredos da Gestão pelo Relacionamento com os Clientes – CRM** – É Tudo uma Questão de Como Você Faz com que Eles se Sintam. Rio de Janeiro: Qualitymark, 2002.

Beal, Adriana. **Gestão Estratégica da Informação**. São Paulo: Atlas, 2004.

Bowers, Michael. **New Product Development in Service Industries**, Ph.D. Dissertation. Texas A&M University, College Station, 1986.

Bretzke, Miriam. **Marketing de relacionamento e competição em tempo real**. São Paulo: Atlas, 2000.

Brown, Stanley. **CRM – Customer Relationship Management** – Uma Ferramenta Estratégica para o Mundo e-Business. São Paulo: Makron Books, 2001.

Churchill, Gilbert. **Marketing Research**. 7. ed. Orlando: The Dryden Press, 1999.

Crawford, Merle C.. **New Product Management**. Homewood, Ill. Richard D. Irwin, 1987.

Davenport, Thomas. **Missão Crítica** – Obtendo vantagem competitiva com os sistemas de gestão empresarial. Porto Alegre: Bookman, 2002.

De Brentani, Ulrich. Success Factors in Developing New Business Services. **European Journal of Marketing**, v. 25, n° 2, p.33-59, 1991.

Deschamps, Jean-Philippe. A inovação e o pote de ouro. **In: Inovação e Mudança** : autores e conceitos imprescindíveis. Coletânea HSM Management. Organizado por Carlos Alberto Júlio e José Salibi Neto. São Paulo: Publifolha, 2001. 171 p.

Deshpandé, R.; Farley, U.; Webster, F.E. Jr.. Corporate culture, customer orientation, and innovativeness in Japanese firms – a quadrand analysis. **Journal of Marketing**, v. 57, n° 1, p.23-27, 1993.

Donnelly, James H.; Berry Jr., Leonard L.; Thompson, Thomas W.. **Marketing Financial Services**. Homewood, Ill. Dow Jones-Irwin, 1985.

Dornelas, José Carlos Assis. **Empreendedorismo corporativo**: como ser empreendedor, inovar e se diferenciar em organizações estabelecidas. Rio de Janeiro: Campus - Elsevier, 2003.

Druker, Peter. **Inovação e espírito empreendedor**. São Paulo: Pioneira Thomson, 2003.

Edgett, Scott. The traits of successful new service development. **The Journal of Services Marketing**, v. 8, n° 3, pp. 40-49, 1994.

Elmasri, Ramez; Navathe, Shamkant. **Fundamentals of Database Systems**. 3rd ed. New York: Editora Addison-Wesley, 2000.

Freitas, Henrique; Janissek, Raquel. **Análise Léxica e Análise de Conteúdo** – Técnicas complementares, seqüenciais e recorrentes para exploração de dados qualitativos. Porto Alegre: Editora Sagra Luzzatto, 2000.

Gordon, Ian. **Marketing de Relacionamento**. 5ª edição. São Paulo: Editora Futura, 2002.

Gronroos, Christian. **Marketing Gerenciamento e Serviços**. Rio de Janeiro: Editora Elsevier, 2003.

Haguette, Teresa Maria Frota. **Metodologias qualitativas na sociologia**. Petrópolis: Vozes, 1987.

Inmon, W.R.. **Datawarehousing**. Berkeley Brasil, São Paulo, 2001.

Johnson, Eugene M.; Scheuing, Eberhard E.; Gaida, Kathleen A. **Profitable Service Marketing**. Homewood, Ill. Dow Jones-Irwin, 1986.

Jones, Peter. Developing new products and services in flight catering. **International Journal of Contemporary Hospitality Management**, v. 7, n° 2/3, p.24-28, 1995.

Kale, Sudhir. "CRM In Gaming: It's No Crapshoot!". **UNLV Gaming Research & Review Journal**, v. 7, n° 2, p.43, 2003.

Kelle, U. Theory Building in Qualitative Research and Computer Programs for the Management of Textual Data. **Sociological Research Online**, v. 2, n° 2, 1997.

Kotler, Philip; Armstrong, Gary. **Princípios de Marketing**. 7ª ed. Rio de Janeiro: Prentice Hall do Brasil, 1998.

Laudon, Kenneth C.; Laudon, Jane Price. **Sistemas de Informação**. 4ª ed. Rio de Janeiro: LTC, 1999.

Laville, Christian; Dionne, Jean. **A Construção do Saber: Manual de Metodologia da Pesquisa em Ciências Humanas**. Porto Alegre: UFMG, 1999.

Lovelock, Christopher; Wright, Lauren. **Serviços Marketing e Gestão**. São Paulo: Saraiva, 2001.

McKenna, Regis. **Marketing de Relacionamento:** estratégias bem sucedidas para a era do cliente. Rio de Janeiro: Campus, 1992.

Melo, Ivo Soares. **Administração de Sistemas de Informação**. São Paulo: Editora Thomson Learning, 2002.

Miles, Matthew B.; Huberman, A. Michael. **Qualitative data analysis: an expanded sourcebook**. 2. ed. Thousand Oaks, CA: Sage Publications, 1994.

Morgan, Robert M.; Hunt, Shelby D. The commitment-trust theory of relationship marketing. **Journal of Marketing**, v. 58, p. 20-38, jul. 1994.

Morris, M.; Kuratko, D.F.. **Corporate entrepreneurship**. Orlando: Harcourt College Publishers, 2002.

Motta, Fernando C. P.; Caldas, Miguel P.. **Cultura Organizacional e Cultura Brasileira**. (Orgs.). São Paulo: Atlas, 1997.

Motta, Paulo Roberto. **Transformação organizacional:** a teoria e a prática de inovar. Rio de Janeiro: Qualitymark Editora, 1997.

Motta, Fernando C.P.; Vasconcelos, Isabella F.G. **Teoria Geral da Administração**. São Paulo: Pioneira Thomson Learning, 2002.

Peppers e Rogers Group. **CRM series:** Marketing 1 to 1 – um guia para entender e implantar estratégias de Customer Relationship Management. ["Online"] 1. ed.. 2000. Disponível em: <http://www.1to1.com.br>. Acesso em 22/01/2001.

Peters, Tom. Reinventar-se eternamente. **In: Inovação e Mudança** : autores e conceitos imprescindíveis. Coletânea HSM Management. Organizado por Carlos Alberto Júlio e José Salibi Neto. São Paulo: Publifolha, 2001. 171 p.

Pereira, Maria José; Fonseca, João Gabriel. **Faces da Decisão**: as mudanças de paradigmas e o poder da decisão. Makron Books, 1997.

Pessemier, Edgar A.. **Product Management**. New York. John Willey & Sons, Inc, 1977.

Pinchot III, Gifford. **Intrapreneuring**. Harbra, 1989.

Porter, Michael. **Estratégia A Busca da Vantagem Competitiva**. Harvard Business Review Book, 1998.

Rigby, Darrel K.; Reichheld, Frederick F.; Schefter, Phil. Avoid the four perils of CRM. **Harvard Business Review**. Boston: Feb 2002. v. 80, nº 2; p. 101.

Robbins, S.P. **Comportamento Organizacional**. São Paulo: Prentice Hall, 2002.

Scheuing, Eberhard. **New Product Management**. Hinsdale, Ill. The Dryden Press, Inc, 1974.

Scheuing, Eberhard; Johnson, Eugene. A proposed model for new service development. **The Journal of Services Marketing**, v. 3, n° 2, spring 1989.

Sordi, José Osvaldo. **Tecnologia da Informação Aplicada aos Negócios**. São Paulo: Atlas, 2003.

Stake, Robert E.. Case Studies. In: DENZIN, Norman K.; LINCOLN, Yvonna S.. **Handbook of Qualitative Research**. California: SAGE Publications. 1994. p. 237-247.

Stair, Ralph M.; Reynolds, George W. **Princípios de Sistemas de Informação.** 4ª ed. Rio de Janeiro: LTC: 2002.

Stevenson, H.H.. **New business ventures and the entrepreneur**. Boston: Irwin, 1993.

Szilagyi Jr., Andrew; Wallace Jr., Marc. **Organizational behavior and performance**. 5th ed. Harper Collins, 1990.

Tanenbaum, Andrew S. **Redes de Computadores**. Rio de Janeiro: Campus, 1997.

Tapscott, Don; CASTON, Art. **Mudança de Paradigma**. São Paulo: Makron Books, 1995.

Tarapanoff, Kira. **Inteligência organizacional e competitiva**. (Org.). Brasília. Editora Universidade de Brasília, 2001.

Timmons, J.A.; Spinelli, S.. **New Ventura Creation**. 6th ed. Boston: McGraw-Hill/Irwin, 2003.

Torres, Norberto A. **Competitividade empresarial com a tecnologia da informação**. São Paulo: Makron Books, 1995.

Urban, Glen L.; Hauser, John R.. **Design and Marketing of New Products**. Englewood Cliffs, NJ: Prentice Hall, 1980.

Venkatraman, N. IT-Enabled business transformation: from automation to business scope redefinition. **Sloan Management Review**, winter 1994.

Weitzman, Eben. Analyzing Qualitative Data with Computer Software. **HSR: Health Services Research**, v. 34, n° 5 Part II, December 1999.

Wilson, David C.. **A strategy of change:** concepts and controversies in the management of change. USA: Routledge, 1992.

Yin, Robert K. **Estudo de caso: planejamento e métodos**. 2ª edição. Porto Alegre: Bookman, 2001.

Capítulo 2

CRM: Prática Crescente e Vital no Segmento Farmacêutico

Catarina Rosa e Silva de Albuquerque
Jairo Simião Dornelas

Resumo

Este trabalho destinou-se a verificar como usar a tecnologia da informação (TI) para estruturar a interação com o cliente, com base no conceito de gestão do relacionamento com o cliente (CRM). Nesse contexto, buscou-se identificar as mudanças necessárias nos processos de trabalho em decorrência do CRM, implementando uma nova estrutura tecnológica e propondo uma nova abordagem de atendimento para a execução das transações. Também visou a avaliar a percepção do cliente em relação à interação com base no uso das ferramentas de CRM e a indicar os benefícios gerados para a empresa a partir desta reestruturação tecnológica e estratégica. A pesquisa utilizou a estratégia de estudo de caso numa empresa do ramo farmacêutico, considerando a tipicidade do segmento e seus incipientes práticos ao tema proposto. Para implementar a pesquisa, além de observações diretas e exame documental, foram realizadas entrevistas com a liderança, as atendentes e os clientes. Foi utilizada a técnica de análise de conteúdo para exame dos dados coletados. Os resultados encontrados mostraram-se promissores e revelaram que os clientes atestam a possibilidade de intensificar a interação com a empresa por meio de um atendimento diferenciado, baseado no conhecimento.

Palavras-chave: CRM, Tecnologia da informação, Sistemas de informação, Marketing de relacionamento.

Introdução

As empresas, segundo O'Brien (2002), estão transpondo um período onde pairava um ambiente competitivo, no qual os produtos e serviços do mercado de massa eram padronizados, de vida longa, pobres em informações e negociados em transações unitárias, para um ambiente onde a concorrência se dá em nível mundial com produtos e serviços pertencentes a nichos de mercados individualizados, com uma boa quantidade de informações e negociados a partir de uma base contínua de clientes. Esses clientes, também assumem um posicionamento ativo perante as negociações, não se restringindo só a aquisição do produto – que pela pequena diferença, enfraqueceu o apego à marca - mas se preocupando com o conjunto agregado de fatores que envolvem a negociação e abrangem preço, qualidade, serviços e suporte.

A partir da necessidade de reposicionamento das empresas perante o mercado, percebeu-se a importância de se ter clientes fiéis, o que garantiria o fluxo de negócios e a sobrevida dessas empresas. A saída seria desenvolver um relacionamento mais estreito com esses clientes, similar àquele mantido no comércio antigo, para conhecer-lhes as necessidades e procurar satisfazê-las, podendo até mesmo antecipar-se a elas. A idéia é interagir de forma personalizada com cada cliente e cativá-lo com este tipo de atendimento, tornando-lhe conveniente ser e permanecer fiel à empresa.

A proposta desse estudo é verificar como uma empresa do ramo farmacêutico pode interagir melhor com seus clientes utilizando-se da tecnologia da informação e dos preceitos defendidos pela gestão do relacionamento com o cliente (CRM). Buscou-se, então, apoio conceitual no marketing de relacionamento, na tecnologia da informação e no CRM.

Marketing de relacionamento

O esforço pela construção de relacionamentos com os clientes direciona-se à busca da retenção desses. Estudos indicam certa influência da satisfação neste movimento (GARBARINO e JOHNSON, 1999; LEMON et al, 2002), sendo esta definida como uma resposta de realização do cliente a partir do julgamento de que uma característica de um produto ou serviço ofereceu (ou está oferecendo), expressando-se a partir de uma reação ou sentimento em relação a uma expectativa (SOLOMON, 2002; ESPINOZA, 2002b).

Conforme estudos referentes ao conceito em tela (MCKENNA, 1992; OLIVER, 1999; ESPINOZA, 2002a), parece inquestionável a relação positiva e causal entre satisfação e lealdade, sendo a primeira tida como meio para se chegar e manter a lealdade. Reitera-se que a dita satisfação, que conduz à lealdade, é uma satisfação acumulada, decorrente da rotina das interações entre a empresa e o cliente seja qual for o canal de comunicação.

A conquista da lealdade do consumidor é um processo dinâmico, que se constrói durante a história do relacionamento do cliente com a empresa. Nesse contexto, as organizações contam com o marketing de relacionamento para estruturar e apoiar as interações com os clientes.

O foco do marketing de relacionamento reside no desenvolvimento e na manutenção das relações estáveis e duradouras entre a empresa e os seus atores (fornecedores, intermediários, colaboradores, e o cliente), sendo o cliente o ator principal (RAVALD e GRÖNROOS, 1996).

Neste sentido, requerem-se crescentes habilidades da tecnologia da informação para desenvolver um diálogo entre a empresa e uma grande quantidade de clientes (PALMER, 1996).

Pelo exposto, percebe-se que o marketing de relacionamento constrói uma teia relacional, que transcende a relação dual entre vendedor e cliente, para exercer uma mudança na natureza de toda a organização culminando com a integração de áreas na construção da vantagem competitiva para a empresa (BRETZKE, 1999). Neste caso, toda organização será responsável, globalmente, pelas respostas às solicitações dos clientes (MARQUES e COELHO, 2001).

Esta nova perspectiva de marketing orienta um posicionamento centrado no cliente com base no conhecimento acumulado proveniente da relação. Para isso, é necessário considerar três pontos básicos: a busca por contato direto com os clientes, o desenvolvimento de um banco de dados que armazene e disponibilize o conhecimento acumulado sobre o cliente e o desenvolvimento de um sistema de informações orientado ao cliente.

Tecnologia da informação

Em face deste novo contexto organizacional, a tecnologia passou a participar dos processos operacionais das empresas, a partir da automação destes, o que permite agilidade, maior rapidez, precisão, acesso e manipulação de dados (STAIR, 2002), incentivando os empresários a buscarem sempre novas soluções.

Convém adicionar que, de acordo com Venkatraman (1994), a implantação de TI requer uma reestruturação dos relacionamentos nas redes de trabalho do negócio para alavancar um vasto arranjo de competências que propiciarão melhores produtos e serviços, onde as pessoas (funcionários) precisam estar envolvidas neste processo e assumir uma postura colaborativa, compartilhando informações e comprometendo-se com a reestruturação organizacional.

A TI passa a ter, então, papel preponderante na geração de uma estratégia para implementar relacionamentos duradouros com clientes, extrapolando suas finalidades típicas de funcionamento, para posicionar-se como viabilizadora de reorientação organizacional. O foco visível desta trama organizacional materializa-se nos sistemas de informação (SI), que formam um conjunto de componentes inter-relacionados que coletam, manipulam e disseminam dados e informação, proporcionando um mecanismo de retro informação para atender a um objetivo (LAUDON e LAUDON, 1999).

Mas, conforme Zenone (2001), o *database marketing* (ou qualquer ferramenta tecnológica) por si só não trará benefícios para a empresa. Para isso, deverá ocorrer uma mudança na cultura da organização e a integração do banco de dados à estratégia de marketing, que será configurada para captar dados relevantes e íntegros sobre os clientes, e, por fim, tentar estabelecer a fidelidade, incentivar a freqüência de compras, envolver os representantes e a equipe de vendas no processo de promover serviços centrados no cliente.

Gestão de relacionamento com o cliente

O sistema de gestão do relacionamento com o cliente (CRM) é resultado da integração entre o marketing de relacionamento e a tecnologia da informação para prover a empresa de meios mais eficazes e integrados para atender, reconhecer e cuidar do cliente em tempo real, transformando dados em informação que seja distribuída por toda organização, permitindo que o cliente seja conhecido e cuidado por todos (BRETZKE, 2000).

O CRM traz à empresa o conceito de uma estrutura centrada no cliente em busca de interações colaborativas e formativas de um relacionamento, onde as duas partes, o cliente e a empresa, serão beneficiados. Os clientes pelo fato de serem reconhecidos pela empresa e terem as suas necessidades identificadas e satisfeitas. A empresa se beneficia por ter uma estratégia fundamentada, o que acarretará um direcionamento de esforços para clientes específicos, tornando o esforço de marketing eficiente e aumentando a lucratividade.

Tal abordagem se vale da TI para potencializar o uso das informações e abarcar processos de negócio, por se apresentar como um evento dinâmico que envolve a organização por completo em todas as suas atividades.

Todavia CRM não significa apenas uma solução tecnológica: envolve atitude empresarial, já que se recomenda um envolvimento completo por parte da liderança da organização, a fim de incentivar os funcionários a aderirem à nova visão e à nova estratégia do negócio, propondo uma mudança de foco, que passa do foco no produto para o foco no cliente, a partir do envolvimento de todos os colaboradores, setores e integração dos dados de clientes, a fim de desenvolver um relacionamento duradouro e de aprendizagem contínua.

As empresas se enganam ao potencializar o CRM como a solução de todos os seus problemas ou ao reduzi-lo a um aparato tecnológico que integra os dados dos clientes. A estratégia apropriada requer uma mobilização envolvendo a organização por completo e tendo a tecnologia como aliada para esse feito, mas requer também mudança de foco, envolvendo, segundo Anton (1995), três vértices da organização: pessoas, processos e tecnologia.

O marketing de relacionamento, a TI e o CRM foram então estudados e serviram como fundamentos para a construção deste estudo que foi operacionalizado a partir da construção metodológica que se exibe a seguir.

Procedimentos metodológicos

A pesquisa se propõe a evidenciar a percepção do cliente de farmácias diante de uma maior interação em busca de um amplo relacionamento baseado em um enfoque de CRM. O estudo realizado fez uso do método qualitativo e da estratégia de estudo de caso.

As normas e os cuidados recomendados foram seguidos para que o resultado pudesse garantir o aproveitamento do seu conteúdo na construção do conhecimento científico, observados especialmente a postura do pesquisador no que concerne à capacidade de questionar, interpretar e adaptar-se às variantes da prática de pesquisa (YIN, 2001).

O caso selecionado

Considerou-se que o caso a ser estudado, seria inovador e contributivo à academia, seria representativo por antever características específicas e determinantes que o tornam capaz de retratar evidências significativas sobre o segmento farmacêutico.

A postura gerencial flexível, aberta a mudanças e interessada na implantação do CRM, a existência da cultura de atender bem o cliente e satisfazer suas necessidades e a flexibilidade para alteração nas ferramentas tecnológicas utilizadas, já que um dos sócios desenvolve atividades paralelas em TI, foram fatores de grande relevância para a escolha da rede de farmácias estudada.

A empresa, Farmacontrol, situada em Recife-PE em duas filiais, conta com um sistema de informações desenhado de acordo com as suas necessidades que dá o suporte aos processos, operações e acompanhamento da performance do negócio e também provê informações que podem ser úteis para estabelecer um relacionamento do cliente com a empresa, como: dados cadastrais e histórico de consumo.

Assim, além dos fatores que distinguem a Farmacontrol como legítima representante do segmento, o estudo encontra um ambiente propício e colaborativo ao seu desenvolvimento, item que sinaliza positivamente para escolha do caso.

A pesquisa

Foi elaborado um protocolo de estudo que registrou todas as etapas e procedimentos, que se evidenciaram em três grandes fases: procedimentos iniciais, coleta e análise dos dados.

Os procedimentos iniciais englobaram todas as ações de preparação para a mudança da postura de atendimento do cliente envolvendo o estudo e planejamento das mudanças identificadas, a seleção dos clientes a serem entrevistados, a reformulação do atendimento (identificação do cliente no início do atendimento com o auxílio de um identificador de chamadas) e as modificações no SI da farmácia (campos específicos para registro de informações não-estruturadas dos clientes).

O planejamento para as mudanças ocorreu através de encontros com enfoque participativo de todos os envolvidos (lideranças e atendentes) com o intento de construir uma plataforma que permitisse particularizar o atendimento prestado aos clientes. Dessa forma, verificou-se a possibilidade de inserir campos na tela de atendimento do sistema de informação onde pudessem ser armazenadas e consultadas informações particularizadas de cada cliente e esses passassem a ser identificados no início do atendimento através do identificador de chamadas.

A seleção dos clientes para entrevista foi feita de forma aleatória a partir do cadastro de clientes especiais (clientes que têm uma freqüência mínima de compras) para garantir o contato deles com a nova proposta de atendimento. A amostra constou de 12 clientes de cada unidade, totalizando 24 clientes, em entrevistas telefônicas ou presenciais, uma vez por mês, durante quatro meses.

As técnicas de coleta foram: observação direta, busca de informações em registros e documentos internos e aplicação de entrevistas com sócios, gerentes, atendentes e clientes da farmácia.

As entrevistas com os gerentes ocorreram no início da pesquisa e tinham o objetivo de construir uma visão potencial de algumas categorias previamente levantadas a partir da teoria. A compilação dos dados tratados influenciou o delineamento da primeira fase de entrevistas com os clientes.

As atendentes foram entrevistadas e questionadas a respeito das categorias previamente levantadas a partir do referencial teórico, com o objetivo também de construir uma visão potencial do CRM em estudo e verificar o nível de aceitação da proposta do estudo, que implicava em uma mudança no padrão usual de atendimento a clientes. Uma segunda entrevista com as atendentes fez-se necessária. O intuito foi o de averiguar possíveis dificuldades ou limitações do processo e, também, identificar, através dos relatos, reações dos clientes com relação à mudança implantada.

Os clientes foram entrevistados quatro vezes, sendo uma entrevista por mês. Cada rodada de entrevista foi delineada a partir de uma pré-análise das rodadas anteriores, já que o objetivo do processo de entrevistas com os clientes era de acompanhar, de forma evolutiva, o comportamento perante à mudança efetuada no *script* de atendimento.

Por fim, ocorreu a análise dos dados que se subdividiu em pré-análise, categorização e interpretação. Os resultados encontrados foram então utilizados para a conclusão do estudo. Na pré-análise, fez-se uma leitura de todo o material a fim de sistematizar as idéias iniciais. Algumas categorias previamente estabelecidas e outras emergentes começam a tomar forma ao se realçarem diante do todo colhido.

Após esse contato inicial e evolutivo com os dados, realizou-se sistematicamente a análise de conteúdo a partir da categorização. Essa técnica permitiu uma representação simplificada dos dados brutos, organizando-os através da reconstrução das mensagens.

A síntese para a análise valeu-se do SPHINX?. Desse *software*, foram utilizados os recursos de construção de enquetes a partir de dados que já estavam transcritos em um editor de textos. A análise dos dados foi feita por tabulações automáticas das respostas e análise léxica, permitindo a operacionalização da análise de conteúdo.

Apresentação e análise dos resultados

Neste espaço, serão exibidos os achados do estudo que se apresentam sobre três perspectivas: entrevistas com as lideranças, entrevistas com as atendentes e entrevistas com os clientes.

As entrevistas com as lideranças

A liderança da farmácia foi entrevistada na 1a. fase da pesquisa. Buscou-se aquilatar a noção geral dos líderes quanto aos principais construtos do estudo, a fim de configurar uma visão potencial do ambiente e das questões envolvidas.

As noções de interação, relacionamento, expectativa do cliente e CRM foram trabalhadas com esse grupo para favorecer o entendimento e o conhecimento da cultura e dos valores compartilhados na organização, além de expressar a importância dada ao cliente.

Ao ver dos líderes, **relacionamento** seria um conhecimento mútuo e íntimo através das interações ocorridas, tanto da empresa para com o cliente, quanto na direção oposta, favorecendo a troca de idéias. Os clientes seriam atendidos de forma particularizada com base no conhecimento desenvolvido pela farmácia acerca do cliente e seus hábitos de consumo e o atendimento seria propenso a agradar e a satisfazer o cliente.

A concepção de interação se direciona para a conversa com o cliente, a disponibilidade em atender e conhecer o que o cliente necessita gerando uma relação mais intensa e um atendimento pessoal. Identificou-se a dificuldade de aprofundamento nas conversas com os clientes por conta do pouco tempo disponível para o atendimento resultante do fluxo de clientes, tanto no telefone quanto no balcão.

A **expectativa dos clientes** foi pesquisada em relação ao que seria importante para seus clientes e suas possíveis expectativas em relação à farmácia. Percebeu-se uma visão unificada a partir das respostas dadas à questão, e associando-a à pratica operacional observada, se percebeu uma preocupação e um compromisso em resolver o problema do cliente. A principal ação lembrada para referendar esta prática foi o fato de em não havendo a disponibilidade do produto requerido pelo cliente na farmácia, esta se dispor a providenciá-lo em outro estabelecimento.

Importante ressaltar que a concepção de "problema do cliente" ultrapassa a simples providência do medicamento. Há um interesse e uma orientação de conhecer o cliente: identificá-lo, saber das suas necessidades e expectativas e do seu atual estado (carência, doença, dor). Dessa forma, procura-se ampará-lo e dar também esse suporte de cunho não comercial.

Também se percebeu a importância de se ter um bom atendimento, através de funcionários qualificados e comprometidos com a empresa, o que favorece indícios de qualidade e um bom nível de prestação de serviços, gerando a satisfação para os clientes.

O elemento preço foi citado, mas de forma não expressiva, pois a liderança compreende que para o mercado essa é uma questão importante, mas os clientes que mantém um relacionamento com uma empresa tendem a priorizar o bom atendimento.

Sob o enfoque do **CRM**, conhecer o cliente se expressou como fator principal no processo de gerir relacionamentos, porque seria a partir desse conhecimento que se teria a capacidade de individualizar o atendimento e aprofundar a relação com cada cliente. Os resultados encontrados ainda expressaram a importância de interagir e estabelecer vínculo com os clientes. Desse vínculo, resultariam relacionamentos mais duradouros que se expressam através da lealdade dos clientes. O CRM foi percebido como uma forma de instrumentalização, uma possibilidade de criar condições de aprofundar esse relacionamento com os clientes.

As entrevistas com as atendentes

Para ampliar a visão potencial do projeto em estudo, as atendentes foram entrevistadas em duas fases. A primeira fase foi executada no início da pesquisa e envolveu o estudo das categorias: bom atendimento, informações, benefícios do programa e possíveis barreiras.

A segunda fase de entrevistas aconteceu antes da última entrevista com os clientes e tinha o objetivo de verificar a evolução do comportamento das atendentes, suas dificuldades e percepções do processo, bem como identificar as reações de clientes à mudança proposta.

No que diz respeito ao **bom atendimento** foi percebido certo consenso com relação à postura de se colocar à disposição do cliente e procurar atendê-lo e resolver o seu problema da melhor forma possível, traduzindo-se em características essenciais de um bom atendimento. Isso ocorre em função de um comportamento favorável a estimular a conversa com os clientes (interação) em busca de conhecer suas necessidades para se ter "uma boa prestação de serviços".

O aspecto ampliado de resolver o problema do cliente fornecendo o medicamento e dando o suporte emocional, quando for o caso, também se apresenta nos dados dessa amostra, reforçando a política de atendimento da empresa.

Como dificuldades, as atendentes citaram o fluxo intenso de clientes em determinados momentos impossibilitando um atendimento exclusivo, ocasionado pela presença de clientes no estabelecimento e no telefone simultaneamente. O fator preço também foi destacado, reconhecendo-se que muitos medicamentos encontram-se com valor superior ao praticado no mercado, o que dificulta a negociação e afasta alguns clientes.

A respeito da importância das **informações, benefícios e possíveis barreiras** do programa, as atendentes responderam que para se praticar um bom atendimento, há a necessidade de ter disponível as informações dos clientes para que se possa conhecê-los. Foi observado que alguns clientes já são reconhecidos pela voz e pelo nome por algumas atendentes, facilitando o atendimento. Mas, a maior parte dos clientes é atendida de forma não-individualizada, o que levou à sugestão de aprimorar as ferramentas tecnológicas disponíveis de forma a propiciar esse acesso imediato às informações.

Um diferencial reconhecido pelas atendentes, quando se compara a Farmacontrol com o segmento de farmácias, é a capacidade do sistema de informações de armazenar o consumo dos clientes, artefato não disponível em grande parcela do segmento farmacêutico, possibilitando identificar e informar para o cliente seu histórico de consumo.

As atendentes têm a expectativa de que a proposta, como implementada, possa desenvolver a lealdade dos clientes expressas na busca de informações daqueles, através das interações continuadas, registradas e armazenadas no sistema de informação, que é visto como um apoio e ferramenta necessária a esse objetivo. Isso favorece um maior conhecimento do cliente, prestando-lhe um atendimento mais individualizado. Dessa forma os relacionamentos vão sendo desenvolvidos.

Na **2a. fase de entrevistas**, verificou-se que, na prática, uma farmácia conseguiu com maior êxito implementar a mudança no atendimento e a outra unidade não. Uma possível explicação para esta discrepância pode residir na ausência do aparelho de identificação de chamadas na unidade do Espinheiro, compelindo as atendentes a perguntarem o telefone dos clientes no início do atendimento. Essa ação desencadeou resistência por parte dos clientes o que prejudicou os resultados da pesquisa nessa filial.

A filial de Boa Viagem apresentou resultados positivos. As atendentes, com o auxílio do identificador de chamadas, têm acesso aos dados do cliente antes mesmo de atender ao telefone e já interagiam com o cliente chamando-o pelo nome. Além disso, a tela de informações pessoais exibida concomitantemente ao acesso já apresenta informações sobre o histórico do cliente na relação.

As entrevistas com os clientes

O objetivo dessas entrevistas estava em investigar a visão real manifestada pelo público exposto às alterações propostas, como também promover a descoberta de novas variáveis que pudessem intervir nos construtos estudados. Destaca-se aqui a ocorrência de quatro rodadas de entrevistas em intervalos médios de trinta dias entre cada rodada.

No ciclo de entrevistas aplicado, buscou-se construir certo fluxo de informações que partiu do estudo das expectativas dos clientes, seguindo com a identificação da percepção daqueles com relação direta às questões levantadas na primeira rodada de entrevistas.

Análise da percepção dos clientes

Esta seção visa ao estudo e à análise das quatro rodadas de entrevistas realizadas com os clientes selecionados das duas farmácias. As questões foram agrupadas de acordo com as categorias a que se referiam, propiciando uma análise condensada por temas, finalizando com uma síntese do estudo.

Comportamento de compra

Quando questionados sobre o comportamento de compra, a grande maioria (71%) dos clientes afirma que também faz compras em outras farmácias. A justificativa para esse comportamento reside principalmente no fator preço (9 citações) e nas questões de conveniência e comodidade (5 citações) de se comprar medicamentos em farmácias que estão mais próximas no momento da necessidade da compra.

O preço dos medicamentos contínuos na farmácia em estudo não são competitivos no mercado. As grandes redes de farmácia e os distribuidores de medicamentos conseguem melhores condições de compra por adquirirem os medicamentos diretamente dos laboratórios. Como a maior parte da amostra pesquisada consome os medicamentos contínuos, há uma tendência verificada de se pesquisar o preço desses produtos e adquiri-los no mercado, onde o preço for menor. O que pode favorecer a migração da compra de outros medicamentos, além dos medicamentos contínuos, para a concorrência, finalizando com a perda desse cliente. Essa revelação merece uma sinalização para a montagem de uma futura estratégia inibidora desse comportamento.

Em contrapartida, quando questionados sobre os fatores determinantes para a decisão de compra em uma farmácia qualquer, os clientes alegam a importância do atendimento, aliado ao preço ou desconto, de acordo com os dados do quadro 1.

Fatores determinantes para a decisão de compra	Citações	Freqüência
Atendimento	18	75%
Preço/desconto	15	63%
Localização	4	17%
Rapidez	4	17%
Disponibilidade do produto	3	13%
Forma de pagamento	1	4%

Quadro 1: Fatores determinantes para decisão de compra em uma farmácia.

Um dado interessante é que apesar de ser predominante o comportamento de pesquisar o preço, há clientes que admitem comprar até mais caro por conta de um bom atendimento, o que faz intuir uma chance concreta de explorar a vertente de fidelização pelo bom atendimento. Logo, ofertar atendimento personalizado e íntimo conhecimento das peculiaridades do cliente podem funcionar como atenuantes à avalanche do preço. É relevante também o uso da WEB na localização de produtos para atender e concretizar o bom atendimento ao cliente.

Expectativas dos clientes

Os clientes apresentam uma expectativa predominante de serem bem atendidos quando em contato com uma farmácia (21 citações). Esses dados reforçam a diretriz de que o CRM será muito bem sucedido se o seu foco e seu diferencial for o atendimento, em verdade, o bom atendimento.

Expectativa de atendimento	Citações	Freqüência
Bem atendido	21	87%
Disponibilidade do produto	7	29%
Interesse em atender o cliente	5	21%
Rapidez	5	21%
Conhecer o cliente/atenção especial	4	17%
Preço acessível	3	12%

Quadro 2: expectativa de atendimento na visão dos clientes

A disponibilidade do produto também é apontada como um fator relevante quando se refereao ambiente de farmácias (7 citações). A rapidez foi mencionada (5 citações) referindo-se à importância declarada em se ter um atendimento ágil e rápido para a compra de medicamentos acompanhado de uma entrega breve. Esta constatação faz crer que um serviço de entrega nos moldes *just in time* seria um diferencial competitivo a perseguir. O CRM seria um aliado para esta tarefa.

Em seguida, os clientes destacaram como diferencial as farmácias que conhecem os clientes e os atendem com base nesse conhecimento a partir de uma atenção especial e certa valorização (4 citações).

Diante da predominância da expectativa de ser **bem atendido** nas farmácias, efetuou-se um exame mais detido do que seria um **bom atendimento**, conforme os dados do quadro 3, através de questionamentos aos clientes num segundo momento de entrevistas.

Bom atendimento	Citações	Freqüência
Funcionário qualificado	17	71%
Resolver o problema do cliente	11	45%
Rapidez	6	25%
Satisfazer a expectativa	4	17%
Informações precisas	2	8%
Valorizar o cliente	2	8%

Quadro 3: definição de bom atendimento.

Em princípio, destacou-se a associação do bom atendimento à qualificação do funcionário que realiza o atendimento e que tenha paciência, atenção, simpatia, cordialidade e respeito. Em seguida, verifica-se a percepção do interesse da farmácia em resolver o problema do cliente.

Aqui, pela prática operacional da Farmacontrol, os clientes já incorporaram como expectativa global a ação de resolver o problema, providenciando os produtos faltosos e se preocupando em atender intensamente o cliente, valorizando-o.

Na mesma direção, apontam as menções: rapidez, satisfazer a expectativa do cliente, fornecer informações precisas e valorizar o cliente. Conceitualmente, essas são ações adotadas por empresas que têm seu foco no mercado e que direcionam seus esforços para praticar o bom atendimento, conforme visto em Bretzke (1999), no marketing em tempo real.

Ainda considerando o bom atendimento, a amostra foi questionada a respeito dos sentimentos despertados pelo bom atendimento. Sentir-se bem e aceito foi predominante (15 citações) e se percebe também uma forte tendência ao início do desenvolvimento de relações, já que muitos clientes mencionam a vontade de voltar a comprar na empresa por conta de um bom atendimento (10 citações). Em adição, os clientes mencionam que se sentem satisfeitos ao serem bem atendidos (6 citações), o que pode superar o preço (2 citações), tornando-o menos expressivo como determinante da compra.

Percepção dos clientes

Quando direcionados a analisar o relacionamento com a Farmacontrol, os clientes destacaram como motivadores principais para compra os aspecto do **atendimento** e da **rapidez na entrega** (15 citações). O preço e a localização aparecem em 3º. lugar (5 citações cada). Ainda sob o prisma da percepção, os clientes identificaram a praticidade do relacionamento, ou seja, a facilidade que eles têm quando já são conhecidos em função dos dados que já estão armazenados no sistema da farmácia, agilizando o atendimento. Destacam-se também as formas de pagamento e a organização da farmácia como fatores que motivam os clientes a comprar.

Na tentativa de verificar convergência ou divergência das variáveis mencionadas na análise exibida, na terceira rodada da pesquisa com os clientes, fez-se outra pergunta solicitando que os clientes mencionassem em que se destaca a Farmacontrol, o que resultou no quadro 4.

Motivação para comprar na Farmacontrol	No. Cit.	Freq.
Atendimento/disponibilidade	15	63%
Rapidez	8	33%
Preço	5	21%
Localização/conveniência	5	21%
Praticidade relacionamento	3	13%
Formas de pagamento	2	8%
Organização	2	8%
Disponibilidade de produto	1	4%

Quadro 4: Motivação para comprar na Farmacontrol.

O atendimento exprime sua força nessa pesquisa e a estratégia desenhada com o suporte do CRM que, por sua vez, respalda-se na orientação do marketing de relacionamento e no uso de aparatos tecnológicos, aponta a direção a seguir. Dessa forma, a estrutura tecnológica adotada permite a construção de perfis dos clientes, dando possibilidade a uma interação específica e especial com cada cliente.

Satisfação do cliente

Todos os entrevistados declararam estarem satisfeitos no relacionamento com a farmácia. Hipotetiza-se com base nas variáveis estudadas que esta satisfação decorre do atendimento dispensado aos clientes e da disponibilidade em ajudar e resolver o problema do cliente, atendendo as necessidades identificadas.

Ainda que todos os entrevistados se declararem satisfeitos com a Farmacontrol, percebeu-se que mesmo estando satisfeitos, os clientes também compram em outras farmácias.

Tal comportamento pode levar à inferência que a satisfação por si só não gera a lealdade plena dos clientes, devendo existir alguma estratégia suplementar que venha garantir o contato exclusivo dos clientes com a Farmacontrol, muito embora os mesmos justifiquem esse comportamento lastreados na conveniência e na comodidade, e também no preço mais baixo encontrado no mercado.

Lealdade

A maioria dos entrevistados (19 clientes) também declara que se considera leal à Farmacontrol. Dos 22 clientes entrevistados na 3a rodada da pesquisa, apenas três alegam deslealdade por adquirir produtos da concorrência.

Curiosa, no entanto, é a noção de lealdade. Ser leal para muitos dos entrevistados admite ter relações esporádicas com outras empresas. Outros condicionam a fidelidade ao preço, se o preço praticado na Farmacontrol for o mais baixo, então o cliente será leal à farmácia, reforçando o caráter decisivo de precificações neste segmento.

Os dados encontrados expressaram foco intenso no atendimento dispensado aos clientes como fator relevante no desenvolvimento da lealdade desses. Esse achado corrobora a intenção do estudo qual seja a intensificação da interação com os clientes, tornando elementar o uso de todos os canais disponíveis para o CRM a fim de intensificar a interação do cliente.

Relacionamento

A categoria relacionamento foi trabalhada em dois momentos. Na primeira rodada das entrevistas, expôs-se aos clientes a proposta de intensificar o relacionamento com eles através de uma retenção de dados com o apoio da tecnologia, o que possibilitaria uma possível identificação do cliente e um atendimento mais personalizado. O segundo momento ocorreu na 3a rodada da entrevista quando foi perguntado aos clientes como a farmácia poderia melhorar o relacionamento com eles.

De acordo com o quadro 5, o fato de conhecer e identificar o cliente no momento do atendimento é muito importante no processo de interação. Esse seria o ponto de partida para se conseguir a praticidade e a agilidade no atendimento por meio das informações disponíveis. Assim, o cliente se sente valorizado e à vontade por conta do atendimento especial.

Gestão do relacionamento	Citações	Freqüência
Conhecer/identificar o cliente	16	67%
Praticidade/agilidade	6	25%
Valorização/preocupação com o cliente	4	16%
Sentir-se em casa/à vontade	3	12%
Presteza nas informações	2	8%
Acompanhamento	1	4%

Quadro 5: Opinião dos clientes com relação à gestão do relacionamento e o uso mais intenso dos dados.

Os clientes mencionaram também a importância do acompanhamento de suas compras. Esse seria um indício importante quando se pensa em gerenciar relações com os clientes, já que há uma manifestação espontânea para que a farmácia cuide e acompanhe as diversas interações que os clientes mantêm com ela. Da mesma forma, clientes que já mantêm um relacionamento mais intenso com a farmácia mostram-se desconfortados e frustrados em terem que fornecer o telefone à atendente a cada interação com a empresa, ressaltando que gostariam de serem identificados espontaneamente.

Por fim, os clientes acrescentam a importância de se cativar o cliente, conhecê-lo e atendê-lo de acordo com suas necessidades, dando-lhes sempre prioridade. Dessa forma, a farmácia poderá identificar previamente os medicamentos que aqueles costumam consumir e estar sempre preparada para atendê-los de imediato.

Percepção da mudança

Os clientes só foram diretamente perguntados sobra a percepção de alguma mudança no atendimento na 3a e 4a rodadas de entrevistas.

Na 3a. rodada de entrevistas, apenas uma cliente da farmácia de Boa Viagem declarou ter percebido a mudança no atendimento, mostrando-se satisfeita e entusiasmada quando mencionou que foi identificada logo no início do atendimento e que não foi necessário informar o número do telefone. Este indício permitiu supor que a continuidade do programa deveria render bons frutos, dado ao grande peso associado em todos os momentos à qualidade do atendimento.

Por conta dessa evidência na percepção da mudança, mesmo que embrionária, foi realizada uma quarta rodada de entrevistas de pesquisa com o objetivo de verificar apenas a percepção da mudança e os comentários dos clientes com relação a mesma. Os resultados indicaram maior percepção, pois seis clientes mencionaram a mudança no atendimento, sendo um cliente da farmácia no Espinheiro e cinco na farmácia de Boa Viagem.

A mudança que está sendo percebida refere-se à personalização do atendimento graças ao duo tecnologia e CRM. Os clientes declararam estarem muito satisfeitos em serem identificados, pois se sentem valorizados e importantes diante da farmácia. Outros mencionaram uma possibilidade maior de agilizar o atendimento já que as informações do cliente são acessadas instantaneamente.

Em direção oposta, verificou-se, nessa rodada de entrevistas, uma incidência maior de clientes que estão deixando de se relacionar com a farmácia alegando preços mais altos, fato esse já identificado nas análises anteriores.

Confirma-se então a peleja latente nos resultados: o preço como fator desestabilizador perante ao atendimento, e este como fator viabilizado da maior interação buscada nos moldes do CRM.

Síntese da análise dos resultados

O intento do estudo buscou configurar a tecnologia com base nos preceitos do CRM para melhorar a interação com os clientes. O processo de investigação com os atores envolvidos possibilitou visualizar a análise sob um tríplice enfoque: a organização, os processos e os clientes.

O cliente da farmácia adota um comportamento de compra direcionado a buscar um bom atendimento, com entrega rápida, valorizando a conveniência da localização da empresa, mas não despreza a variável preço e alega fazer pesquisa no mercado concorrente, adquirindo o produto quando encontra preços mais acessíveis. A partir daí, apurou-se uma expectativa potencial na ótica dos líderes e atendentes e realizada, na visão cética dos clientes, que permeia bom atendimento, disponibilidade do produto, conhecimento do cliente e interesse em resolver seu problema.

Os clientes percebem na Farmacontrol uma materialização de suas expectativas quando confirmam a busca por um bom atendimento, sua identificação pela farmácia (conhecimento) e oferta do produto com preço acessível como fatores que caracterizam lealdade. É razoável então associar que a implementação da nova plataforma de atendimento, de acordo com a percepção dos clientes, promove uma interação mais intensa entre as partes (empresa e cliente).

A satisfação declarada em unanimidade parece, também ela, conduzir à lealdade, favorecendo o desenvolvimento de relações entre a empresa e seus cliente, sendo ingrediente vital para contribuir na melhoria da interação.

Há, por fim, acordo entre os líderes, as atendentes e os clientes que a obtenção e o domínio de informações, tanto dos clientes quanto dos produtos, são relevantes em todas as etapas que antecedem ao evento da interação, por favorecerem o conhecimento.

Considerações finais

A nova estratégia de atendimento apoiada na TI configura um ambiente favorável à prática de uma interação com os clientes, calcada na identificação imediata destes nos momentos iniciais do atendimento, bem como no conhecimento obtido a partir de informações armazenadas.

O processo de mudança proposto pela pesquisa foi desenvolvido segundo os cuidados destacados por Venkatraman (1994), pois houve um planejamento e uma adequação dos processos, antes de promover as alterações da TI. Daí resultaram contribuições singulares para o formato da nova estratégia de atendimento, o qual, graças ao novo arranjo tecnológico e sistêmico propiciou um atendimento individualizado de acordo com o perfil de cada cliente.

Logo, como Bretzke (2000) defende, a nova estratégia de atendimento adotou um processo de trabalho orientado para o cliente incentivando o envolvimento e o comprometimento de toda a empresa e o uso intenso da informação do cliente com o apoio da TI. Esses são preceitos para a implantação favorável da estratégia de CRM.

Porém, conforme prevê a teoria, barreiras podem existir e, nesse caso, aconteceu que a farmácia do Espinheiro, por não ter instalado o bina, impeliu as atendentes a operacionalizar o atendimento na sistemática antiga, que se mostrou geradora de constrangimentos e desacreditou a estratégia pretendida. Este contratempo configurou-se fortemente nos relatos dos clientes da filial, onde apenas um deles identificou uma sensível mudança no atendimento.

Já na farmácia de Boa viagem, onde o identificador de chamadas foi instalado com sucesso, os bons resultados foram atestados pelos clientes que se surpreenderam ao serem reconhecidos pelas atendentes destacando os sentimentos de valorização e atenção da empresa para com eles.

Percebeu-se uma maior agilidade no atendimento e facilidade no acesso aos dados. A mudança foi avaliada pelos clientes como positiva e necessária para que o atendimento seja mais efetivo, corroborando que a associação da tecnologia da informação com um processo constante de particularizar o atendimento aos clientes, como advoga o CRM, propiciou, de fato, ao menos as condições adequadas para uma maior interação com o cliente.

Analisando-se a investigação dos atores envolvidos – líderes, atendentes e clientes – duas categorias se destacaram e convergiram quando estudadas sob o enfoque de alguns construtos. São elas: atendimento e conhecimento.

Quando questionados sobre o que seria importante para o cliente da farmácia com base nas suas expectativas, os líderes e as atendentes demonstraram uma preocupação intensa em atender bem o cliente, dar atenção necessária e resolver seu problema. Isso consiste em proporcionar uma interação agradável e cercada de ações que agregam valor ao produto adquirido, tais como: a disponibilidade em ouvir o cliente e identificar suas necessidades e preferências, a preocupação com uma entrega rápida e o interesse em providenciar o medicamento em falta para o cliente.

De forma concreta e evidente, esse comportamento relatado pelos representantes da organização em estudo, materializou-se no discurso dos clientes, que demonstraram e confirmaram essa prática diferenciada de atendimento.

Na mesma direção, a variável conhecimento aparece também no discurso dos atores pesquisados. Para a organização, conhecer o cliente possibilita atendê-lo de forma individualizada, respeitando-o e antecipando-se às suas necessidades. Nesse contexto, reconhece-se a importância da TI, que viabiliza esse conhecimento através da armazenagem de informações quantitativas (histórico de consumo) e qualitativas (características e preferências particulares dos clientes). Esses, por sua vez, demonstram interesse em serem conhecidos e reconhecidos pela Farmacontrol, chegando a se queixarem quando isso não ocorre ou quando eles têm que fornecer o telefone para serem identificados. Para eles, é conveniente ter esse tipo de relacionamento.

Uma variável digna de registro no estudo é a variável preço. Seu caráter é dúbio: em alguns momentos é determinante da compra, em outros é superada, segundo menções dos clientes, por um bom processo de atendimento. Não obstante a variação, a grande maioria defende a necessidade de se pesquisar e de comprar onde for mais viável, independentemente do atendimento dispensado. Curioso é que esse discurso provém de clientes que se dizem satisfeitos e, em alguns casos, leais à Farmacontrol.

Todavia, se essa estratégia calcada apenas no bom atendimento parece não promover a lealdade, pois é como se o bom atendimento já se configurasse como um requisito esperado e obrigatório na prestação do serviço, uma estratégia voltada apenas para a prática de preços baixos, também não propiciaria a lealdade, considerando que é facilmente acompanhada pelos concorrentes (PARASURAMAN; GREWAL, 2002).

Os resultados encontrados apontam para a confirmação positiva das mudanças implantadas. Os clientes que tiveram contato com o atendimento diferenciado puderam demonstrar um contentamento e sentimento de valorização pela empresa.

A nova proposta de atendimento que preza por identificar o cliente no início da interação, verificando no sistema de informação suas particularidades, configura-se como um meio de envolver e comprometer o cliente na negociação, evitando possíveis pesquisas de preço. Essa proposta de atendimento foi reforçada pelos clientes que disseram ser importante essa identificação porque a farmácia saberá com quem está falando e poderá atendê-lo de maneira especial.

Pode-se concluir aqui que as mudanças desenhadas e implantadas com a co-participação dos envolvidos se configuraram bem oportunas e satisfatórias. Porém, a liderança da organização é consciente da necessidade de acompanhar e desenvolver essa estratégia para que possa atingir o objetivo de intensificar o relacionamento com os clientes.

Os resultados apontam que essas mudanças tomaram um rumo positivo, mas é necessário um aprofundamento e uma compreensão do comportamento dos clientes, a fim de moldar uma estratégia de atendimento e de comercialização que promova a lealdade desses.

Em que pesem restrições de implementação da pesquisa, tanto em nível operacional (impossibilidade de instalação de equipamento em uma filial) quanto no nível de representatividade e generalização de estudos de caso, avalia-se que a análise das informações obtidas neste estudo, pode-se permitir o seu uso para comparações em estudos com outras organizações. Com a proposta de ampliar os conhecimentos sobre os assuntos abordados, são exibidas algumas sugestões para investigações: investigar a aplicação de *softwares* específicos de CRM em farmácias; investigar, sob o enfoque do cliente, farmácias ou distribuidores de medicamentos que já têm implantados um sistema de gestão do consumo de medicamentos por cliente visando avaliar o funcionamento dos mesmos; replicar o estudo em outra farmácia ou rede de farmácias para comparar os resultados.

A atividade de pesquisa se destaca por sua dinâmica em explorar o desconhecido em busca dos objetivos traçados e, nesse caso em particular, buscando elementos que pudessem emergir mediante o contato com o universo pesquisado. Espera-se ter contribuído com o estudo para a disseminação e desenvolvimento do conceito de CRM, em especial no segmento de farmácias, onde a proposta de maior interação pode emprestar um toque mais humano a um segmento paradoxalmente vital à sociedade, mas frio em sua configuração.

Referências

ANTON, Jon. **Customer Relationship Management – Making hard decisions with soft numbers.** Upper Saddle River, New Jersey: 1995.

BRETZKE, Miriam. **O marketing de relacionamento transformando a organização para competir em tempo real: integração entre tecnologia da informação e marketing.** 1999. Tese (Doutorado em Marketing) – Escola de Administração de Empresas de São Paulo (EAESP), Fundação Getúlio Vargas (FGV), São Paulo.

_____. **Marketing de relacionamento e competição em tempo real**. São Paulo: Atlas, 2000.

ESPINOZA, Francine S. **Lealdade e Marketing de Relacionamento: pode a lealdadeinfluenciar a interação do consumidor em tornar-se um cliente relacional?** Anais daXXXVII Assembléia do Conselho Latino-Americano de escolas de Administração (CLADEA). Porto Alegre, 2002a.

_____. **Satisfação, propaganda boca-a-boca e lealdade: implicações para o marketing de relacionamento.** Anais da XXXVII Assembléia do Conselho Latino-Americano de escolas de Administração (CLADEA). Porto Alegre, 2002b.

GARBARINO, Ellen, JOHNSON, Mark S. The different roles of satisfaction, trust, andcommitment in customer relationships. **Journal of Marketing**, v. 63, p. 70-87, april/1999.

LAUDON, Kenneth C.; LAUDON, Jane Price. **Sistemas de Informação**. 4ª ed. Rio de Janeiro:LTC, 1999.

LEMON, Katherine N., WHITE, Tiffany Barnett, WINER, Russell S. Dynamic customerrelationship management: incorporating future considerations into the service retention decision.**Journal of Marketing**. v. 66, p. 1-14, jan/2002.

MARQUES, Alzira, COELHO, Analdo. [CD-ROM] **A reinvenção do marketing no contextoda economia digital.** Anais da XXV Reunião Anual da Associação Nacional dos Programas dePós-Graduação e Administração (ENANPAD). Campinas, set. 2001.

McKENNA, Regis. **Marketing de Relacionamento: estratégias bem sucedidas para a era do cliente.** Rio de Janeiro: Campus, 1992.

O'BRIEN, James A. **Sistemas de informação e as decisões gerenciais na era da internet.** São Paulo: Saraiva, 2002.

OLIVER, Richard L. Whence Consumer Loyalty? **Journal of Marketing**, v. 63, p. 33-44,Special Issue, 1999.

PALMER, Adrian J. **Relationship marketing: a universal paradigm or a management fad?** The Learning Organization, v. 3, p. 18-25, Bradford, 1996.

PARASURAMAN, A., GREWAL, Dhruv. The impact of technology on the quality-value-loyaltychain: a research agenda. **Journal of the Academy of marketing Science.** V. 28, n. 1, p. 168-174, winter/2000.

RAVALD, Annika; GÖNROOS, Christian. The value concept and relationship marketing. **European Journal of Marketing**, v. 30, n. 2, p. 19-30, 1996.

SOLOMON, Michael R. **O comportamento do consumidor: comprando, possuindo e sendo.** 5. ed. Porto Alegre: Bookman, 2002.

STAIR, Ralph M., REYNOLDS, George W. **Princípios de Sistemas de Informação.** 4ª ed. Rio de Janeiro: LTC: 2002.

VENKATRAMAN, N. IT-Enabled business transformation: from automation to business scope redefinition. **Sloan Management Review**, winter 1994.

YIN, Robert K. **Estudo de caso: planejamento e métodos.** 2ª edição. Porto Alegre: Bookman, 2001.

ZENONE, Luiz Cláudio. CRM em um cenário de mudanças. **In: Customer RelationshipMarketing (CRM) Conceitos e Estratégias: Mudando a Estratégia sem Comprometer o Negócio.** Organizado por Luiz Cláudio Zenone. São Paulo: Atlas, 2001.

Capítulo 3

O Papel do Gerente num Contexto de Mudança Baseada no Uso da Tecnologia CRM

Raquel Oliveira Xavier
Jairo Simião Dornelas

Resumo

Este trabalho destina-se a investigar o papel do gerente no que concerne ao trato com o cliente, em face da utilização de um sistema de gerência do relacionamento com o cliente (CRM), uma vez que a gerência é apontada como principal agente numa mudança organizacional baseada em tecnologia. A pesquisa se deu por meio de um estudo de caso em profundidade numa empresa que é, ao mesmo tempo, usuária e fornecedora de tecnologia e que está implantando um sistema de CRM, cujos principais usuários são os gerentes regionais. Foram realizadas entrevistas em abrangência nacional, com perguntas elaboradas a partir da revisão bibliográfica, nas áreas de mudança organizacional, marketing de relacionamento, tecnologia da informação e gestão do relacionamento com o cliente, utilizando a técnica de análise de conteúdo. Constataram-se resultados significativos sobre a potencialidade de uso do sistema, a qual requer mudanças nos processos e inclui uma postura gerencial mais proativa em relação ao contato e atendimento do cliente, possibilitando gerenciamento mais efetivo e melhor planejamento das atividades.

Palavras-chave: tecnologia da informação, gerenciamento relacionamento com o cliente (CRM), mudança organizacional, gerência.

Introdução

Neste estudo, pretende-se abordar as mudanças percebidas e geradas face à utilização da tecnologia de CRM por gerentes de uma empresa de informática. O objetivo geral da pesquisa é o de avaliar a mudança na postura dos gerentes regionais de uma empresa de tecnologia de informática, a partir da implantação e utilização de um sistema de Gestão de Relacionamento com o Cliente (CRM), considerando a atuação do gerente junto ao cliente. Pretende-se, ainda, identificar mudanças nos processos de trabalho para a atividade gerencial, provenientes do uso da tecnologia, identificar novos perfis de atuação para os gerentes, em função do uso da tecnologia de CRM, avaliar a melhoria na relação com o cliente através do uso das informações disponibilizadas pelo sistema e identificar, para a empresa, vantagens associadas ao uso do CRM.

Sabe-se que a tecnologia é um fator vital para as organizações na obtenção de competitividade, num mercado em constante mudança, com um consumidor cada vez mais exigente e orientado para informações e conhecimento. Sabe-se, também, que a idéia de criar um relacionamento com o cliente ao longo do tempo não é resultado deste desenvolvimento tecnológico. Na verdade, a tecnologia apenas tem mudado o método de estabelecer esse relacionamento.

Um sistema de gerenciamento do relacionamento com o cliente (Customer Relationship Management - CRM) é uma estratégia que envolve tecnologia de informação, processos de negócios e atitude empresarial que somam forças para gerar diferencial competitivo por meio do relacionamento com os clientes (Lopes, 2001). Em um CRM, focalizam-se a forma de se relacionar com os clientes e as adaptações internas decorrentes disso. A implementação de software de gestão e de manipulação de informação não prevê apenas novos dados ou novas filosofias de gerenciamento, mas maneiras mais eficientes de se efetivar o relacionamento.

A atuação do gerente é importante neste contexto, uma vez que ele estabelece contato direto com o cliente e pode perceber direcionamentos e atender às suas necessidades. O gerente deve ter uma visão estratégica que possibilite abertura a mudanças, câmbio de planos táticos para aproveitar oportunidades e atenção ao mercado, centrado nas necessidades dos clientes e orientado a resultados (Manzione Jr., 2001).

As mudanças relacionadas à implantação de um sistema de CRM caracterizam-se por pontos de fragmentação (dificuldades encontradas) e pontos de coesão (facilitadores do processo), conforme esquema apresentado no quadro 1 a seguir.

CRM E A TRANSFORMAÇÃO DOS PROCESSOS DE NEGÓCIOS		
MUDANÇAS	FRAGMENTAÇÃO	COESÃO
ORGANIZACIONAIS	- Foco no financeiro e industrial - Foco no funcional ou departamental	- Foco no cliente - Satisfação do cliente - Integração entre o cliente e a empresa
TECNOLÓGICAS	- Unidades sem integração	- Integração do *front office* e do *back office* - Sincronismo com os consumidores
COMPORTAMENTAIS	- Foco no desenvolvimento individual	- Foco na equipe - Colaboração voluntária

Quadro 1 - CRM e a Transformação dos Processos de Negócios
Fonte: Adaptado de Chein e Cabrera, 2000.

As mudanças organizacionais no direcionamento de foco no cliente envolvem todas as áreas da empresa, não só a área de marketing e vendas. Uma empresa voltada para o cliente procura atingir aos seus objetivos de busca da satisfação do cliente e de manutenção dos lucros, através de um sistema integrado de informações que facilite a interação entre as diversas áreas e que reforce suas regras e procedimentos, visando consistência, padronização e controle (Chein e Cabrera, 2000).

O objetivo do CRM, neste contexto, é fornecer os elementos informacionais, funcionais e de projeção, tal que possibilite ao gerente um comportamento pró-ativo e adequado a explorar as potencialidades do cliente. O que se pretende avaliar, então, é se este comportamento gera uma nova postura e se esta pode ser creditável à exploração das potencialidades do CRM.

Referencial conceitual

O embasamento teórico-conceitual do presente estudo aborda os tópicos de mudanças organizacionais, tecnologia da informação, marketing e gestão do relacionamento com o cliente, que é apresentado como a combinação da tecnologia da informação (TI) e do marketing de relacionamento.

A figura 1 apresenta a visualização do esquema que compreende as implicações das mudanças organizacionais no ambiente gerencial e apresenta a importância do sistema de gerenciamento do relacionamento com clientes (CRM), como resultado do marketing de relacionamento e da tecnologia da informação numa organização voltada para o cliente.

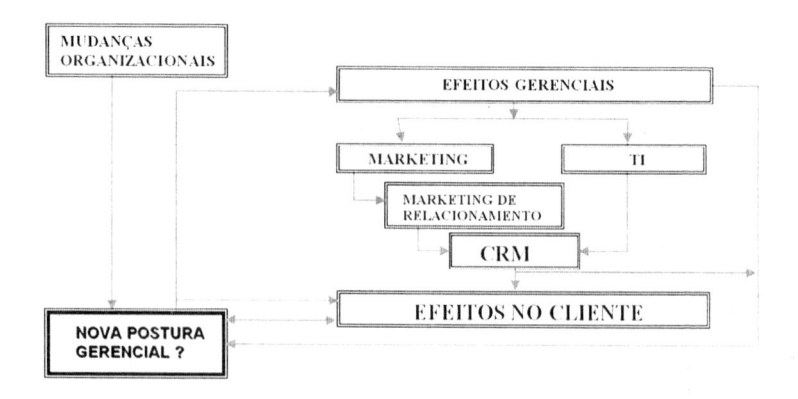

Figura 1 - Roteiro das Referências Conceituais da Pesquisa

Mudança Organizacional

O processo de mudança organizacional começa com o surgimento de forças que criam a necessidade de mudança em alguma parte da organização, e podem ser exógenas ou endógenas à organização. A tecnologia, mudança em valores da sociedade, novas oportunidades e limitações do ambiente econômico, político e social são forças externas que criam a necessidade de mudança organizacional interna (Shirley, 1976).

A rapidez com que as mudanças no ambiente externo afetam as empresas requer o desenvolvimento de eficientes estratégias de aquisição de informações internas e externas (Petrini e Pozzebon, 2000).

Para Machado-da-Silva *et al.* (1999) as organizações sentem-se pressionadas a promover mudanças estratégicas face ao crescente ambiente competitivo, mas em grande parte destes processos de mudança, a transformação organizacional pode ser administrada.

A mudança é um programa intensivo de ações que deve ser precedido de um planejamento defendendo a transformação proposta e demonstrando sua necessidade e vantagens. Preparar a organização para o que virá é justamente construir o contexto da mudança. A figura do agente de mudança surge, então, como líder ou guia da nova situação organizacional, interagindo e alimentando novos valores, atitudes e comportamentos através da identificação e internalização das ações inerentes ao processo de mudança.

O Papel do Gerente como Agente de Mudança

Tapscott e Caston (1995) afirmam que as mudanças fundamentais que estão ocorrendo no atual ambiente empresarial, associadas à ascensão do novo paradigma da tecnologia, estão começando a apresentar um grande desafio para as organizações. As principais dificuldades não se encontram na área tecnológica, mas nas estruturas organizacionais. O desafio é de mudança no enfoque gerencial. A mudança exige uma visão diferente dos líderes estabelecidos, que necessitam compreender a transição que têm diante de si, para alcançar os resultados exigidos pelo ambiente empresarial novo e competitivo.

Uma das mudanças mais significativas que Homburg *et al*. (2000) encontraram em sua pesquisa relativa à estrutura organizacional orientada ao cliente, foi um aumento da ênfase no gerente de conta e o estabelecimento de gerentes por segmento de clientes dentro da organização de vendas. O gerente de conta, no contexto da referida pesquisa, é definido como a designação de uma pessoa especial responsável pelo desempenho das atividades dirigidas para os clientes mais importantes da organização. Muitas empresas, no intuito de desenvolver relacionamentos mais próximos aos clientes, vislumbraram, nos gerentes de conta, uma maneira de atingir seu objetivo.

O estilo decisório destes gerentes, aquilo que lhes dá mais categoria ou visibilidade para o cenário externo, é justamente a capacidade cognitiva, o modo de pensar (Dornelas, 2002). Neste sentido, Bateman e Crant (1993) exploram a proatividade no comportamento organizacional, identificando diferenças entre pessoas e em que grau suas ações influenciam o ambiente quanto à iniciativa, identificação de oportunidades e tomada de decisão. Esses autores concluem que a disposição para a proatividade é uma tendência para iniciar e manter ações que alteram o ambiente.

Marketing

O marketing sempre foi alvo de discussões quanto à sua conceituação. Uma definição bem aceita é a apresentada pela American Marketing Association, em 1985, citada por Casotti (1995, p.12): "marketing é o processo de planejar e executar a concepção, o preço, a promoção e distribuição de idéias, produtos e serviços para criar trocas que satisfaçam os objetivos de indivíduos e organizações".

No entanto, muitos autores têm argumentado que além da sua característica funcional, o marketing é uma filosofia organizacional e sua evolução tem se dado para atender às necessidades de atuação das organizações frente à demanda dos clientes e à conjuntura do mercado (Carey, 1989; Rapp e Collins, 1991; McKenna, 1998). Uma síntese dessa evolução foi apresentada por Bretzke (2000), em termos de uso do marketing. Cada uma das eras descritas: era do marketing de massa, era da segmentação, era do nicho, era do cliente e era do tempo real, trouxe grandes mudanças organizacionais e maneiras de atuação no mercado.

Carey (1989) salienta que o desafio do marketing é decodificar o modo de pensar, de compreender e lidar com a realidade, oferecendo as informações necessárias para que os executivos possam tomar decisões, com base no conhecimento do ponto de vista do cliente. O diálogo e a construção de relacionamentos estáveis e duradouros com os clientes surgem como resposta ao desafio imposto ao marketing pelas mudanças no ambiente competitivo e no comportamento do consumidor.

Marketing de Relacionamento

Para McKenna (1998), o marketing de relacionamento é a resposta para as empresas enfrentarem o desafio das mudanças, pois se baseia na experiência e exige o domínio do conhecimento sobre a tecnologia inerente a sua atividade, seus concorrentes, seus clientes, novas tecnologias que podem modificar o ambiente competitivo e sua própria organização: capacidades, recursos, planos e formas de negociar. Sob essa ótica e impulsionado por um forte aporte de tecnologia, o marketing passou a receber a transferência de atividades, funções e poder que eram, tradicionalmente, de outras áreas.

De acordo com Dwyer et al. (1987), entender o marketing de relacionamento requer distinguir entre uma transação discreta, que tem um começo distinto, curta duração e finalização precisa, por desempenho, e mudança relacional, que estabelece uma concordância prévia, de maior duração e reflete um processo contínuo.

Applegate et al. (1996), afirmam que o relacionamento com o cliente vai além da compra e venda de produtos, incluindo diversas atividades e esforços de pré-venda e pós-venda, com novos enfoques para pesquisa de mercado, condução qualificada de vendas, distribuição de produtos, suporte a clientes, relações públicas, operações de negócios, distribuição de conhecimento e transações financeiras. Essas atividades afetam o planejamento estratégico e o desempenho da empresa.

Tecnologia da Informação

Os investimentos em tecnologia da informação têm aumentado significativamente, em especial porque se percebe seu papel estratégico na empresa à medida que a capacita e propõe mudanças na reformulação dos processos internos e dos relacionamentos externos.

O alinhamento do planejamento estratégico dos negócios com o de tecnologia da informação (TI) traz congruência à gestão estratégica dos negócios e é percebido como poderoso instrumento, capaz de alavancar grandes mudanças na organização (Morton, 1991; Meirelles, 1994; Venkatraman, 1994). Entre estas mudanças incluem-se o aperfeiçoamento do serviço ao cliente, a qualidade dos produtos, um melhor tempo de resposta e uma maior personalização de atendimento (Brynjolfsson e Hitt, 1993).

Torkzadeh e Doll (1999) avaliaram os efeitos dos investimentos em TI através da satisfação do usuário de um sistema de informação e desenvolveram um instrumento que possibilita o estudo do impacto da TI sobre o indivíduo nas dimensões de produtividade, inovação das tarefas, satisfação do usuário e controle gerencial.

Gerenciamento do Relacionamento com o Cliente (CRM)

O CRM é a combinação da filosofia do marketing de relacionamento, que mostra a importância de atrair e reter clientes, cultivando um relacionamento estável e duradouro, com a infraestrutura da tecnologia da informação, que provê recursos integrados de informática e telecomunicações, provocando um impacto na gestão da empresa quanto aos comportamentos de recursos humanos e processos.

Para Swift (2001), o aspecto mais significativo do processo de CRM é o aprendizado contínuo e a criação do conhecimento a respeito dos clientes, a fim de atingir objetivos e obter mais lucratividade em longo prazo.

Para atingir tais benefícios, Davis e Joyner (2000) lembram que a empresa deve estar preparada para um engajamento e interação pró-ativos junto ao cliente. Isso envolve muita colaboração em toda a organização e a tecnologia é vital para tal fim.

Contudo, a tecnologia de CRM, como mera ferramenta, sem a definição e o planejamento do modelo de relacionamento e sem o redesenho dos processos de atendimento ao cliente, será apenas um projeto de informatização de *call center*, como função de apoio, sem implementar o conceito de cliente-interativo, com respostas em tempo real (Bretzke, 2000).

O foco nos relacionamentos e satisfação dos clientes como ponto central para a estratégia organizacional e a filosofia de gerenciamento requer uma mudança na cultura corporativa (Anton, 1996) e, talvez, uma nova postura gerencial.

Metodologia

Uma vez que o objetivo dessa pesquisa foi aumentar o conhecimento e a compreensão da postura gerencial percebida face às mudanças tecnológicas, a pesquisa qualitativa de caráter exploratório é a que mais se adequa, porque enfatiza a exploração do assunto a ser estudado num universo de verificação e análise do fenômeno, possibilitando maior conhecimento sobre o tema, envolvendo a obtenção de dados descritivos sobre pessoas, lugares e processos interativos, por contato direto do pesquisador com a situação desejada, no intuito de compreender os fenômenos segundo a perspectiva dos participantes da situação em estudo (Marshall e Rossman, 1994; Godoy, 1995; Churchill, 1999).

A estratégia de pesquisa adotada para o presente estudo foi a do estudo de caso e optou-se pelo estudo de caso único com caso selecionado por conveniência. Para isso, foram tomadas providências para que fosse feita uma investigação criteriosa e cuidadosa do cenário, minimizando as chances de equívocos e maximizando as evidências do estudo para possibilitar o aprofundamento que a estratégia oferece (Miles e Huberman, 1994; Laville e Dione, 1999; Yin, 2001). Buscando aumentar a confiabilidade do estudo de caso, foi desenvolvido um protocolo contendo os procedimentos e regras gerais relativas à investigação e à condução do estudo (Yin, 2001).

Delineamento da Pesquisa

O trabalho ocorreu numa empresa de informática que é, simultaneamente, fornecedora e usuária de tecnologia da informação. A empresa está implantando um sistema de gerenciamento do relacionamento com o cliente e tem como usuários principais os gerentes regionais de vendas. Tal escolha foi lastreada pela franquia de acesso do pesquisador à empresa a ser estudada e ao âmbito de atuação dela (a empresa tem abrangência nacional e há um forte relacionamento do gerente regional com o cliente, o que possibilita observar possíveis mudanças gerenciais).

A pesquisa foi realizada junto aos Gerentes Regionais de Vendas (GRV) da empresa, os Gerentes Executivos de Vendas (GEV) e gerentes de informática de empresas clientes em diversos estados.

Sendo o desenho de pesquisa uma forma esquemática que auxilia o pesquisador a imprimir uma ordem lógica ao trabalho (Marconi e Lakatos, 1990), para o presente estudo, foi desenvolvido o desenho de pesquisa a seguir.

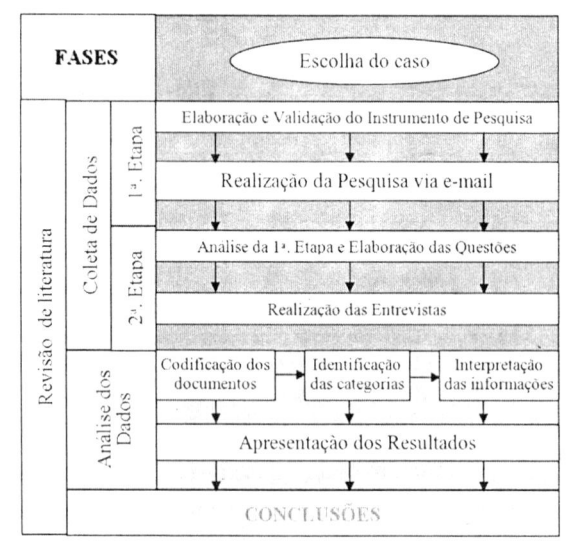

Figura 2 – Desenho de Pesquisa

Coleta dos Dados

A coleta de dados se deu em duas etapas. Na primeira fez-se uso de questionário com perguntas abertas, aplicado à maioria dos gerentes regionais de vendas. Essa etapa foi precedida por um pré-teste com um grupo de gerentes de tecnologia de empresas locais que utilizavam um sistema de CRM ou que tivessem intenção de fazê-lo e também com um grupo de mestrandos. Tal atividade possibilitou a validação de face das questões abordadas quanto à compreensão, seqüência, forma, vocabulário e adequação aos objetivos de mensuração a serem atingidos, tanto do ponto de vista gerencial quanto do acadêmico. O instrumento de pesquisa ficou estruturado com 11 variáveis e 23 perguntas abertas, mais a pergunta síntese.

Na segunda etapa foram realizadas entrevistas de confirmação com três Gerentes Regionais de Vendas (GRV), os dois Gerentes Executivos de Vendas (GEV) e cinco clientes. A escolha dos entrevistados foi por conveniência, considerando a proximidade, a oportunidade e a disponibilidade dos entrevistados.

Triangulação

O conteúdo das questões das entrevistas com os GRVs e com os GEVs foi similar ao dos questionários, mas as perguntas já incorporaram alguns dos resultados obtidos na análise dos questionários da primeira etapa. Tal procedimento possibilitou a triangulação dos dados provenientes de diferentes fontes de evidência.

A triangulação proposta por Stake (1994) e Miles e Huberman (1994) procura determinar se há pontos de convergência entre as fontes de informação com a finalidade de atender ao pressuposto da validade interna. Yin (2001) define triangulação como fundamento lógico para se utilizar várias fontes de evidências.

As perguntas pertinentes à entrevista com clientes confrontaram expectativa e percepção sobre qualidade de atendimento, produtos e de serviços, melhoria da atenção, satisfação, proximidade e variedade de contato, periodicidade de visitas, disponibilidade, entre outros.

Após cada entrevista, foi elaborado um resumo com as principais considerações sobre as condições da entrevista e sobre o comportamento do entrevistado. Esse resumo é parte do diário de campo que também serviu de elemento para triangulação.

Análise dos Dados

A análise de conteúdo foi a técnica mais adequada para o estudo proposto porque é utilizada para fazer inferências sobre comunicação, tanto do emissor, quanto do receptor e também da própria mensagem, identificando intenções e características, descrevendo respostas a atitudes e comportamentos dos agentes da comunicação e descrevendo tendências no conteúdo da mensagem (Krippendorf, 1980; Weber, 1990; Stone et al., 1996).

Bardin (1977) propõe as seguintes fases como componentes do processo de análise de conteúdo: pré-análise, codificação, categorização, análise e interpretação, apresentadas na figura 3.

Foi feita a análise interpretativa dos dados através do método de análise de conteúdo que, com base nas informações dos entrevistados, possibilitou a categorização e o agrupamento dos dados, definindo temas comuns às respostas e comparando-os com os temas propostos.

A análise de conteúdo foi realizada em dois momentos distintos. Num primeiro momento, na pré-análise, os documentos utilizados foram os questionários da primeira etapa da pesquisa, e os objetivos propostos serviram de base para a verificação e elaboração das questões. A codificação se deu pela presença de palavras e temas e a categorização foi, fundamentalmente, baseada na revisão teórica e conceitual. A análise e interpretação forneceram conclusões que servirão de subsídio para a elaboração do roteiro da entrevista.

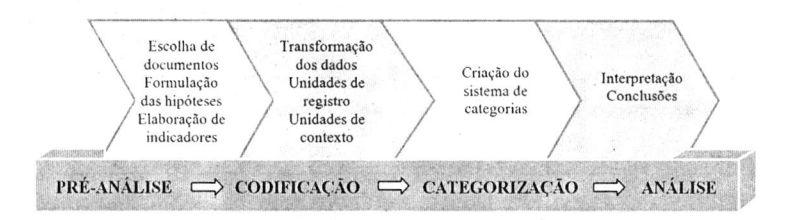

Escolha de documentos Formulação das hipóteses Elaboração de indicadores	Transformação dos dados Unidades de registro Unidades de contexto	Criação do sistema de categorias	Interpretação Conclusões
PRÉ-ANÁLISE ⇨	CODIFICAÇÃO ⇨	CATEGORIZAÇÃO ⇨	ANÁLISE

Figura 3 - Fases do processo de análise de conteúdo
Fonte: Bardin, 1977.

A análise de conteúdo também foi aplicada para a análise das entrevistas. A diferença se deu na fase da pré-análise, pela inclusão de observações e constatações decorrentes das respostas dos questionários, e na fase da categorização que utilizou também categorias previamente formuladas.

Para reforçar a análise de conteúdo foi realizada também a análise de correspondências para avaliação e comparação entre variáveis e suas categorias. Tal técnica é um recurso de destaque na análise multivariada de um conjunto de dados estritamente categóricos, graças à sua flexibilidade e facilidade de interpretação (Hair et al, 1994).

Análise dos resultados

Os resultados apresentados referem-se à análise das variáveis demográficas, das onze variáveis do estudo e da pergunta síntese. Os gráficos e tabelas apresentados foram formulados a partir do uso do sistema Sphinx®.

Análise descritiva das variáveis demográficas

O perfil do público-alvo do estudo (gerentes) foi analisado quanto à idade, escolaridade, formação acadêmica e tempo de empresa. O intervalo de idade predominante é na faixa de 41 a 50 anos e a maioria dos respondentes contabiliza entre 5 e 15 anos de tempo na empresa. Dentre os pesquisados, 17 têm nível universitário e 7 são pós-graduados, havendo predominância de formação acadêmica em Administração e Informática.

Análise univariada

A tecnologia de CRM disponibilizada dá sustentação ao novo modelo de empresa previsto por Tapscott e Caston (1995), distribuindo informação e poder de decisão aos gerentes. Nessa estrutura, o gerente de conta é uma pessoa responsável pelo desempenho das atividades dirigidas para os clientes (Homburg et al., 2000). Os resultados da pesquisa mostraram que os principais papéis do gerente foram o contato e o atendimento ao cliente, conferindo-lhe postura de um agente de mudança com responsabilidade da melhoria dos negócios.

O gerente desenvolve diferentes habilidades, atitudes, expectativas e percepções, decorrentes da mudança. Não obstante, no estudo são identificados, também, níveis de resistência à utilização do CRM. Estas resistências são justificadas pelos itens: avaliação da tecnologia, gerenciamento da mudança e implantação deficiente, conforme tabela 1.

Curiosamente, os gerentes executivos consideraram que há resistência ao uso do CRM, enquanto os gerentes regionais afirmaram não serem resistentes, porém, em virtude das dificuldades de infraestrutura e capacitação adequada, não utilizam o sistema como deveriam. Isto se torna inegavelmente um entrave à utilização plena do CRM.

Nível de Resistência	No. Citações
Sem resistência	9
Resistência natural	7
Aberto ao novo	5
Avaliação da tecnologia	4
Melhor gerenciamento da mudança	3
Implantação deficiente	2

Tabela 1 - Nível de Resistência dos Gerentes

Com efeito, Manzione Jr. (2001) afirma que as atitudes dos usuários refletem o seu nível de comprometimento com a implantação do CRM, levando-os a ser mais resistentes quando não percebem vantagem coletiva ou individual no uso do sistema. Portanto, pode-se atribuir certa resistência à utilização do sistema, não à falta de comprometimento com os resultados, mas às dificuldades mencionadas na implantação e comunicação.

As variáveis produtividade e inovação não foram muito enfatizadas, embora os resultados mostrem a percepção de tempo gasto antes e depois do uso do CRM e a possibilidade de idéias inovadoras quanto a tarefas e processos. O crescimento da produtividade também inclui o aperfeiçoamento do serviço ao cliente, a variedade e qualidade dos produtos, o melhor tempo de resposta e a maior personalização de produtos e serviços.

Sob esta ótica, é possível concluir pelos resultados apresentados, que a TI possibilitou apoio às atividades gerenciais e à tomada de decisão, que suportam o gerente e a empresa no seu contato e no atendimento das necessidades dos clientes com maior rapidez. Mas, também por esta ótica, evidencia-se a problemática da falta de infraestrutura de comunicação como dificultadora da melhoria de produtividade e inovação. Ainda sobre inovação, pode-se concluir que é necessária uma readequação dos processos com conseqüente redesenho do perfil gerencial na sua execução.

As dificuldades encontradas, tabela 2, referem-se, em grande parte, a deficiências na estratégia de implantação, como alertadas por Bretzke (2000). Tais dificuldades interferem no uso do CRM, dificultando a inovação dos processos e do perfil gerencial. Mediante os benefícios e dificuldades advindos do uso do CRM pode-se avaliar a satisfação do usuário do sistema, conforme proposto por Maçada e Borenstein (2000).

Dificuldades no CRM	No. Citações
Deficiência de entrada de dados	6
Tempo de resposta	4
Falta de treinamento	4
Implantação inadequada e incompleta	3
Não envolvimento de todas as áreas	2
Complexidade de operacionalização do sistema	2
Falta de divulgação	2

Tabela 2 - Dificuldades Encontradas na Utilização do CRM

Também foram evidenciados benefícios trazidos pela utilização da ferramenta para o gerenciamento do relacionamento com o cliente nos níveis operacional, colaborativo e analítico, como apregoado na literatura (Poser, 2001) e exibido na tabela 3, em função dos resultados obtidos.

Benefícios do CRM	No. Citações
Gerenciamento do relacionamento com o cliente	13
Informação consolidada e centralizada	9
Controle de contas	5
Facilidade administrativa	5
Identificação de necessidades	4
Planejamento do trabalho	3
Registro histórico	2

Tabela 3 - Benefícios da Utilização do CRM

O controle gerencial proporcionado pela TI através de um sistema de CRM e confirmado pelos resultados da pesquisa, permite acompanhar todo o ciclo do relacionamento com o cliente, apontado por Anton (1996) como uma das principais características que devem estar presentes neste tipo de solução. Evidências constatadas para o controle no âmbito desta pesquisa constam da tabela 4.

Controle Gerencial	No. Citações
Informações dos clientes	11
Registros dos contatos	11
Acompanhamento do relacionamento	7
Informações sobre produtos	5
Melhoria do processo de trabalho	5
Integração de diversas áreas da empresa	4
Registro de contatos	4
Regras de negócio da empresa	3
Ações rápidas	2

Tabela 4 - Facilidades para o Controle Gerencial no Processo de Trabalho

O fato dos clientes terem reconhecido a empresa como parceira de negócios, consolidando a missão da empresa, foi um dos pontos altos na pesquisa. Isso confirma a afirmação de Anton (1996) que considera a percepção, através da experiência ao longo do tempo, como resultado do foco no cliente.

O investimento da empresa na implantação de um sistema de CRM demonstra seu movimento na direção de aumentar sua eficiência para sustentar sua participação de mercado e sua posição competitiva. Tal estratégia busca, também, a satisfação do cliente e, segundo Gonçalves (2000), os resultados concorrem para uma melhora do processo. Nesse sentido, a pesquisa mostrou que houve evidências de melhorias no processo organizacional envolvendo diversas áreas da empresa e uma centralização das informações. Tal reflexo pode ser visto como um efeito necessário ao bom uso do CRM.

Com relação à satisfação do cliente, ficou evidente, tanto pela percepção dos gerentes, quanto pelas respostas diretas dos clientes, que ela é uma realidade no relacionamento entre o cliente e a empresa. Foram ressaltados como evidências desta satisfação: a qualidade dos produtos e serviços, a qualidade do atendimento e o relacionamento pessoal do gerente, conforme tabela 5. Há, portanto, espaço para uma ação gerencial na melhoria do relacionamento pessoal. Aqui se busca, também, identificar novas oportunidades de negócio com o objetivo de conquistar a fidelidade do cliente em consonância com a literatura (Simões, 2002).

Satisfação ClientePercepção de Motivos	Sim	Não
Atendimento e serviços	6	0
Satisfação do cliente	5	1
Qualidade dos produtos	3	2
Relacionamento pessoal	3	1

Tabela 5 - Percepção dos Motivos da Satisfação do Cliente

Vale observar que o contato pessoal do gerente foi evidenciado como importante, sendo complementado pelos outros tipos de canais de relacionamento disponibilizados pela empresa, apresentados no gráfico 1. A estratégia de utilização do CRM pode reforçar ou não a importância deste canal. Portanto, deve-se considerar, com relevância, a relação humana, conforme abordado na literatura.

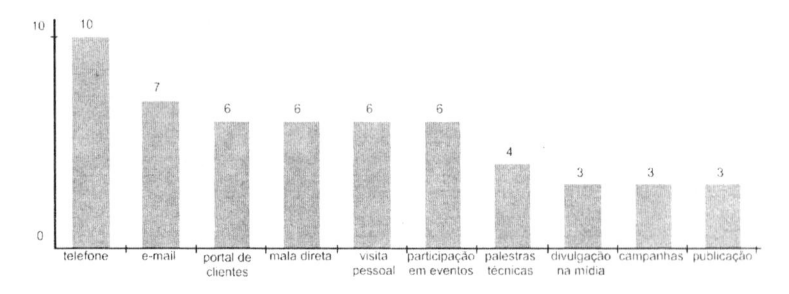

Gráfico 1 - Canais de Relacionamento com o Cliente

A integração entre o cliente e a empresa foi reconhecida através da identificação de vários canais de comunicação, oferecidos como alternativas de procedimentos para o relacionamento com a empresa. Tais procedimentos são mencionados como forma de proporcionar um valor superior ao cliente e tem como desafio construir e manter relacionamentos estáveis e duradouros com os clientes. Nesses relacionamentos, surge a *internet*, em diversas feições, como ponto forte de integração e comunicação em adesão a diversos autores.

Pergunta Síntese e Análise de Correspondências

Foram identificados vários papéis para o gerente no processo de utilização do CRM conforme mostra o gráfico 2. Tais papéis vão desde o contato do gerente até a sua atuação como agente de mudança e na melhoria dos negócios da empresa.

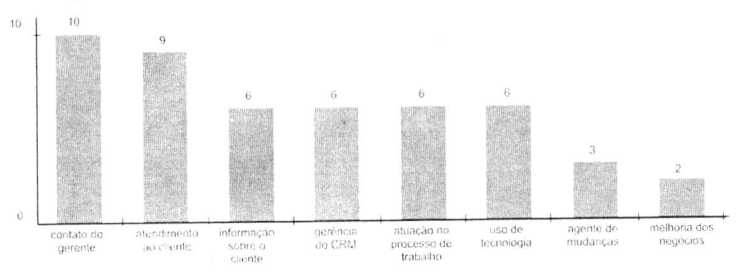

Gráfico 2 - Papel Reservado ao Gerente no Uso de Tecnologia CRM

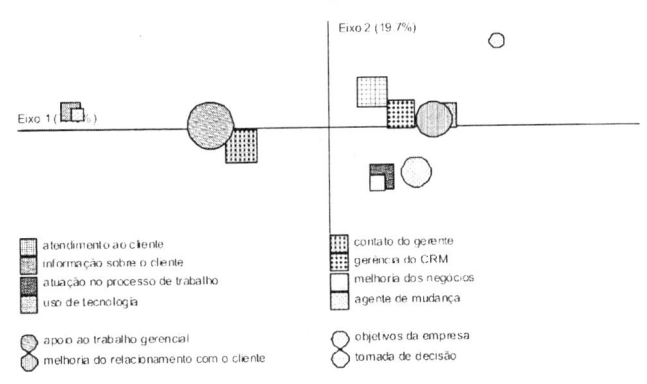

Gráfico 3 - Correspondência entre o Papel do Gerente e os Processos Organizacionais

Pode-se também perceber a correspondência da atuação do gerente com os processos organizacionais, apresentada no gráfico 3. Os objetivos da empresa são evidenciados pela atuação do gerente no processo de trabalho e na melhoria dos negócios. A melhoria do relacionamento com o cliente está ligada à gerência das ações de atendimento através do uso da tecnologia. O processo de apoio às atividades gerenciais se evidencia mais fortemente pelo contato do gerente e também pelo seu papel como agente de mudança e mantenedor das informações.

Na triangulação das informações, os gerentes executivos, confirmaram muitos dos papéis atribuídos aos gerentes. Os gerentes regionais enfatizaram a relevância do gerenciamento das informações e da sua utilidade no atendimento ao cliente e nos seus contatos. É, portanto, um papel estratégico na condução da melhoria dos negócios e na sua atuação junto a outros funcionários da empresa. Também os clientes consideraram que o gerente desempenha um papel imprescindível e fundamental de intermediação entre o cliente e a empresa, buscando conhecer tudo o que se passa com o cliente.

Conclusão

Face aos resultados obtidos e à síntese da análise realizada, pode-se perceber que o gerente passa a ter uma postura mais proativa em relação ao contato e ao atendimento do cliente, uma vez que as informações decorrentes da utilização do CRM possibilitam um gerenciamento mais efetivo do processo de trabalho e um melhor planejamento das atividades.

Entretanto, ficou claro que tais mudanças estão acontecendo em função de uma modificação nos processos de trabalho de toda a empresa, a qual exige a documentação de todos os contatos com o cliente para a obtenção de um registro histórico, com o objetivo de facilitar a interação entre o cliente e a empresa. O gerente, por deter boa parte das informações, é o principal ator nesse processo de mudança. Tapscott e Caston (1995) afirmam que o desafio do atual ambiente empresarial competitivo é a mudança no enfoque gerencial.

O uso da tecnologia CRM abre oportunidade, então, para que o gerente possa se antecipar às necessidades e acompanhar as solicitações dos clientes. Neste sentido, os resultados mostraram que os clientes têm percebido uma melhoria contínua no relacionamento e nos contatos, através dos diversos canais de comunicação.

Além da melhoria do relacionamento, proposta por um sistema de gerência de relações com o cliente, pode-se perceber também uma melhoria nos negócios, em função do controle de contas e da condução de ações, numa atuação estratégica do gerente. Tal atuação não era possível antes da utilização do CRM por não haver possibilidade de obter informações de todos os departamentos relevantes no processo analítico. Foi visto que, na prática, o CRM tem mecanismos para superar esta dificuldade.

Também na empresa como um todo foram identificadas vantagens com a utilização do CRM via consolidação e centralização das informações, que possibilitaram facilidades administrativas e agilidade na comunicação interna, viabilizando uma abordagem única ao cliente. As constatações obtidas para a empresa estudada podem ser admitidas como vantagem competitiva.

Em resumo, pode-se verificar, no presente estudo, que houve uma mudança na postura dos gerentes regionais da empresa pesquisada, possibilitada pela implantação e utilização de um sistema de gerenciamento do relacionamento com o cliente (CRM). Os resultados mostram que os gerentes fazem uso das informações para aperfeiçoar o processo do serviço, reduzir os níveis dos problemas e fortalecer o negócio, conforme Anton (1996).

Os pontos principais dessa nova postura baseiam-se nos novos processos organizacionais, na satisfação dos gerentes como usuários do sistema que possibilita maior controle gerencial, na busca do foco no cliente, na satisfação do cliente em relação ao contato e atendimento e no papel do gerente como agente de mudança.

Sabe-se, entretanto, que qualquer método ou técnica empregados em uma pesquisa possuem restrições. Assim, o presente estudo de natureza qualitativa e caráter exploratório também possui limitações inerentes às escolhas feitas para realizá-lo, tais como: a subjetividade das análises, a percepção do pesquisador, o limite do foco, a escolha do caso. O próprio tema abordado, CRM, é pouco disseminado, o que dificulta comparações com outros estudos.

Para aumentar o conhecimento sobre o assunto, sugere-se fixar o CRM, não apenas como um repositório de dados vindos de e interligados a diversas áreas da empresa, mas como um sistema de informação (SI) com suas características e vantagens, testar o CRM sob a ótica dos clientes, explorar fundamentos teóricos do CRM, verificando se há predominância do marketing ou da tecnologia da informação (TI), criar tipologias de relacionamento baseadas em CRM e mudanças. Fica também a sugestão para o refinamento das análises aqui suscitadas e o desenvolvimento de outros estudos com hipóteses elaboradas a partir dos resultados obtidos, ou a própria replicação deste estudo, em comparações com outras organizações e gerentes.

Referências

Anton, J. (1996). **Customer relationship management: making hard decisions with soft numbers.** New Jersey: Prentice Hall.

Applegate, L. M., Holsapple, C. W., Kalakota, R., Radermacher, F. J.; Whinston, B. A. (1996). Eletronic commerce: building blocks of new business oportunity. **Journal of Organizational Computing and Electronic Behaviour**, 6(1), 1-10.

Bardin, L. (1977). **Análise de Conteúdo.** Lisboa: Edições 70.

Bateman, T. S., Crant, J. M. (1993). The proactive component of organizational behavior: a measure and correlates. **Journal of Organizational Behaviour**, 14, 103-118.

Bretzke, M. (2000). **Marketing de relacionamento e competição em tempo real.** São Paulo: Atlas.

Brynjolfsson, E.; Hitt, L. (1993, April). Paradox lost? Firm-level evidence on the returns to information system spending. **Management Science**, 42(4), 541-558.

Carey, C. C. (1989, March/April). Customers become customers... again! The direct marketing opportunity. **Directions**, 11(2), 2.

Casotti, L. (1995, setembro). O desafio de pensar e ensinar marketing. **RBAC - Revista Brasileira de Administração Contemporânea**, I(5), 6-21.

Chein, L., Cabrera, M. (2000). **Com a palavra, o consumidor**. São Paulo, 2000. Disponível em: <http://intermanagers.com.br/hsmp_notes.detail>. Recuperado em: 9 nov. 2000.

Churchill, Gilbert. (1999). **Marketing research** (7a ed.). Orlando: The Dryden Press.

Davis, J, Joyner, E. (2000). **Successful customer relationship management**. SAS e-Intelligence: the power to know, pp. 1-7.

Dornelas, J. S. (2002). **Sistemas de informações executivas**. *In*: T. A. Almeida; F. S. Ramos (Org.). Gestão da informação: na competitividade das organizações (p.310). Recife: Ed. Universitária da UFPE.

Dwyer, F., Schurr, P. H.; Oh, S. (1987, April). Developing buyer-seller relationships. **Journal of Marketing**, 51, 11-27.

Godoy, A.S. (1995, março/abril). Introdução à pesquisa qualitativa e suas possibilidades. **RAE – Revista de Administração de Empresas**, 35(2), 57-63.

Gonçalves, J. E. L. (2000, janeiro/março). As empresas são grandes coleções de processos. **RAE - Revista de Administração de Empresas**, 40(1), 57-63.

Hair, J. F., Anderson, R.E., Tatham, R.I.; Black, W. C. (1994). **Multivariate data analysis** (3a. ed.). New Jersey: Prentice-Hall, 1994.

Homburg, C., Workman, J. P. Jr.; Jensen, O. (2000, Fall). Fundamental changes in marketing organization: the movement toward a customer-focused organizational structure. **Journal of Academy of Marketing Science**, 28(4), 459-478.

Krippendorff, K. (1980). **Content analysis: an introduction to its methodology**. Beverly Hills, CA: Sage Publications.

Laville, C.; Dionne, J. (1999). **A construção do saber: manual de metodologia da pesquisa em ciências humanas**. Porto Alegre: UFMG.

Lopes, A. **CRM em um cenário de mudanças**. *In*: L. C. Zenone. (Org.). Customer relationship management (CRM) conceitos e estratégias: mudando a estratégia sem comprometer o negócio (p.156). São Paulo: Atlas.

Maçada, A. C. G., Borenstein, D. (2000). Medindo a satisfação dos usuários de um sistema de apoio à decisão. **Anais do Encontro Nacional dos Programas de Pós-Graduação em Administração**, Rio de Janeiro/RJ, 24.

Machado-da-Silva, C. L., Fonseca, V. S.; Fernandes, B. H. R. (1999). **Mudança e estratégia nas organizações: perspectivas cognitiva e institucional**. *In*: M. M. F. Vieira; L. M. B. Oliveira (Org.). Administração Contemporânea - Perspectivas Estratégicas. São Paulo: Atlas.

Manzione, S. Jr., (2001). **Fator humano no CRM – alavancagem do sucesso**. L. C. Zenone (Org.). Customer relationship management (CRM) conceitos e estratégias: mudando a estratégia sem comprometer o negócio. São Paulo: Atlas.

Marconi, M. A.; Lakatos, E. M. (1990). **Técnicas de pesquisa**. (2a ed.). São Paulo: Atlas.

Marshall, C.; Rossman, G. B. (1994). **Designing qualitative research**. (2a ed.). Thousand Oaks, CA: Sage Publications.

Mckenna, R. (1998). **Competindo em tempo real: estratégias vencedoras para era do cliente nunca satisfeito**. Rio de Janeiro: Campus.

Meirelles, F. S. (1994). **Informática: novas aplicações com microcomputadores**. (2a ed.). São Paulo: Makron Books / McGraw-Hill.

Miles, M.; Huberman, M. (1994). **Qualitative data analysis**. Thousand Oaks, CA: Sage Publications.

Morton, M. S. S. (1991). **The corporation of the 1990s: information technology and organizational transformation**. New York: Oxford University Press.

Petrini, M., Pozzebon, M. (2000). Interação usuário-sistema: um estudo empírico sobre a proatividade no uso de sistemas de informação. **Anais do Encontro Nacional dos Programas de Pós-Graduação em Administração**, Rio de Janeiro/RJ, 24.

Poser, D. v. (2001). **Relacionamento com os clientes externos, internos e estratégias de comunicação com o mercado**. In: L. C., Zenone (Org.). Customer relationship management (CRM) conceitos e estratégias: mudando a estratégia sem comprometer o negócio (p. 156). São Paulo: Atlas.

Rapp, S.; Collins, T. L. (1991). **Maximarketing**. São Paulo: McGraw-Hill.

Shirley, R. (1976, novembro/dezembro). Um modelo para análise da mudança organizacional. **RAE - Revista de Administração de Empresas**, 16(6), 37-43.

Simões, C. F. (2002). **Logística e comércio eletrônico**. *In*: T. A. Almeida; F. S. Ramos (Org.). Gestão da informação: na competitividade das organizações (p.310). Recife: Ed. Universitária da UFPE.

Stake, R. (1994). **Case studies**. *In*: N. K. Denzin; Y. S. Lincoln. Handbook of qualitative research. Thousand Oaks, CA: Sage Publications.
Stone, P. J.; Kirsch, J. (1996). **The general inquirer: a computer approach to content analysis**. Cambridge: MIT Press.

Swift, R. (2001). **CRM Customer relationship management: o revolucionário marketing de relacionamento com o cliente** (p.493). Rio de Janeiro: Campus.

Tapscott, D.; Caston, A. (1995). **Mudança de Paradigma**. São Paulo: Makron Books.

Torkzadeh, G.; Doll, W. J. (1999). **The development of a toll for measuring the perceived impact of information technology on work**. Omega, 27, 327-339.

Venkatraman, N. (1994, Winter). IT-Enabled Business Transformation: from automation to business scope redefinition. **Sloan Management Review**, 35(2), 72-87.

Weber, R. P. (1990). **Basic Content Analysis**. (2nd. ed.). Newbury Park, CA: Sage Publications. (Quantitative Applications in the Social Sciences, v. 049).

Yin, R. K. (2001). **Estudo de caso: planejamento e métodos**. (2a. ed., p.205). Porto Alegre: Bookman.

Capítulo 4

Qualidade de *Software* em Pequenas Empresas: Metodologias, Táticas e Desafios

Américo Nobre G. F. Amorim
Marcos André Mendes Primo
Jairo Simião Dornelas

Resumo

Este trabalho apresenta os resultados de um estudo sobre melhoria do processo de desenvolvimento de *software* em pequenas empresas. É descrito e analisado o caso de uma pequena empresa que vem obtendo destaque no desenvolvimento e exportação de *software*. Buscam-se elementos que caracterizem a qualidade em empresas de *software*, incluindo as metodologias de desenvolvimento tradicionais e ágeis (*Extreme Programming*), técnicas de gestão de projetos (PMBOK) e padrões de qualidade de *software* (SW-CMM, ISO). O relato descreve as principais atividades e dificuldades enfrentadas pela empresa: capacitação de executivos, definição da metodologia de desenvolvimento, escolha de *softwares* e ferramentas de gestão de projetos e implantação do programa de melhoria. O estudo aponta que é possível planejar e implement*ar* processos de melhoria de qualidade em desenvolvimento de *software* nas pequenas empresas. Para isto, deve-se focar a gestão de projetos e utilização de metodologias ágeis de desenvolvimento que garantam um mínimo de padronização sem contudo comprometer a agilidade requerida nas pequenas empresas. Além dos tradicionais ganhos de qualidade, o caso indica que as empresas que possuem processo de desenvolvimento estabelecido, mesmo que não tenham certificação, podem utilizar este fato como argumento para atuar em outros mercados, especialmente no exterior.

Palavras-chave: Qualidade de *software*. Gestão de projetos. Engenharia de *software*. Pequena empresa.

Introdução

A forte evolução e disseminação da utilização da tecnologia de informação (TI) ocorrida no final do século XX fomentou a expansão das empresas de desenvolvimento *software*, em um mercado praticamente não regulado. Num cenário assim, empresas do mundo todo competem livremente para fornecer tecnologia e produtos para consumidores empresariais e usuários finais, em um ritmo no qual, as tecnologias evoluem rapidamente e o ciclo de vida de produtos torna-se cada vez menor.

Em empresas que desenvolvem tecnologia, notadamente as de *software*, este fenômeno ocorre de forma mais acentuada, tornando necessário que tais organizações busquem aumentar a qualidade de seus produtos e serviços, seja para manter a competitividade de seus produtos, bem como para permitir que inovações sejam desenvolvidas e comercializadas em um menor espaço de tempo.

Especificamente no Brasil, nota-se um importante movimento pela busca da qualidade no setor de *software*. Estas empresas estão enfrentando a competição de multinacionais que possuem políticas de qualidade bem definidas e certificadas, forçando as empresas locais a melhorarem sua qualidade, sob pena de perderem mercado. Além disto, o momento atual é marcado pelo movimento de um grupo considerável de desenvolvedoras que busca sua internacionalização através da exportação de produtos e serviços para os mercados americanos e europeus (AMORIM; DORNELAS, 2004).

Nesta linha, as organizações de maior porte já estão obtendo certificados de qualidade (CMM e ISO) ou estão investindo em programas de melhoria visando aumentar a qualidade de seus produtos e processos. Empresas de pequeno porte também estão buscando a melhoria ou a certificação. Este grupo de organizações enfrenta vários desafios como a falta de recursos humanos e financeiros para conduzir seus processos de melhoria e certificação.

Assim, o presente estudo busca colaborar para ampliar o conhecimento em processos de melhoria da qualidade de *software* em pequenas e médias empresas, apresentando indícios de que este conhecimento poderá ser útil para que pequenas empresas possam planejar e implementar seus programas de melhoria com maior eficácia. O estudo se dá através da análise de um caso, o da D'Accord Music *Software*, empresa que desenvolve *software* musical. A organização vem obtendo destaque na comercialização de *software* pela Internet, tendo vencido prêmios nacionais e internacionais.

Histórico da organização estudada

A D'Accord Music *Software* é uma empresa de tecnologia que nasceu em meados do ano 2000, no Centro de Informática da Universidade Federal de Pernambuco (UFPE). Atuando no mercado de tecnologia musical, as principais atividades do processo de produção da empresa são: concepção do produto; determinação das funcionalidades; levantamento de requisitos; desenvolvimento (programação); criação de interface e *design* visual e os testes.

Seu modelo de negócio, fortemente ancorado em parcerias estratégicas e na distribuição on-line (AMORIM e DORNELAS, 2004), requer que os produtos desenvolvidos sejam altamente competitivos. Uma das principais características da distribuição pela Internet é que no ambiente virtual estão presentes muitos competidores com produtos similares ou alternativos. Este ambiente dinâmico e de concorrência agressiva força a empresa a buscar maior qualidade em seus produtos como uma das táticas para manutenção de sua competitividade.

Conceitos referidos

Para possibilitar a compreensão do fenômeno em estudo, serão apresentados os conceitos fundamentais sobre metodologias de desenvolvimento, de qualidade e as técnicas de gestão de produção utilizadas pelas empresas de software.

Desenvolvimento de *software*

O desenvolvimento de *software* é uma atividade complexa e multidisciplinar. As empresas que desenvolvem produtos criam *software* padronizados que são utilizados pelos usuários finais e empresas, como os pacotes de escritório (Microsoft Office), sistemas ERP (SAP, RM Sistemas), edição gráfica (Corel Draw, Photoshop), *design* por computador (AutoCAD), *software* educacional etc. Já o desenvolvimento de *software* sob encomenda é geralmente efetuado pelas chamadas "fábricas de *software*". *Software* assim desenvolvidos geralmente são específicos, destinados a necessidades que não são atendidas pelos produtos tradicionais ou grandes sistemas corporativos que precisam de alto grau de adaptação e customização (FERNSTROM, OHLSSON e NARFELT, 1992).

Metodologias de desenvolvimento de *software*

As metodologias de desenvolvimento de sistemas são constituídas por um conjunto de técnicas e ferramentas que visam padronizar os processos de desenvolvimento. Assim, definem uma seqüência de passos representada por: atividades, produtos resultantes e regras para avanço entre as fases. O roteiro proposto pela metodologia deve ser seguido por equipes que estejam buscando desenvolver *software* (PRESSMAN, 2001). Assim, as metodologias visam garantir que os passos essenciais sejam seguidos pelas equipes de desenvolvimento, fornecendo uma visão geral e compreensível do produto que está sendo desenvolvido.

Uma das metodologias mais populares nas empresas de *software* é a *Rational Unified Process* (RUP). A RUP possui uma sólida estrutura, orientada a objetos, sendo utilizada por grandes empresas em projetos complexos (JACOBSON, BOOCH e RUMBAUGH, 1999). O modelo RUP é composto por quatro fases (concepção, elaboração, construção e transição) nas quais são descritas as atividades, práticas e artefatos produzidos ao longo do desenvolvimento. Toda a execução é baseada na *Unified*

Modeling Language (UML) que define a padronização da documentação a ser utilizada e gerada no projeto. Apesar de robusta, esta metodologia parece inadequada para pequenas empresas de *software*.

Em contraste com a metodologia RUP, as metodologias de desenvolvimento ágeis foram criadas visando à aplicação em pequenas equipes e em projetos onde existe pouca previsibilidade e as mudanças são constantes. Estas metodologias geralmente utilizam-se de conceitos como os descritos pela *Extreme Programming*, que procura atender a satisfação do cliente e a qualidade do software final (BECK e ANDRES, 2004).

Gestão de projetos

Tradicionalmente, a produção de *software* se dá na forma de projetos. Uma equipe é reunida para desenvolver um *software* específico para um cliente ou para criar um novo produto. Nesta linha, cada produção de *software* é única, o que caracteriza a ocorrência de um projeto e a necessidade de gerenciá-lo de forma eficaz (MARTINS, 2002). Dentre as práticas de gestão de projetos que são utilizadas nas empresas de *software*, a metodologia *Project Management Body of Knowledge* (PMBOK) do *Project Management Institut*e (1996) tem obtido destaque.

Nesta direção, nota-se um importante movimento para melhoria da qualificação dos profissionais de gestão de projetos. Os treinamentos, além de desenvolverem as capacidades técnicas de gestão de projetos, desenvolvem as competências pessoais, de equipe e da empresa para que possam eficácia em seus projetos (FRAME, 1999).

Qualidade de *software*

O estudo e as práticas de qualidade em *software* são geralmente conduzidos com o foco no processo de desenvolvimento e também no produto final. Em relação aos processos de desenvolvimento, várias metodologias foram desenvolvidas e implementadas, destacando-se (TSUKUMO et al, 1997): ISO 9000-3, ISO/IEC 12207-1 e SW-CMM. Em relação à qualidade do produto, pode-se afirmar que a mesma é resultante da qualidade dos processos de desenvolvimento. Nesta linha, a avaliação da qualidade consiste na busca pela utilização de técnicas que, estruturando atividades que possam verificar se os requisitos são atendidos. Os requisitos de *software* "são a expressão das necessidades, explicitados em termos quantitativos ou qualitativos e têm por objetivo definir as características de um *software*" (TSUKUMO et al, 1997, p 182).

Melhorias de processo de *software*

Para a implementação de melhorias de processo de *software*, alguns autores defendem que devem ser utilizadas as noções de melhoria descritas pelo padrão SW-CMM ou pelo PMBOK (RUSSO e BRESCIANI FILHO, 2004), mesmo que a organização não vise a certificação ou não tenha os recursos suficientes para tal. Desta forma, é importante que a empresa utilize as metodologias como um guia, aplicando aquela que for viável e importante para sua realidade.

Durante a implementação da melhoria de processo, é importante que os gestores tenham ciência de que existe o fenômeno da curva de aprendizado (PAULA FILHO, 2001). Ou seja, quando os colaboradores são treinados e posteriormente confrontados com uma nova forma de fazer seu trabalho, inicialmente irão cometer muitos erros, provocando uma queda de produtividade. Com o dia-a-dia, os colaboradores irão aprender, detectar eventuais problemas e tomar ações corretivas quando necessárias. Ao longo da estabilização dos processos, com a prática, a melhoria na produtividade ocorre progressivamente. Quando o projeto de melhoria de processos ocorre com sucesso, a produtividade final é superior a registrada antes da melhoria.

Procedimentos metodológicos

A pesquisa relata a implementação de um projeto. Como tal baseou-se em um apanhado de dados obtidos mediante entrevistas em profundidade com os executivos da organização, as quais foram feitas ao estilo narrativo. Nesta modalidade de entrevista, o respondente narra eventos, episódicos ou não, sobre fatos de interesse do pesquisador, que ao longo das diversas escutas vai formando um corpus de análise, caracterizando o fenômeno estudado.

A interpretação da narrativa segue padrões usuais de análise qualitativa de dados. Os fatos são estruturados em função de tempo, contexto e objeto da investigação. Do objeto de análise emergem então as estruturas de exposição e análise que propiciam entender o fenômeno e contrapor a sua ocorrência com o que fora delineado para ser investigado. Trata-se, pois de um mergulho no entendimento dos entrevistados, a fim de buscar regularidades que evidenciem os fatos.

Para o presente caso, os delineamentos iniciais foram provenientes de uma pesquisa exploratória e investigativa sobre qualidade de *software*, na qual se estudou como unidade de análise empírica um caso (YIN, 1994) e buscou-se levantar, a partir das comparações entre o processo estudado e as etapas seguidas pela empresa para adoção da metodologia de desenvolvimento, os relatos, depoimentos e testemunhais dos executivos sobre problemas enfrentados e táticas de sucesso.

Além destes aportes metodológicos de coleta e análise, foi também efetuado o levantamento telematizado no *site* e nos produtos da D'Accord. Com isto, procurou-se garantir mais confiabilidade aos dados obtidos (REICH; BENBASAT, 1996).

O Processo de melhoria em análise

A análise efetuada a seguir decorre da compilação e análise das entrevistas narrativas feitas com dois executivos da empresa estudada, no mês de Julho de 2005. As entrevistas foram transcritas e análise do discurso efetuada (GASKEL e BAUER, 2005).

Em meados de 2003, a D'Accord na época apenas formada por três sócios, iniciou um processo de crescimento, originado principalmente no incremento de seu faturamento com o sucesso dos produtos lançados durante este período. Com o crescimento da equipe e a empresa trabalhando em vários projetos simultaneamente surgiu a necessidade de melhorar o processo de produção de *software*, visando reduzir o esforço para correção de erros, obter um maior controle sobre o andamento dos projetos.

No período anterior ao projeto de melhoria, o processo de desenvolvimento funcionava de maneira quase totalmente *ad-hoc*. Não existiam procedimentos formais de desenvolvimento. Cada programador encarregado de um determinado projeto desenvolvia seu trabalho de forma autônoma, como achava que deveria ser feito. Isto gerava uma série de problemas como o fato de apenas um programador conhecer determinado código, dificuldade em operacionalizar tarefas simultaneamente por vários desenvolvedores e uma baixa taxa de reutilização de código.

Os gestores da empresa relataram que decidiram implementar a institucionalização de um processo de desenvolvimento, prioritariamente para as atividades desenvolvimento de *software* e produtos didáticos, mas no longo prazo para todas as atividades de desenvolvimento da empresa. Tal processo deveria abranger: Atividades de gerência dos projetos; Metodologia de desenvolvimento; Artefatos de desenvolvimento a serem gerados.

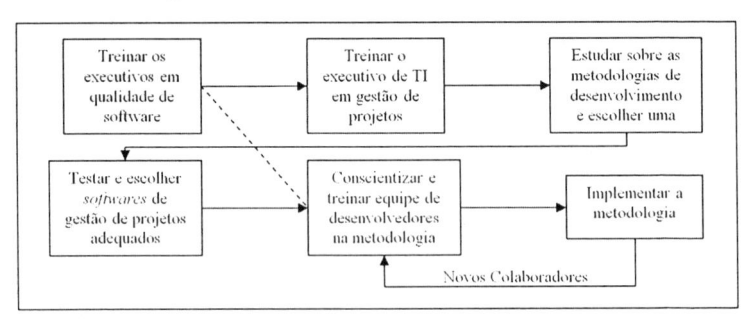

Figura 01. Esquema do Projeto de Qualidade Estudado

A criação do processo de desenvolvimento visava também melhorar as estimativas de esforço e custo de projetos futuros e a coleta de estatísticas a respeito do processo atual (em melhoria). Visando obter maiores recursos para condução do projeto, a empresa optou por participar do Programa de Melhoria da Qualidade de *Software*, desenvolvido pelo Projeto Setorial Integrado de *Software* (PSI), patrocinado pelo Sebrae e APEX. Este programa visa capacitar as empresas do *cluster* local de tecnologia de Informação, denominado Porto Digital, para que em breve possam obter certificações ISO e/ou CMM (*Capability Maturity Model*). Mesmo tendo aderido ao projeto, a D'Accord não pretendia atingir estas certificações. A empresa entendia que possuir certificado CMM ou ISO era interessante para prestadoras de serviços para o mercado corporativo. A D'Accord tinha sua atuação focada no usuário final, que não conhece nem percebe vantagens neste tipo de certificado de qualidade. Assim, a empresa decidiu que o investimento na certificação CMM ou ISO além de estar acima de sua capacidade econômica, não era estratégico para seu crescimento. Logo, optou-se por utilizar os cursos e consultoria oferecidos pelo projeto para empreender a melhora do processo, mesmo não visando a certificação.

Fase 1. Treinamento dos Executivos

Os dois diretores da empresa (Executivo e de Tecnologia) passaram por um curso introdutório ao *Software*-CMM. Foram abordadas todas as áreas e práticas do modelo. Esta etapa foi considerada bastante importante pois serviu para mostrar à empresa as práticas de qualidade adotadas pelo mercado. O treinamento serviu para conscientizar ainda mais a diretoria sobre a necessidade de investimentos em qualidade de *software*. A idéia da equipe de gestão então foi o de fazer o básico para institucionalizar e manter um processo de desenvolvimento com qualidade. Tornou-se clara também a noção de que era necessário um cuidado especial para não burocratizar demais as atividades da empresa. Nesta linha, a empresa realizou outros investimentos no projeto de melhoria. Primeiramente, o Diretor de Tecnologia participou de um curso completo de gestão de projetos baseado no PMBOK. Nesta oportunidade, pode conhecer as principais técnicas de gestão de projetos, práticas e ferramentas utilizadas para obter um maior controle e previsibilidade.

Fase 2. Estudo e Definição da metodologia de desenvolvimento.

A empresa contou com treinamento específico e consultoria periódica para apoiar o desenvolvimento de seu projeto de melhoria no âmbito do projeto PSI. A idéia principal dos executivos era promover uma gestão mínima de projetos e definir uma metodologia de desenvolvimento que contemplasse pelo menos a fase de projeto, gerência de configuração, testes e geração de *releases*. A metodologia RUP não foi vista como melhor opção, principalmente por seu caráter documental, o que exigiria muitos esforços da equipe de desenvolvimento em atividades meio, e não no foco principal, o desenvolvimento dos produtos. Durante o estudo conduzido pela organização, foi detectado que a melhor metodologia para utilização na organização, dada suas características ímpares, seria a utilização de *Extreme Programming*. Esta conclusão foi obtida através do estudo da metodologia e da troca de informações com outras empresas do ambiente Porto Digital que já a utilizavam.

Fase 3. Escolha do *software* para gestão de projetos.

Buscou-se uma ferramenta que fosse acessível em termos financeiros e que possibilitasse a gestão dos projetos. A escolha recaiu sobre a ferramenta XPlanner (www.xplanner.org). Trata-se de um sistema *open source*, gratuito, para gestão de projetos seguindo a metodologia *Extreme Programming*.

Nesta ferramenta é possível projetar os *releases*, as interações, estórias e atividades de cada programador, conforme figura 2 abaixo. Além disto, o *software* também funciona como *timesheet* (acompanhamento de tempo), armazenando os tempos efetivamente gastos em cada tarefa, interação e projeto, comparando-os com as estimativas planejadas. Além disto, calcula automaticamente as métricas como percentuais de tarefas planejadas, adicionadas, de correção de erros, velocidade do projeto, entre outras.

Para resolver a questão da gerência de configuração (CONRADI e WESTFECHTEL, 1998), a empresa adotou as ferramentas TortoiseCVS (www.tortoisecvs.org) e CVSNT (www.cvsnt.com). Estes *softwares* são também *open-source* e gratuitos. O CVSNT atua como servidor do padrão CVS para controle de versão de arquivos. O TortoiseCVS atua como cliente, sendo utilizado nas estações de trabalho dos desenvolvedores para permitir as operações de *download*, *upload*, verificação de diferenças etc. A principal vantagem na utilização destas ferramentas é que torna viável o trabalho de vários desenvolvedores no mesmo projeto. Além de controlar as versões do *software* que está sendo desenvolvido, a ferramenta permite controle de arquivos que foram alterados por vários programadores, permitindo assim ações de junção de código para manter a integridade do produto.

XPlanner

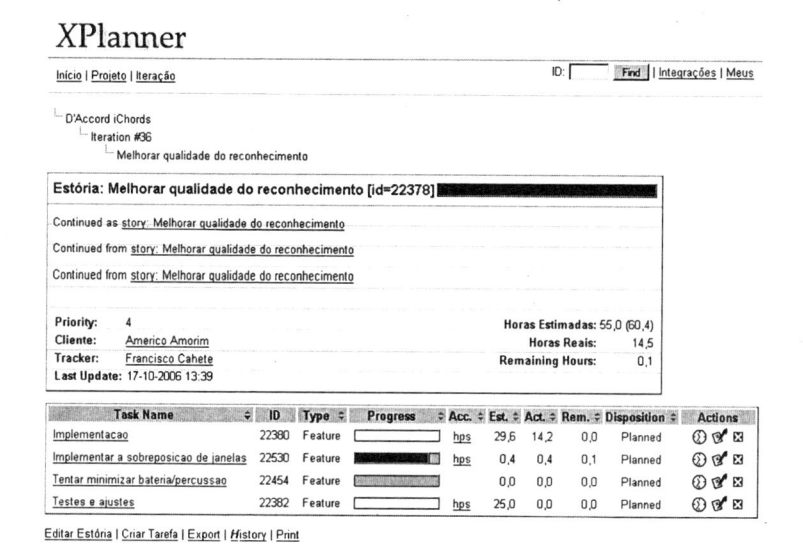

Figura 02. Ferramenta Xplanner em operação na organização.

Fase 4. Implementação da metodologia.

Para implementar a *Extreme Programming*, a equipe da organização efetuou um estudo visando verificar quais práticas descritas na metodologia seriam interessantes à realidade da organização.

Após esta etapa, foi realizado um treinamento com os programadores. Inicialmente foi explicada de forma clara e objetiva qual era a intenção da empresa em implementar a metodologia, quais seriam os ganhos esperados e aspectos positivos para os colaboradores. O treinamento abrangeu ainda as principais práticas da metodologia, explicando as razões e benefícios obtidos por cada uma das práticas.

Dificuldades e resultados obtidos

Durante a implantação do projeto, foram enfrentados alguns problemas, principalmente pelo fato da organização ser pequena e contar com poucos colaboradores. Dificuldades como alterações na equipe, pedidos de desligamento e novas contratações, fizeram com que alguns dos colaboradores não pudessem acompanhar o treinamento previsto. Para minimizar este problema, foi implementado um programa de tutores. Assim, novos colaboradores foram orientados sobre todo o processo pelos desenvolvedores mais experientes.

Outro problema enfrentado pela empresa foi a necessidade de priorizar investimento e tempo no projeto de mudança, em detrimento a outros projetos importantes como o lançamento de novos produtos. Foi relatado que em alguns momentos a alta gestão se questionou se o projeto de melhoria seria o melhor caminho, tendo avaliado alternativas para seu cancelamento ou replanejamento. Nota-se que, de acordo com o descrito pela literatura de melhoria de processos, o apoio da alta administração foi fundamental para o sucesso do programa.

Durante a análise do caso, um aspecto que se evidenciou como essencial foi a qualificação dos gestores. Várias das habilidades pessoais descritas pela literatura foram notadas durante o estudo do caso. A formação dos empreendedores (um em administração e o outro em ciência da computação) parece que lhes forneceu os instrumentos básicos de entendimento de gestão de processos e projetos, liderança e criação de um ambiente favorável para a mudança. Os treinamentos ocorridos no início do processo serviram para cristalizar estas competências e principalmente influenciar na decisão de investir na melhoria da qualidade.

Um dos principais resultados obtidos com a implementação do projeto de melhoria foram a organização da forma de trabalho, através de reuniões quinzenais de planejamento entre programadores e gerentes de projeto e a melhoria nos processos de controle, através das métricas geradas pela ferramenta XPlanner. A utilização da metodologia de desenvolvimento ágil *Extreme Programming*, em conjunto com a ferramenta XPlanner permitiu a direção da empresa uma melhor estimativa sobre os projetos, principalmente em relação aos prazos, custos e recursos alocados.

A implementação do processo de desenvolvimento permitiu que organização triplicasse sua equipe de desenvolvimento sem perda de capacidade de gestão, evitando os tradicionais problemas decorrentes de aumentos desordenados de equipes em pequenas empresas como conflitos, duplicidade de tarefas, problemas de gestão de mudança etc. Apesar de não existirem dados quantitativos para comparação, foi relatado que após a estabilização do processo a produtividade aumentou de forma significativa. Isto foi freqüentemente explícito quando os desenvolvedores se defrontavam com algum problema sério de desenvolvimento e acabavam por fazer comentários entre si, como por exemplo: "imaginem se não praticássemos a gerência de configuração, o que faríamos agora?".

Além disto, a implantação com sucesso do processo de desenvolvimento credenciou a D'Accord a buscar outros mercados para sua atuação, notadamente a prestação de serviços de desenvolvimento a empresas de *software* do exterior. No início de 2005 quando a empresa passou a prospectar clientes corporativos neste segmento, um dos fatores-chave apontados pelos parceiros para a contratação foi a metodologia de produção de *software* utilizada pela empresa.

Considerações finais

O caso relatado neste estudo indica que empresas de *software* de pequeno porte, podem obter uma gestão eficaz de processos, mesmo com poucos recursos disponíveis para investir em programas de qualidade. A integração dos membros de diversos níveis hierárquicos da empresa (diretoria, gestão de projetos e desenvolvedores) parece um fator determinante para o sucesso dos programas de melhoria. Tornando a questão da qualidade responsabilidade de todos, a organização conta com uma importante força que pode desencadear a melhoria contínua.

A adoção de metodologias ágeis, como o *Extreme Programming* parece ser um fator essencial para o sucesso de programas de melhora da qualidade em PMEs. A chave para o sucesso de processos de melhoria nestas organizações parece estar no estabelecimento de alguns focos para a gestão de projetos, que permitam um nível satisfatório de planejamento e controle. Para gerenciar estas atividades, a adoção de ferramentas gratuitas parece bastante razoável, tendo em vista que não existe custo de aquisição. Mais importante que isto, é que estas ferramentas são desenvolvidas por uma comunidade de desenvolvedores que atuam em empresas que enfrentam problemas semelhantes, o que faz com que as melhores práticas sejam refletidas nas ferramentas de gestão.

Dentre as vantagens obtidas com a melhoria do processo de desenvolvimento, destaca-se a gestão de prazos e custos, que são essenciais em pequenas empresas. Saber quando um produto ficará pronto e o quanto custará são informações essenciais para estes gestores. Com isto, podem garantir que os recursos para a conclusão do projeto estarão disponíveis e prever as metas de comercialização que possibilitem o retorno econômico sustentável para a empresa.

Para as empresas que pretendem ter atuação no mercado externo, a qualidade é essencial. Para as que trabalham com produtos, a qualidade é fator chave para que usuários comprem e fiquem satisfeitos com os aplicativos. O caso evidencia ainda as possibilidades de atingir novos mercados através da melhoria da qualidade de processos. Mesmo que não resulte em certificação da organização, além de melhorar o desenvolvimento dos produtos e serviços destas empresas, as credencia para atingir novos mercados, principalmente o de exportação de serviços.

Referências

AMORIM, Américo N. G. F., DORNELAS, J. S. Ambiente virtual de negócios: oportunidade para as pequenas empresas brasileiras exportarem software. Revista Eletrônica de Gestão Organizacional. Recife: , v.2, n.2, 2004. <Disponível em: http://www.gestaoorg.dca.ufpe.br>

BAUER, Martin W.; GASKELL, George. Pesquisa Qualitativa com Texto, Imagem e Som. Rio de Janeiro: Vozes, 3ª Ed, 2005.

BECK, Kent; ANDRES, Cynthia. Extreme Programming Explained: Embrace Change. 2a ed. Addison-Wesley Professional, 2004.

CONRADI, Reidar; WESTFECHTEL, Bernhard. Version Models for Software Configuration Management. ACM Computing Surveys, Vol. 30, No. 2, June 1998.

FERNSTROM, C; NARFELT, K-H; OHLSSON, L. Software factory principles and architecture and experiments. IEEE Software, vol 9 (2), p 36-44, March 1992.

FRAME, J. D. Project *Management competence: building key skills for individuals, teams and organizations*. San Francisco: Jossey-Bass, 1999.

JACOBSON, I., BOOCH, G., AND RUMBAUGH, J. *The Unified Software Development Process*. Addison-Wesley: 1999.

MARTINS, JOSE CARLOS C. *Gestão de Projetos de Desenvolvimento de Software*. Brasport: Rio de Janeiro, 2002.

PAULA FILHO, Wilson de P. *Engenharia de Software: Fundamentos, Métodos e Padrões*. Rio de Janeiro: LTC Editora, 2001.

PRESSMAN, R. S. *Software Engineering – A Practitioner's Approach*, 5a ed, McGraw-Hill series in computer science, 2001.
PMI - Project Management Institute. *A Guide to the Project Management Body of Knowledge*. Upper Darby, 1996.

REICH, B. H.; BENBASAT, I. *Factors that influence the social dimension of alignment between business and information technology objectives*. MIS Quartely, vol. 24, no. 01, p. 81-113. March 2000.

RUSSO, Josiane Banov; BRESCIANI FILHO, Ettore. *Práticas Recomendadas para a Melhoria do Processo de Software*. In: VI Simpósio Internacional de Melhoria de Processos de *Software*. São Paulo, 2004. Anais.. Disponível em: <http://www.simpros.com.br/Apresentacoes_PDF/Artigos/Art_15_Simpros2004.pdf> Acesso: 21-08-05.

SCHULMEYER, Gordon G.; MCMANUS, James I. *The Handbook of Software Quality Assurance*. 3a ed. Prentice Hall PTR, 1999.

TSUKUMO, Alfredo N. *Qualidade de Software: Visões de Produto e Processo de Software*. In: VIII CITS - CONFERÊNCIA INTERNACIONAL DE TECNOLOGIA DE *SOFTWARE*: QUALIDADE DE *SOFTWARE*, Curitiba, 1997. Anais..

YIN, Robert K. Case *study research: design and methods*. California: Sage Publications, 1994.

PARTE 2

GESTÃO DA INFORMAÇÃO E DO CONHECIMENTO

Capítulo 5

Análise do Uso da Tecnologia de *Groupware* para a Gestão do Conhecimento: o Caso de uma Companhia do Setor Energético

Elidomar da Silva Alcoforado
André Felipe de Albuquerque Fell
Maria Conceição Melo Silva

Resumo

O presente trabalho buscou analisar qual a contribuição ou influência do uso das tecnologias de Groupware em relação ao processo de criação e disseminação do conhecimento na Companhia Hidroelétrica do São Francisco (CHESF), sob a óptica da gestão do conhecimento. Devido à complexidade do tema e à discussão que apresentam as potencialidades e as barreiras que afetam o uso efetivo da tecnologia de groupware, partiu-se inicialmente de uma revisão da literatura pertinente ao binômio tecnologia de groupware e gestão do conhecimento, discorrendo-se sobre algumas diferentes vertentes e visões dos autores que tratam o assunto. Em seguida, buscou-se captar e compreender as impressões das pessoas na sua interação com a tecnologia de forma a constatar ou não o esforço de criação e disseminação do conhecimento na empresa estudada.

Palavras-chave: Gestão da Tecnologia; Gestão do Conhecimento; Tecnologias de Groupware.

Introdução

Com o processo de globalização dos negócios, as variáveis como tempo e espaço passaram a ser vistas, no que se refere ao gerenciamento e controle de custos, como desafios reais a serem superados pelas organizações que necessitavam do contato informacional com filiais, clientes, fornecedores e parceiros localizados em lugares diferentes (cidades, estados ou países). Como atender à demanda informacional, por conseguinte, a possibilidade de tomada de decisão distribuída, sem aumento nos custos com translado, hospedagem e tempo das pessoas envolvidas? Como estimular o trabalho em equipe para a geração de idéias, a criação e disseminação do conhecimento; assim como a resolução de problemas e processos de negociação sem comprometer o orçamento com o deslocamento do pessoal dos grupos de trabalho de um lugar para o outro?

Com a gradual popularização das tecnologias de informação e comunicação quer nas empresas ou nos lares; mais especificamente falando, a popularização da Internet (Web), dos computadores pessoais e o barateamento de linhas telefônicas; tem-se a possibilidade de trabalho em grupo, a partir de diferentes localidades e organizações (DENNIS, 1996).

Ademais, a Gestão do Conhecimento (GC) é um assunto bastante em voga na atualidade, tanto no ramo acadêmico como empresarial, e o crescente número de estudos envolvendo-o vem aumentando significativamente na última década, tanto que, pesquisa em *site* de busca oferece como resposta sobre o tema gestão do conhecimento mais de um milhão e trezentos mil respostas (GOOGLE, 2003).

Paralelo a isto, o setor energético e, mais especificamente, a CHESF, carece de um maior número de pesquisas acadêmicas, não apenas pela sua importância institucional e histórica, mas também como alicerce do desenvolvimento regional. Soma-se a isso, o momento de mudanças recentes por que o setor tem passado e vem passando, em particular, no que diz respeito ao plano político, que delineiam as diretrizes da empresa.

Assim sendo, acredita-se que este trabalho é justificado na medida em que poucas pesquisas têm sido realizadas em empresas do setor energético da região nordeste, objetivando evidenciar como estas estão criando e gerenciando os seus ativos intangíveis, em particular os seus conhecimentos, e realizando uma análise de como se processa a criação e dissimulação do conhecimento no âmbito da empresa, a fim de verificar a aplicabilidade dos conceitos teóricos, focando o estudo no uso da rede corporativa.

A Tecnologia de *Groupware*

A implantação e uso de ferramentas *groupware* nas organizações, entre outros objetivos, procura produzir melhoria nos processos administrativos, ao permitir um potencial maior de assistência na comunicação, colaboração e coordenação das atividades dos grupos intradepartamentais ou interdepartamentais. Neste sentido, Coleman (1999) salienta que o cerne da abrangência do termo *groupware* não é apenas a tecnologia implementada, mas, fundamentalmente, a tecnologia colaborativa, ou seja, a integração entre as pessoas por meio da tecnologia de informação.

Já há mais de duas décadas que tanto os pesquisadores da academia quanto os da indústria vem trabalhando para desenvolver sistemas computacionais que melhorem a produtividade dos grupos de trabalho. Para Pendergast e Hayne (1999), tal esforço tem desenvolvido, de forma independente, duas trilhas de pesquisa paralelas:

* GDSS (*Group Decision Support System*) Para DeSanctis e Gallupe (1987), GDSS é "um sistema computacional interativo que facilita a solução de problemas não-estruturados por um conjunto de tomadores de decisões trabalhando juntos como um grupo".

* CSCW (*Computer-Supported Cooperative Work*): "sistema computacional que dá suporte a dois ou mais usuários envolvidos numa tarefa (ou meta) comum e que proporciona uma interface para um ambiente compartilhado" (ELLIS et. al.,1991).

Apenas recentemente, conforme Pendergast e Hayne (1999), é que essas tecnologias foram tachadas de *Groupware, Computer Mediated Comunnications* e *Group Support Systems*, sendo as suas técnicas direcionadas para produtos comerciais como o Proshare (Intel), Lotus Notes (Lotus), Groupsystems (Ventana), Netmeeting (Microsoft) e Liveboard (Xerox). *Groupware* é parte de aplicações ambientais interconectadas (em rede). Todavia, nem todas as aplicações interconectadas constituem *groupware*, como por exemplo, o acesso a um banco de dados corporativo, via rede, não necessariamente é um *groupware*.

Para Candotti e Hoppen (1999) as ferramentas *groupware* são embasadas em três conceitos (3C's) associados a como as pessoas podem trabalhar em grupo:

* Comunicação: Suporta a integração fácil e rápida dos grupos, através do envio de informações, solicitações e instruções. Ex: Chat, correio eletrônico e vídeo conferência.

* Colaboração: Permite que pessoas trabalhem juntas, em projetos ou processos comuns, permitindo combinar experiência (conhecimento tácito) e compartilhamento de informações. As tecnologias de colaboração estão sendo influenciadas por duas grandes tendências: tecnologia de redes e a globalização.

* Coordenação: Permite a automação e gerenciamento de seqüência de ações ou tarefas que visam alcançar um objetivo. Para tal, são definidas a ordem em que as tarefas são realizadas e as pessoas envolvidas na realização das mesmas; os processos são disparados por comandos enviados pelos envolvidos ou por ações automáticas previamente programadas.

Segundo Coleman e Khanna (1995): "Os dois maiores desafios do *groupware* são técnico e organizacional. Dos dois, os desafios organizacionais são os mais difíceis. Para o desafio técnico, uma solução técnica deve ser encontrada. Todavia, mesmo que a tecnologia resolva o problema, funcione bem e de forma eficiente, se a cultura organizacional não o venha sustentar, a adoção do *groupware* não terá sucesso. Mesmo que a cultura o suporte, mas não há uma justificativa econômica para uma solução de *groupware*, o fracasso acontecerá. Finalmente, mesmo que a tecnologia, cultura e economia estejam combinadas para sustentar o *groupware*, o sucesso do projeto poderá ser destruído por questões políticas" (grifo nosso).

Já Johansen et. all.(1991) em seus estudos sobre *groupware* elaborou uma matriz de localização / tempo, utilizando a distinção entre trabalho realizado ao mesmo tempo (síncrono), ou em tempos diferentes (assíncrono), e no mesmo local (face a face), ou em locais diferentes (distribuído), conforme esquematizado abaixo.

Taxonomia espaço-temporal	Mesmo tempo	Tempo diferente
Mesmo local	Interação face a face	Interação assíncrona
Local diferente	Interação distribuída síncrona	Interação distribuída assíncrona

Quadro 1 - Taxonomia espaço-temporal do groupware
Fonte: Johansen et. all. (1991)

Gestão do Conhecimento (G.C.)

Apesar de os termos gestão e conhecimento serem usados largamente na literatura acadêmica de forma isolada, só nos últimos anos é que a expressão gestão do conhecimento veio a ser utilizada de forma mais acentuada. Tal expressão abarca um largo espectro de significados, não tendo apresentado um consenso conceitual e chegando mesmo a apresentar significações contraditórias.

A gestão do conhecimento fomentou a ênfase no capital intelectual e revalorizou a importância do indivíduo na competitividade organizacional, vindo ancorar a reformulação do antigo modelo organizacional para o modelo contemporâneo, cuja fundamentação é construída no conceito de organização baseada em conhecimento. A busca de um modelo organizacional baseado em conhecimento faz referência à aproximação com essa dinâmica do conhecimento, incorporando a complexidade dos elementos das estruturas de conhecimento e das relações existentes. A gestão do conhecimento possibilita um incrementalismo lógico (QUINN *apud* MINTZBERG, 2000), facilitando o surgimento de estratégias emergentes, diminuindo a incerteza, ou seja, é a partir da gestão do conhecimento que a empresa possibilita fluxos de informações mais eficientes e respostas mais rápidas.

Nonaka e Takeuchi (1997) definem a gestão do conhecimento como o processo sistemático de identificação, criação, renovação e aplicação dos conhecimentos que são estratégicos na vida de uma organização. Barroso e Gomes (1999) referem-se à gestão do conhecimento como "a arte de criar valor alavancando os ativos intangíveis; para conseguir isso, é preciso ser capaz de visualizar a empresa apenas em termos de conhecimento e fluxos de conhecimento".

Segundo Stewart (2002), gestão do conhecimento corresponde a identificar o que se sabe, captar e organizar esse conhecimento e utilizá-lo de modo a gerar retornos. O autor explica que o termo gestão do conhecimento é recente no meio organizacional, tanto que pesquisa na internet pelo termo gestão do conhecimento em 1996 traria como resposta apenas umas dezenas de resultados; hoje, tal pesquisa oferece 1.270.000 termos como resposta (GOOGLE, 2003), tamanha é a dimensão organizacional que o assunto assumiu, originando jornais sobre o assunto, fóruns, seminários internacionais, crescimento demasiado de consultoria do tema, além de uma profusão de artigos e trabalhos acadêmicos.

Tecnologia de Informação (T.I.) e Gestão do Conhecimento (G.C.)

A gestão do conhecimento surge, de uma certa maneira, como criatura da tecnologia, apesar de na definição de gestão do conhecimento não dizer explicitamente a necessidade de um sistema computacional, defende Stewart (2002). A Tecnologia da Informação (T.I.) é uma das ferramentas que possibilita a implantação da gestão do conhecimento, pois é um importante instrumento para acumular e recuperar informações; a T.I., entretanto, não deve ser confundida com a gestão do conhecimento propriamente dita, mas sim como uma ferramenta de apoio que permitirá a geração, o armazenamento, o controle e a difusão do conhecimento.

Na prática, o que ocorre nas empresas que implementam uma gestão do conhecimento é a construção de um conjunto de aplicativos capacitadores para o compartilhamento de conhecimento, podendo abranger: INTRANET, tecnologia *groupware*, armazenamento e busca de dados, sistemas e aplicativos de apoio à decisão, fontes de informações on-line, entre outros; sendo enfatizadas tais tecnologias, em detrimento das pessoas (SCARBROUGH et. al., 1999; PAN; SCARBROUGH, 1998; RODRIGUES FILHO et al., 2002).

O fato de tais tecnologias serem utilizadas como ferramentas de apoio e facilitadoras à gestão do conhecimento tem levado muitas organizações a colocarem nas mãos do departamento de T.I. a implantação de programas de gestão do conhecimento, em detrimento do departamento de R.H. (Recursos Humanos). Quando algo sai errado, defende Stewart (2002), o departamento de T.I. argumenta que não havia nada de errado com o padrão tecnológico, o problema ou fracasso teve outras causas – pessoas, organização, cultura - desencumbindo-se de responsabilidade. Ainda segundo o autor, há a dificuldade de os sistemas baseados em T.I. extraírem o conhecimento tácito dos indivíduos, uma vez que muitos conhecimentos são *"high touch"* ou de alta sensibilidade, isto é, difíceis de serem traduzidos para o modo explícito, opinião esta partilhada por Stenmark (2000).

Bhatt (2001), Swan et. al. (2000) e Newell et al. (2000) comentam que a parcela habilitadora do ferramental tecnológico para a G.C. é bem menor do que aspectos relativos à cultura, a pessoas e a processos organizacionais, observando o limite da contribuição da T.I. como direcionador de um programa de gestão do conhecimento (Figura 1)

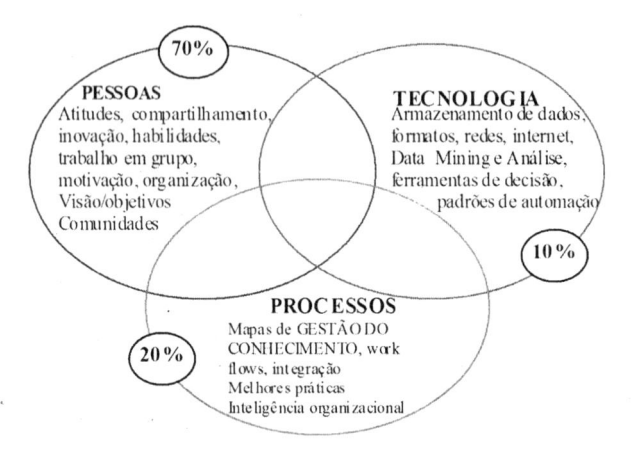

```
        ┌─── 70% ───┐
        PESSOAS                    TECNOLOGIA
   Atitudes, compartilhamento,   Armazenamento de dados,
   inovação, habilidades,        formatos, redes, internet,
   trabalho em grupo,            Data Mining e Análise,
   motivação, organização,       ferramentas de decisão,
   Visão/objetivos                   padrões de automação
   Comunidades
                                          10%
              PROCESSOS
              Mapas de GESTÃO DO
      20%    CONHECIMENTO, work
              flows, integração
              Melhores práticas
              Inteligência organizacional
```

Figura 1 – Gestão do Conhecimento: componentes e sub-elementos
Fonte: *Bhatt (2001)* apud ALCOFORADO *(2003)*

A Companhia HidroElétrica do São Francisco - CHESF

A CHESF - Companhia Hidro Elétrica do São Francisco, com mais de 50 anos de atuação é uma das maiores e mais importantes empresas do setor elétrico brasileiro. É responsável pela produção, transporte e comercialização de energia elétrica para oito estados nordestinos: Alagoas, Bahia, Ceará, Paraíba, Pernambuco, Piauí, Rio Grande do Norte e Sergipe. Sua área de abrangência é de 1,2 milhão de quilômetros quadrados, o equivalente a 14,3% do território brasileiro, beneficiando mais de 50 milhões de habitantes (CHESF, Homepage).

A CHESF possui atualmente uma capacidade de geração de energia de 10.705 megawatts (18% da capacidade do país), sendo 10.271 megawatts de origem hidráulica, a partir de 13 usinas hidrelétricas em funcionamento, 432 megawatts de origem termelétrica (com 3 usinas termelétricas) e 1,2 quilowatts de origem eólica. É a companhia com o maior parque gerador do País. Possui 16 mil quilômetros de linhas de transmissão de 500

KV e 230 KV (kilovolts ou mil volts), o que equivale a 25% do total do sistema brasileiro. As usinas hidrelétricas representam cerca de 96% da potência total instalada na CHESF e a maior parte delas está situada no Rio São Francisco.

Os funcionários, das mais variadas formações e origens, encontram-se distribuídos em toda área de atuação da empresa, desde as maiores capitais do Nordeste até a mais longínqua localidade do interior, possuindo estrutura descentralizada, com subestações e escritórios em todos os estados do Nordeste, exceto Maranhão, sendo a sua sede no Recife. Na década de 70 e 80 a empresa chegou a possuir mais de treze mil empregados (época das construções de grandes subestações). Em 1990, a empresa possuía 12330 funcionários, vindo ano a ano reduzindo seu quadro funcional. Nos últimos 4 anos teve uma redução de 40% no quadro funcional, possuindo hoje 6400 funcionários. O último Programa de Demissão Incentivada (PDI), há 3 anos, teve uma adesão de 1000 funcionários. Desde sua origem, a CHESF tem um papel de extrema relevância no desenvolvimento da região Nordeste. Ela foi criada pelo Decreto-Lei 8.031 de 3 de outubro de 1945 como uma sociedade de economia mista ligada ao Ministério da Agricultura e teve suas atividades iniciadas, efetivamente, em 15 de março de 1948. A primeira usina da CHESF a entrar em funcionamento foi Paulo Afonso I, inaugurada pelo presidente João Café Filho em 15 de janeiro de 1955.

A CHESF, através da Divisão de Desenvolvimento Organizacional–DADO, implantou o Programa de Desenvolvimento Humano e Organizacional (PDHO), que visa desenvolver em seus funcionários valores, atividades, habilidades intelectuais, comportamentais e técnicas que aumentam a eficiência e a competitividade da companhia. No âmbito do programa, desde 1997 estão sendo investidos cerca de R$ 5 milhões em capacitação e treinamento (ibidem).

A rede corporativa da CHESF

Desde o início das suas atividades, a CHESF evidenciou a importância das telecomunicações para o controle e o gerenciamento eficaz das instalações e do fornecimento de energia, através do intercâmbio de informações de voz, teletransmissão de mensagens escritas, além da telessupervisão e das telemedidas dos parâmetros elétricos. A empresa dispõe hoje de um sistema físico integrado por estações de telecomunicações em todas as localidades operacionais (CHESF, homepage):

> Rádios microondas/multiplex
> Comunicações Ópticas via Cabo OPGW
> Equipamentos SOPLAT (Carrier)
> Centrais Telefônicas Privadas
> Transmissão de Mensagens e Fax
> Comunicação via Satélite (Fixa e Móvel)
> Redes Locais (LAN's)
> Comunicação para a hidrologia e aeronaves
> Suportes para INTERNET e INTRANET

A CHESF possui um ambiente operacional na área de tecnologia da informação de alta complexidade, cobrindo dezenas de instalações nos oito estados em que atua na região nordeste. É formado por dois tipos distintos de rede: uma *rede SNA*, primeira rede instalada na CHESF, constituída de um Centro de Processamento de Dados formado por um computador IBM de última geração (*mainframe*), com capacidade de processamento de 157 milhões de instruções por segundo, e que integra uma malha formada por 400 terminais locais e remotos (BRUSCKI; ROSSITER, 2001). Este tipo de *rede SNA* possui certas limitações, pois os terminais que estão ligados ao computador central não conseguem realizar tarefas isoladamente, além de ser uma rede sem intercâmbio com outras empresas, interna à CHESF. Esta rede está sendo desativada para dar lugar à rede corporativa.

O outro tipo de rede de computadores instalada na CHESF hoje é a rede corporativa, constituída de INTRANET multiprotocolo capaz de permitir não só o acesso ao *mainframe*, mas também a outras plataformas, a interligação de redes locais e a definição de redes virtuais, o acesso comutado à rede, a interligação a outras redes externas (extranet) e a disponibilização de novos serviços como sejam o WWW, o correio eletrônico e a gestão centralizada de toda a rede. Possui cerca de 3600 microcomputadores, 2000 impressora e 25 servidores, interligando, aproximadamente, 3000 pontos ou estações de trabalhos.

Procedimentos metodológicos

O trabalho de pesquisa foi feito utilizando o método qualitativo da análise de conteúdo, onde em um período de oito meses houve a pesquisa, utilizando-se da análise documental, acesso à rede corporativa da empresa, através de uma conta *login* criada, observação do labor dos funcionários e entrevistas em profundidade com funcionários de diversos setores, funções e cargos hierárquicos. A questão principal da pesquisa foi **"Como a utilização das tecnologias de groupware influenciam a criação e o compartilhamento de conhecimento na CHESF?"**

O método de pesquisa utilizado foi o estudo de caso. De acordo com Yin (1989), a preferência pelo uso do estudo de caso deve ser dada quando do estudo de eventos contemporâneos em situações onde os comportamentos relevantes não podem ser manipulados, mas onde é possível se fazer observações diretas e entrevistas sistemáticas.

O presente estudo foi realizado dentro da CHESF, empresa estatal brasileira atuante no setor elétrico de geração e transmissão de energia elétrica, em particular, na sua sede, localizada no Recife. A população-alvo foi constituída de funcionários das quatro diretorias – Diretoria administrativa (DA), Diretoria de Operações (DO), Diretoria de Engenharia (DE) e Diretoria Financeira (DF), que fazem uso da rede corporativa, e que estavam na empresa desde antes da implantação da rede, com 20 anos na empresa (média), nos cargos de engenheiros, técnicos, psicólogos, administradores e economistas.

Para analisar as diferentes visões e perspectivas do uso da rede corporativa como suporte à criação e compartilhamento de conhecimento dentro da empresa, os 52 funcionários entrevistados, resguardando-se as suas identidades, foram enquadrados em três grupos:

* **Grupo Gerencial**: composto por gerentes ou assessores dos cargos hierárquicos de maior nível na empresa, (diretorias ou presidência), que exercem funções de cunho gerencial administrativo na empresa, constituído de 7 funcionários.

* **Grupo Técnico:** este grupo foi constituído pelos funcionários da STI (Superintendência de Tecnologia de Informação), que

pertenciam à diretoria administrativa. A Superintendência de Tecnologia de Informação é responsável pelo planejamento, gestão e controle da TI na empresa, incluindo-se aí todo o suporte de *software* e *hardware* necessários. Desse modo, gerencia a rede corporativa da empresa, os aplicativos, o Lotus Notes, entre outros. O suporte é realizado através do *help desk* (setor responsável pela manutenção e apoio ao uso da TI na empresa). Nesta superintendência, foram entrevistadas 18 pessoas das diversas células que compõem a STI, em todos os níveis hierárquicos, desde o superintendente até os técnicos, analistas e programadores.

*Grupo Operacional / Administrativo: foi o grupo-mor desta pesquisa, composto por funcionários de nível superior ou nível médio que exercem função operacional ou administrativa na CHESF, constituído por engenheiros, psicólogos, administradores e técnicos das quatro diretorias (DA, DE, DO E DF), de diversas funções e atribuições. Incluem-se aí, também, os funcionários que exercem função cunho administrativo de nível gerencial médio ou de apoio, entre secretários ou assessores de nível gerencial médio ou operacional. Neste grupo foram entrevistadas 27 pessoas.

As inferências realizadas sobre os dados coletados utilizaram-se de uma abordagem qualitativa, indutiva, interpretativa e crítica. Após a coleta e transformação dos dados brutos em elaborados, foi realizado o estudo através da técnica de análise de conteúdo, baseado, eminentemente, na obra de Laurence Bardin (1987). A análise de conteúdo tenta, organizar os dados contidos em uma transcrição, transformando dados brutos em elaborados, através de uma categorização, observando a unidade de análise pré-definida na pesquisa, visando compreender uma realidade, analisando não apenas o conteúdo explícito e denotativo do texto, mas também, o conteúdo latente e conotativo que o mesmo carrega, através de análise interpretativa.

Ressalta-se ainda que ao serem realizadas as entrevistas com as pessoas dos três grupos e dos diversos setores, a partir do momento em que se apercebeu a saturação dos dados, foi realizado o corte, ou seja, quando as respostas começavam a ficarem repetitivas, após análise dos textos transcritos, as entrevistas naquele setor ou grupo eram paralisadas, evitando-se, assim, a saturação na análise do setor, passando-se para outro grupo.

Algumas constatações e resultados

A partir da análise cuidadosa das entrevistas, foi possível identificar os 4 (quatro) grandes domínios, a seguir:

1º) Natureza e benefícios da rede corporativa: este domínio centra a análise na imagem e percepção que os funcionários fazem da rede corporativa, bem como os benefícios percebidos a partir do uso da mesma. Essa percepção é essencial para analisar se a rede corporativa pode, efetivamente, ser utilizada como suporte ao compartilhamento de conhecimento, e facilitador da sua criação.

> * Constatações acerca do domínio: *no que diz respeito à tecnologia da informação implantada na empresa, notou-se a similitude da imagem e percepção entre os grupos pesquisados, estando a empresa mui bem equipada tecnologicamente, recurso este, hoje, crucial à empresa. Todos entrevistados reconheceram tal nível, destacando a disponibilidade de informação, a democratização da informação, a redução de custos e o aumento de velocidade nos processos comunicacionais internos, além de uma melhoria operacional e flexibilização de recursos.*

2º) Estratégia da rede corporativa: relaciona-se à visão que os grupos têm do conhecimento sobre a estratégia da empresa por trás da rede corporativa. As informações colhidas dos grupos divergiram quanto tal perspectiva, ou seja, a estratégia da empresa para alguns grupos não é percebida da mesma forma.

> * Constatações acerca do domínio: e*m relação à estratégia, parece não haver um alinhamento estratégico percebido entre os grupos estudados, fato este ressaltado pela heterogeneidade de percepção e divergência entre os grupos, onde para alguns havia o aumento de controle, o planejamento participativo, agilidade e eficiência no processo de comunicação, enquanto para outros não havia transparência na determinação da estratégia por trás da rede corporativa, onde o discurso se distancia da prática.*

3º) Barreiras e impedimentos ao uso efetivo da rede corporativa: observa os fatores que atravancam e dificultam o uso da rede corporativa como suporte à gestão do conhecimento. Nota-se aqui uma heterogeneidade nas ópticas dos grupos pesquisados, com assertivas contraditórias entre os grupos, onde o grupo que mais expôs aspectos de limitações e barreiras ao uso efetivo da rede foi o operacional / administrativo.

* Constatações acerca do domínio:
a) Alusivo às barreiras e impedimentos ao uso efetivo do recurso tecnológico e à tecnologia de groupware, foram observados diversos agentes atravancadores a este processo, como desconhecimento da ferramenta, subutilização e mau uso da ferramenta, além de falta de comunicação intra e interdepartamental.

b) A criação de ilhas foi um dos tópicos ressaltados em relação às barreiras ao uso efetivo da tecnologia de groupware, em especial a INTRANET. Como não houve um gerenciamento das informações na rede, criaram-se grupos insulares, que se tornaram concorrentes dentro da empresa, ou seja, ao invés de a INTRANET favorecer à integração da empresa, através de uma força centrípeta, incitou uma fissão na empresa causada por forças centrífugas. A INTRANET, assim, apresenta-se como ferramenta essencial de suporte à GC, mas falta um gerenciamento do uso da mesma para a promoção de um programa efetivo de GC. O que pode ser feito, por enquanto, é uma gestão da informação.

c) A questão cultural e a falta de mudança de mentalidade para uso melhorado da ferramenta por alguns funcionários foram outros fatores ressaltados. Outro agente dentro do tema das barreiras existentes ao uso efetivo da tecnologia de groupware diz respeito ao grande volume de informações não relevantes à corporação que circulam dentro da rede.

4º) Criação e compartilhamento de conhecimento: este domínio se apresenta como o mais complexo e controverso dentro da pesquisa. Semelhante às barreiras identificadas anteriormente, as percepções dos grupos se apresentam de forma heterogênea não só entre os grupos, mas no próprio grupo estudado. De maneira geral, as opiniões retrataram a necessidade de um maior compartilhamento de conhecimento na empresa, utilizando mais o recurso tecnológico, evidenciando que o fator TI encontra-se capacitado para servir de ferramental à gestão do conhecimento.

* Constatações acerca do domínio: *no que diz respeito à criação e compartilhamento de conhecimento na empresa, os agentes que mais sobressairam foram a falta de cultura de compartilhamento de conhecimento e a falta de mudança de mentalidade. O conhecimento é visto como fonte de poder, fator este que dificulta seu compartilhamento. Além disso, dentro deste domínio, a falta de registro e de documentação do conhecimento, que possibilite a captura e posterior transferência do conhecimento, aliado à falta de uma política sistemática*

Considerações finais

No que concerne à empresa pesquisada, foi possível constatar três situações capazes de trazer evidências explicativas quanto ao modo atual de gerenciamento do conhecimento, assim como o uso das tecnologias de informação, mais especificamente, as de *groupware*:

1ª) Refere-se à redução de quadros por que passou a empresa, chegando a redução de 40% de pessoal nos últimos quatro anos, acarretando a que muitos setores possuem hoje 1/3 ou menos do quadro de pessoal que possuíam 5 anos atrás, exigindo um caráter de multifuncionalidade e sobrecarga para os que ficaram, dificultando o processo fecundo de criação de conhecimento na empresa, além de dificultar a externalização e documentação por parte dos funcionários.

2ª) Como conseqüência, houve uma perda de conhecimento de *expertise* quando da saída dos funcionários, levados por um programa de demissão incentivada, tendo estes funcionários vários anos de bagagem de experiência e conhecimento na empresa; conhecimento este que foi levado junto às pessoas que saíram, já que não houve um processo sistemático de captura desse conhecimento.

3ª) Por último, houve uma mudança no cenário e no mercado de atuação da empresa, onde são exigidas agora novas posturas gerenciais, modos de negociação e abrangência do mercado atuante pela CHESF. É preciso, então, analisar qual conhecimento é essencial para a empresa hoje e qual conhecimento será necessário para o futuro da empresa.

Ressalta-se que a criação de ilhas foi um dos tópicos ressaltados em relação às barreiras ao uso efetivo da tecnologia de *groupware*, em especial a INTRANET. Como não houve um gerenciamento das informações na rede, criaram-se grupos insulares, que se tornaram concorrentes dentro da empresa, ou seja, ao invés de a INTRANET favorecer à integração da empresa, através de uma força centrípeta, incitou uma fissão na empresa causada por forças centrífugas. A INTRANET, assim, apresenta-se como ferramenta essencial de suporte à GC, mas falta um gerenciamento do uso da mesma para a promoção de um programa efetivo de GC. O que pode ser feito, por enquanto, é uma gestão da informação.

Ademais, a questão cultural e a falta de mudança de mentalidade para uso melhorado da ferramenta por alguns funcionários foram outros fatores ressaltados. Outro agente dentro do tema das barreiras existentes ao uso efetivo da tecnologia de *groupware* diz respeito ao grande volume de informações não relevantes à corporação que circulam dentro da rede.

Com respeito à criação e compartilhamento de conhecimento na empresa, os agentes que mais sobressaíram foram a falta de cultura de compartilhamento de conhecimento e a falta de mudança de mentalidade. O conhecimento é visto como fonte de poder, fator este que dificulta seu compartilhamento. Além disso, a falta de registro e de documentação do conhecimento, que possibilite a captura e posterior transferência do conhecimento, aliado à falta de uma política sistemática para o registro e a documentação e a falta de uma política de gestão do conhecimento que encoraje e promova tanto a criação, como compartilhamento de conhecimento na empresa, apresentaram-se como fatores determinantes.

Referências

ALCOFORADO, E. S. (2003). Análise da Utilização da Tecnologia de Groupware para a Gestão do Conhecimento: o Caso da CHESF. **Recife (Dissertação de Mestrado. Universidade Federal de Pernambuco).**

BARDIN, Laurence (1987). **Análise de conteúdo**. Lisboa: Edições 70.

BARROSO, A. C.; GOMES, E. (1999). Tentando Entender a Gestão do Conhecimento. In: **Revista de Administração Pública**, Rio de Janeiro, vol. 33, n° 2, março/abril, p.147-170.

BHATT, D. *Excellence Model and Knowledge Management Implications.* [online]. Disponível na Internet via www. URL: **http:// www.eknowledgecenter.com/articles/1010/1010.htm2000.** Arquivo capturado em 21/01/2003.

CANDOTTI, C.T., HOPPEN, N. (1999). Reunião virtual e o uso de groupware – uma nova possibilidade de realizar trabalho em grupo. **ENANPAD, 1999.**

COLEMAN, D. (1999). *Groupware: collaboration and knowledge sharing*, In: LIEBOWITZ, J. (Ed.), *Knowledge Management Handbook*, Vol. 12 No. 1, CRC Press, New York, NY, pp. 12-15.

COLEMAN, D. KHANNA, R. (1995). *Groupware: technologies and applications.* Prentice Hall.

DENNIS, A.R. (1996). ***Using the Internet to implement support for distributed decision making.*** http://tcbworks.mgmt.uga.edu:8080. Georgia, USA.

ELLIS, S., GIBBS, J., REIN, G. (1991). *Groupware: some issues and experiences.* **Communications of the ACM.** 34 (1) 38-58.

JOHANSEN, R.; SIBBET D.; BENSON S.; MARTIN A.; MITTMAN R e SAFFO P. (1991). ***Leading business teams.*** Addison Wesley.

MINTZBERG, Henry. (2000). **Safári de estratégia**. Rio de Janeiro: Campus.

NEWELL, S., SCARBROUGH, H., SWAN, J., HISLOP, D. (2000). *Intranets and Knowledge Management: De-centred Technologies and the Limits of Technological Discourse.* In: PRICHARD, C. HULL, R. CHUMER, M., WILLMOTT, H.(Editors), ***Managing Knowledge:** Critical Investigations of Work and Learning.* London: MacMillan.

NONAKA, I. e TAKEUCHI, H. (1997). **Criação de conhecimento na empresa: como as empresas japonesas geram a dinâmica da inovação.** Rio de Janeiro: Campus.

PAN, S. L. e SCARBROUGH, H. (1998). *A Socio-Technical View of Knowledge-Sharing at Buckman Laboratories. Journal of Knowledge Management.* Vol. 2, No. 1, pp. 55-66.

PENDERGAST, M., HAYNE, S. (1999). *Groupware and social networks: will life ever be the same again? Information and Software Technology*, 41, 311-318.

RODRIGUES FILHO, J; OLIVEIRA, R.R.; TORRES, M.F. (2002). Gestão do Conhecimento e as Transformações no Setor Elétrico: Um esboço para o estudo da CHESF. **Anais do Congresso Anual da Sociedade Brasileira de Gestão do Conhecimento**, São Paulo.

SCARBROUGH, H., SWAN, J., PRESTON, J. (1999). ***Knowledge management and the learning organization***. London: IPD.

STENMARK, D. (2000). *Turning Tacit Knowledge Tangible.* In: ***Proceedings of HICSS-33***, January 4-7, Maui, Hawaii: IEEE press.

STEWART, Thomas A.(2002). **A riqueza do conhecimento. O capital intelectual e a organização do século XXI.** Rio de Janeiro. Campus.

SWAN, J., ROBERTSON, M., NEWELL, S. (2000). *Knowledge management: when will people enter the debate*, In: SPRAGUE, R.H. Jr (Ed.), ***Proceedings of HICSS-3,*** Maui, HI, 2000.

YIN, Robert K. (1989). ***Case study research:*** *design and methods.* Sage Publications Inc., USA.

# Capítulo 6

Um Estudo da Produção Acadêmica Nacional sobre Gestão do Conhecimento Através da Teoria do Conhecimento de Habermas

André Felipe de Albuquerque Fell
José Rodrigues Filho
Rezilda Rodrigues Oliveira

Resumo

O propósito deste trabalho é desafiar como a produção científica sobre Gestão do Conhecimento (GC) é refletida nas publicações recentes do meio acadêmico brasileiro. Dessa forma, foram levantados 6.096 artigos apresentados nos anais do ENANPAD (Encontro Nacional da Associação Nacional dos Programas de Pós-Graduação em Administração), no período de 1997 a 2007. A teoria do conhecimento de Habermas é de grande relevância para o debate crítico na área de GC, quando se busca identificar as três espécies de conhecimentos: técnico, prático e emancipatório. Através de pesquisa documental foi constatado o predomínio quase absoluto do interesse técnico, bem característico da razão instrumental, com sua busca constante de predição e controle, inclusive na área de GC. Cerca de 75% dos trabalhos consultados remetem a estudos empíricos, que não evidenciaram análises voltadas para as relações de poder e o conhecimento; nem tampouco acerca de temáticas identificadas com a emancipação da consciência humana para a reflexão crítica acerca das práticas opressivas; ou ainda, enfoques sociais, políticos e ideológicos.

Palavras-chave: Gestão do conhecimento; Produção Acadêmica; Teoria do conhecimento; Habermas.

Introdução

Parece ser bastante comum encontrar na literatura acadêmica ou gerencial, uma diversidade de denominações que tentam representar o atual momento histórico nomeado como "pós-industrial", no qual a característica do "novo paradigma técnico-econômico", da "Economia do Conhecimento" tem nas tecnologias de informação e comunicação uma de suas bases. Essas denominações são: a sociedade do conhecimento, a sociedade da informação, sociedade de redes, etc.

Contudo, há estudiosos que enxergam nesta sociedade da informação, com a onda de fusões e reorganizações de grupos econômicos, regulamentações e desregulamentações de mercados, além da valorização sem precedentes do ativo "conhecimento" - de novo e sempre, o capitalismo de progresso unilateral, extremamente concentrador de renda e poder. Para De Landa (1997), o resultado destas grandes fusões de empresas é o poder de eximir-se das "regras" do mercado, constituindo-se em um "antimercado" porque passa a ser dono dele, uma vez que as grandes literalmente "fazem" os preços, e não sendo à toa que elas tenham um peso residual na produção do emprego.

Ainda sob a ótica econômica, há que se considerar a nitidez da conjugação da sociedade da informação com a lógica abstrata da mercadoria (Bourdieu, 1996a), que é mostrada enfaticamente por Aronowitz (*apud* Bourdieu, 1996b) em sua obra referente à "fábrica do conhecimento". Para o autor mencionado por Bourdieu (1996b), "as universidades americanas praticamente abandonaram seu mandato educativo e social para restringir-se ao atrelamento capitalista, perfazendo o pano de fundo da competitividade sem limites". O que isto significa? Significa abrir mão do compromisso histórico com a construção do conhecimento de interesse coletivo da humanidade e aprisionar-se à seletividade de cursos técnico-funcionalistas, sistematicamente ditados / ordenados segundo a demanda do mercado. Demo (2000a) completa: "Com efeito, o conhecimento mais inovador é provocado pelo mercado, que necessita do ímpeto desconstrutivo do conhecimento, particularmente do conhecimento dito pós-moderno, colocando a inovação mercantilizada como razão maior de ser".

Ademais, no contexto da organização dita pós-industrial, baseada no conhecimento, a forma de gerir o conhecimento (valor intangível) passa a ser importante vetor ao se considerar que uma cultura "seria definida menos por uma certa distribuição de idéias, de enunciados e de imagens em uma população humana do que pela forma de gestão social do conhecimento que gerou essa distribuição" (LÉVY, 1993, p.139). Por isso, freqüentemente, estão entrelaçados os conceitos de organização que aprende, aprendizagem organizacional e gestão do conhecimento – este último estando relacionado às novas tecnologias de informação e comunicação.

Neste sentido, questiona-se, como a produção científica sobre Gestão do Conhecimento (GC) é refletida nas publicações recentes do meio acadêmico brasileiro? Para responder a esta questão foi feita uma análise dos artigos apresentado nos fóruns anuais promovidos pela Associação Nacional dos Programas de Pós-Graduação em Administração – ANPAD, tomando como referência o período de 1997 a 2007. O exame dos artigos, feito por áreas temáticas em que eles foram submetidos, tem como ponto de partida, a teoria do conhecimento do filósofo alemão Jürgen Habermas, de modo a introduzir o debate sobre o assunto, segundo uma perspectiva crítica na área de GC. Em seguida, procurou-se delinear critérios aplicados à pesquisa documental que foi realizada em associação com três espécies de conhecimentos identificados por Habermas: técnico, prático e emancipatório. Foi constatado, então, o predomínio quase absoluto do interesse técnico, bem característico da razão instrumental, que explica a busca constante de predição e controle, inclusive na área de GC.

Gestão do conhecimento e teoria do conhecimento de Habemas

Gestão do conhecimento (GC)

Numa economia globalizada dominada pelo capitalismo e enorme débito mundial, as transformações tecnológicas tentam transformar o conhecimento na forma de capital como o recurso mais importante. Neste sentido, os modismos e tendências sociais têm contribuído, sem dúvida, para a popularidade da gerência e impopularidade da ciência. É preciso compreender que as batalhas pelo poder dentro das organizações nem sempre consideram o conhecimento como o recurso mais importante. Na atual administração pública do Brasil, por exemplo, quando se comenta que a ética "é roubar", há dúvidas se é o conhecimento ou a esperteza o recurso mais importante dentro das organizações. Assim sendo, alguns trabalhos têm demonstrado que nem sempre o conhecimento é o recurso mais importante e o que é chamado de gestão do conhecimento, como o mais novo modismo gerencial, nada mais é do que gestão da informação. Muitos embarcaram no trem da alegria do discurso de gestão do conhecimento, mas a única satisfação que se tem disto é o fato de que o trem não tinha rodas (RODRIGUES FILHO; GOMES, 2006).

Assim sendo, na sociedade contemporânea, com a proliferação de símbolos e regras pelas novas tecnologias de informação e comunicação, parece que houve uma acelerada evolução das experiências humanas, a ponto de sua atuação sobre as relações de produção e consumo aumentarem o valor da informação e do conhecimento, hoje, impregnados nos produtos. A matéria está cheia de informações (Lévy, 2001), já tendo sido apontado por Marx, há dois séculos, que a força material da sociedade atual é o conhecimento técnico-científico alimentando o sistema produtivo. Daí a lógica informacional ser diferente da lógica industrial, o que exige novos elementos explicativos para a atual dinâmica econômica, além dos fatores neoclássicos de produção como terra, recursos naturais, mão-de-obra e capital. A impregnação da matéria de valor informacional desencadeia a necessidade de as organizações reverem suas estratégias competitivas, seja na geração de novos produtos ou serviços, bem como nas suas relações com clientes e fornecedores; enfim, todo o seu ambiente competitivo.

Ademais, a Economia do Conhecimento, para Stewart (2002), está embasada em três pilares. O primeiro diz respeito ao fato que o conhecimento está presente em praticamente tudo o que se fabrica, compra ou vende. O segundo explicita que os ativos do conhecimento, bem como o capital intelectual, são mais importantes para as empresas contemporâneas do que os ativos financeiros e físicos. Por último, o terceiro pilar é que para prosperar na nova economia e explorar estes novos ativos são necessárias novas técnicas de gestão, novas estratégias e novas tecnologias.

Nessa conjuntura exposta, o conhecimento da organização, também conhecido como capital intelectual ou competência ou inteligência empresarial; é reconhecido como um ativo intangível de inestimável valor (STEWART, 1998; SVEIBY, 1998; DAVENPORT; PRUSAK, 1998). A criação do conhecimento ocorre de dentro para fora nas organizações com o intuito de redefinir problemas e soluções procurando afetar seu ambiente (NONAKA; TAKEUCHI, 1997). Tal criação de conhecimento organizacional acontece pela interação entre os conhecimentos tácito e explícito, quando o primeiro deixa de pertencer ao indivíduo e passa a pertencer ao grupo ou organização, gerando uma espiral de conhecimento.

Desse modo, a G.C. pode se compreendida como uma forma de administração e aproveitamento do conhecimento das pessoas e a disseminação das melhores práticas para o crescimento da organização (GILBERTONI; COLENCI JÚNIOR, 2002, p.3). Em termos práticos, ainda segundo os autores, "gestão do conhecimento consiste na identificação e mapeamento dos ativos intelectuais da organização, divulgando e gerando novos conhecimentos para a vantagem competitiva e compartilhando as melhores práticas e tecnologias que impulsionarão estes processos".

Contudo, há estudiosos críticos afirmando que a GC, vem tomando contornos de mais um modismo gerencial, como o foi a reengenharia. Eles afirmam que o discurso da gestão do conhecimento é algo, por natureza, paradoxal e contraditório. Sua linha de análise concentra-se nos seguintes questionamentos (FELL; ALCOFORADO; VOCHT, 2005):

1º) Se o conhecimento tácito tem estreita relação com a experiência pessoal e intransferível de cada trabalhador, como é possível capturar, codificar e gerir o conhecimento tácito alheio?

2º) Ainda que o conhecimento possa ser sistematicamente mapeado, os processos de criatividade e inovação estão completamente assegurados unicamente com a codificação das experiências prévias? Como ter certeza de que a codificação de determinadas experiências prévias é necessariamente a garantia de se ter uma melhora nos processos de criatividade e inovação; conseqüentemente, definindo uma vantagem competitiva?

3º) Por último, a gestão sistemática do conhecimento parece apresentar, ao gerar uma excessiva visibilidade do indivíduo (Lévy;

Authier, 2000), uma postura eminentemente totalitária porque todos na empresa são "estimulados", quando não obrigados a converter o conhecimento pessoal de anos de experiência em conhecimento organizacional valioso. Isso não acarretaria um bloqueio à aprendizagem e, por conseguinte, à inovação?

A teoria do conhecimento de Jürgen Habermas

Conhecido como um dos principais críticos do positivismo, há pouco mais de três décadas atrás, Habermas (1971) procurou desenvolver uma concepção mais ampla da razão, o que o levou a efetuar uma crítica da auto-compreensão positivista da ciência. Seu ataque ao positivismo, baseado na razão instrumental voltada para dominar a natureza, é fundamentalmente dirigido à sustentação de que a validade da ciência independe de qualquer compromisso normativo dos cientistas. Habermas (1971) quer especificamente questionar se o conhecimento científico está efetivamente liberto de todo vínculo normativo. Desse modo, ele começa a desenvolver suas teorias de "orientação do conhecimento" (*knowledge-guiding*) ou "interesses constitutivos do conhecimento" (*knowledge-constitutive interests*), publicado em seu livro intitulado Conhecimento e Interesses Humanos. Nessa obra, Habermas (1971) faz uma distinção entre três formas de interesses que constituem o conhecimento: interesse técnico, interesse prático e interesse emancipatório. Já os processos de inquirição são também classificados em três categorias e conectados com um dos interesses supracitados (Quadro 1(2), a seguir):

a) **Ciências empírico-analíticas.** Nesse enfoque é incorporado um interesse técnico que busca controlar, prever e manipular tanto as forças naturais quanto sociais. Este interesse guia o desenvolvimento de diversas tecnologias para o controle do comportamento humano e de outros elementos do mundo material. As ciências empírico-analíticas incluem as ciências naturais e as sociais à medida que buscam produzir um conhecimento nomológico, isto é, um conhecimento que estuda as leis que presidem aos fenômenos. Na administração de empresas, o interesse técnico fica evidenciado através das práticas que garantam a previsão e o controle de variáveis associadas com o trabalho humano, objetivando o aumento da produtividade. Como exemplo, é possível mencionar a manipulação de variáveis relacionadas ao desenho do trabalho, de forma a aumentar a produtividade do trabalhador.

b) Ciências histórico-hermenêuticas. Nesse enfoque se percebe um interesse prático, incluindo as ciências humanas à medida que busca uma compreensão interpretativa das configurações. Para Habermas (1971), a lógica de inquirição nas disciplinas culturais é essencialmente diferente da lógica de inquirição das ciências empírico-analíticas. Enquanto o interesse técnico busca apreender a realidade objetivada, o interesse prático visa à manutenção da intersubjetividade do entendimento mútuo (HABERMAS, 1971; MCCARTHY, 1989). Na realidade organizacional, a mobilização desse interesse busca o significado atribuído ao trabalho pelos trabalhadores e não o redesenho do comportamento humano para o aumento da produtividade. Em outras palavras, esse interesse procura apreciar o significado do trabalho organizacional das pessoas, ou seja, o que as pessoas pensam e sentem como elas são tratadas no trabalho, não para o controle ou manipulação, mas sim para melhorar a comunicação e, por conseguinte, compreensão mútua (WILLMOTT, 1996).

c) Ciências sociais críticas. Nesse enfoque se inclui a teoria social crítica, bem como a filosofia, considerada como uma disciplina reflexiva e crítica. Nesse enfoque é incorporado um interesse emancipatório, buscando a reflexão. Por meio da autoreflexão, o conhecimento vem a coincidir com o interesse em responsabilidade e autonomia, uma vez que a reflexão é um movimento de emancipação (HABERMAS, 1971). O interesse emancipatório apresenta a característica de procurar revelar formas de dominação e exploração, como as existentes na conexão entre as experiências de frustração e sofrimento e as instituições. Ainda que apresente uma afinidade com o enfoque das ciências histórico-hermenêuticas, a atenção da ciência crítica está voltada para o papel do poder em institucionalizar e manter formas desnecessárias quer de opressão, confusão ou sofrimento. Desse modo, a ciência crítica busca entender como são desenvolvidas e legitimadas as práticas e, o gerenciamento das instituições, dentro de relações de poder e dominação; sendo possível a transformação dessas instituições. Em termos organizacionais, parece que o convencionado é o ato de não questionar a estrutura das relações de poder, preservando o *status quo* ao invés de se buscar uma sociedade mais racional capaz de eliminar formas desnecessárias de dominação social.

Tipo de interesse humano	Espécie de conhecimento	Métodos de pesquisa	Dimensão social
Técnico (predição e controle)	Instrumental / Técnico (explicação causal)	Ciências Positivistas (métodos empírico-analítico)	Trabalho
Prático (interpretação ou entendimento mútuo)	Prático (entendimento)	Pesquisa Interpretativa (métodos hermenêuticos)	Interação
Emancipatório (crítica e liberação)	Emancipação (reflexão)	Ciências Sociais Críticas (métodos da Teoria Crítica)	Poder / Autoridade

Quadro 1(2) – Os três interesses constitutivos e domínios do conhecimento de Habermas.
Fonte: *adaptado de Rodrigues Filho (1997; 2004)*

Há os que argumentam que a teoria dos interesses do conhecimento tenha desencadeado uma das mais ricas controvérsias filosóficas da atualidade, já que severas críticas foram dirigidas ao Habermas por tentar fazer uma crítica da sociedade através de uma crítica da ciência. Siebeneichler (1994) explica que os críticos argumentam que "a tentativa de Habermas em fundamentar a teoria crítica da sociedade através de uma teoria do conhecimento, a cavalo de interesses condutores, foi um grande fracasso". O próprio Habermas reconhece que a tentativa de fundamentar a teoria emancipatória crítica da sociedade por meio de uma teoria do conhecimento constitui um desvio, mas não um fracasso como tem sido alegado (SIEBENEICHLER, 1994).

Como já foi referido, neste trabalho buscou-se examinar como a produção científica sobre GC é refletida nas publicações feitas no meio acadêmico brasileiro, em artigos apresentados nos Encontros Anuais da ANPAD (conforme anais do período de 1997 a 2007), partindo-se de três espécies de conhecimentos identificados por Habermas: técnico, prático e emancipatório.

Material e método

Fazendo um preâmbulo antes de se discorrer sobre a metodologia aqui adotada, cabe referir que um estreitamento da relação entre Teoria Crítica e estudos administrativos já foi feito anteriormente por Rodrigues Filho (2004, p. 5), ressaltando-se que, para o autor mencionado, nos países desenvolvidos, tentativas têm sido feitas para se aplicar o enfoque habermasiano a esse campo, fruto do reconhecimento de sua contribuição renovadora na filosofia alemã e na teoria social pós-guerra.

No Brasil nota-se que os estudos em administração com a aplicação da Teoria Crítica parecem incipientes, mesmo na teoria das organizações (BARROS, 2001; DAVEL; ALCADIPANI, 2002). Tal deficiência aparece em algumas discussões sobre o tema, dando a entender que o conhecimento está sendo considerado um artefato ou coisa voltada e vinculada meramente à performance econômica da organização, sendo intermediada pelas tecnologias de informação e comunicação.

Conforme visto anteriormente, Habermas (1971) defende que o conhecimento, junto com os esquemas metodológicos usados para obtê-lo, não está separado dos interesses que o orientam. Como exemplo, as ciências da natureza utilizam-se da metodologia de pesquisa quantitativa para obter conhecimento e controle dos fenômenos estudados. Daí, nos textos de Habermas ser possível encontrar que a pesquisa quantitativa serve e está associada ao conceito de controle social. Quanto à metodologia de pesquisa qualitativa, usada pelas ciências humanas, Habermas (1971) argumenta que ela é associada à visão de emancipação.

Com base em tal perspectiva, então, este trabalho se inscreve dentre aqueles que incentivam, mais uma vez, a realização deste debate interdisciplinar, reunindo elementos de análise que privilegiam as abordagens críticas na área de gestão do conhecimento. Para tanto, nesta pesquisa documental, na qual se adotou o método qualitativo de natureza interpretativa (Orlikowski; Baroudi, 1991), criou-se uma base de dados constituída pela produção acadêmica brasileira encontrada nos anais do ENANPAD, que dão acesso a diferentes áreas temáticas em que o tema da GC foi abordado. Vale salientar a importância e a representatividade desse fórum no País, no contexto de referência ora estudado.

De acordo com o levantamento realizado no período escolhido (1997 até 2007), foram totalizados 6.096 artigos, distribuídos da seguinte forma: 241 artigos em 1997; 250 artigos em 1998; 270 artigos em 1999; 364 artigos em 2000; 424 artigos em 2001; 554 artigos em 2002; 629 artigos em 2003; 781 artigos em 2004; 785 artigos em 2005; 835 artigos em 2006 e 963 artigos em 2007. Além de um aumento na quantidade de áreas temáticas, notou-se que, no período de 1997 a 2007, houve um aumento de mais de 350% no número de artigos publicados, denotando uma evolução da produção científica no campo do conhecimento da administração no Brasil. Em termos mais específicos, foram encontrados 71 artigos (1,16% do total) referentes à GC. A Tabela 1(3) detalha quais são os artigos referentes à GC identificados por ano de ENANPAD.

ENANPADs (1997-2007)	Área Temática / Artigo	Quantidade encontrada	Percentual (%)
1997	org-10	01	1,40
1998	org-31	01	1,40
1999	ai-17; ae-24; rh-30	03	4,23
2000	ols-346; arh-897; arh-914	03	4,23
2001	gin-1173; cab-1179; adi-829; act-843; act-1223; eso-655	06	8,45
2002	adi-1990; act-1063; act-1352; act-1653; act-1837; teo-1900; ccg-462; grt-587; mkt-915; mkt-1852	10	14,10
2003	adi-919; adi-956; adi-1513; act-915; eso-1147; eso-1563; cor-1024; mkt-2256	08	11,30
2004	adi-1381; adi-2335; act-901; grt-2764; cor-170; cor-2869	06	8,45
2005	adi-a 0146; adi-a 0506; adi-d 0145; eso-a 1424; cor-a 0477; gct-b 0775	06	8,45
2006	adi-a 284; adi-a 1307; adi-d 1548; aps-a 1663; eso-b 2165; cor-c 2239; gct-b 2122; gct-c 2890; mkt-c 351	09	12,70
2007	adi-b 424; adi-b 686; adi-b 829; adi-b 930; adi-b 1066; adi-b 1184; adi-b 1450; adi-b 1687; adi-b 2953; adi-b 2958; adi-b 3181; adi-b 3291; adi-d 2980; eso-a 138; eso-a 233; eso-a 1629; gct-c 1320; gpr-a 2577	18	25,35
TOTAL		71	100

Legendas:
* org = organizações.
* ae = administração estratégica.
* ols = operações, logística e serviços.
* cab = casos em administração brasileira.
* eso = estratégia em organizações.
* ccg = contabilidade e controle gerencial.
* mkt = marketing.
* eor = estudos organizacionais.
* aps = administração pública e gestão social.
* ai (= adi): administração da informação.
* rh (=ahr): administração de recursos humanos.
* gin = gestão internacional.
* act = administração de ciência e tecnologia.
* teo = organizações / teorias das organizações.
* grt (=gpr): gestão de pessoas e relações de trabalho.
* cor = organizações / comportamento organizacional.
* gct = gestão de ciência, tecnologia e inovação.

Tabela 1(3) – Artigos do ENANPAD (1997-2007) sobre Gestão do Conhecimento

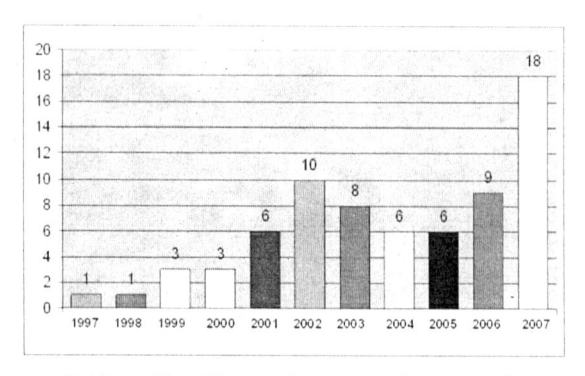

Gráfico 1(3) – Número de artigos publicados sobre Gestão do Conhecimento.
Fonte: *Anais do ENANPAD (1997-2007)*

Pela análise do gráfico 1(3), percebe-se claramente um crescimento dos trabalhos publicados no ENANPAD relacionados a temática Gestão do Conhecimento. Ressalta-se que dos 71 artigos referentes à gestão do conhecimento nos Enanpads de 1997 a 2007, 27 artigos (38,10%) estão ligados à área temática ADI (administração da informação); 8 artigos (11,26%) à área temática ACT (administração de ciência e tecnologia); 4 artigos (5,63%) estão localizados na área temática MKT (marketing); 3 artigos (4,22%) estão localizados na área temática ARH (administração de recursos humanos); 3 artigos (4,22%) estão localizados na área temática de GCT (gestão de ciência, tecnologia e inovação) enquanto o restante dos 26 artigos (36,66%) apresenta a sua distribuição nas outras áreas temáticas [EOR (estudos organizacionais), ESO (estratégia em organizações), CCG (contabilidade e controle gerencial), GIN (gestão internacional), etc.].

Uma possível explicação para o predomínio da área de ADI nas publicações de G.C. é o fato de as tecnologias de informação e comunicação poderem intermediar todos os processos essenciais na gestão do conhecimento, identificados por Probst, Raub e Romhardt (2002): identificação, aquisição, desenvolvimento, compartilhamento, utilização e retenção. Além disso, na área temática ADI foi criada uma divisão que trata especificamente da Gestão da Informação e do Conhecimento (ADI-B).

Dos 71 artigos consultados, também se verificou existir mais de 1.600 referências bibliográficas de autores estrangeiros e brasileiros relativas ao tema da GC, resultando no levantamento exposto na Tabela 2(3), reunindo aqueles que foram citados mais de 10 vezes pelos pesquisadores brasileiros em sua produção acadêmica.

Autor(es)	Quantidade	Percentual (%)
NONAKA, I., TAKEUCHI, H.	53	15,36
DAVENPORT, T.	46	13,33
PRUSAK, L.	32	9,27
SENGE, P.	30	8,70
STEWART, T.	28	8,12
SVEIBY, K.	27	7,82
TERRA, J.C.C.	27	7,82
YIN, R.	22	6,40
GARVIN, D.	18	5,20
PRAHALAD, C. K., HAMEL, G.	18	5,20
DRUCKER, P.	17	5,00
LEONARD-BARTON, D.	14	4,00
MINTZBERG, H.	13	3,80
Total	345	100

Tabela 2(3) – Autores mais citados (10 citações ou mais) nos trabalhos sobre GC
Fonte: *Anais do ENANPAD (1997-2007).*

Para a elaboração dessa freqüência considerou-se que, quanto mais citado for um trabalho, maior a sua contribuição para determinada área, quer para a criação de novo conhecimento ou para a sistematização de pesquisas a partir dele.

Os autores mais utilizados nas referências dos artigos estudados foram Ikujiro Nonaka e Hirotaka Takeuchi com o seu estudo seminal intitulado "Criação de conhecimento na empresa: como as empresas japonesas geram a dinâmica da inovação". É interessante notar ainda que apenas um autor brasileiro se encontra dentre os que foram mais citados: José Cláudio Cyrineu Terra.

Outra constatação interessante é que entre os autores mais citados estão alguns cujas obras não tratam diretamente do tema Gestão do Conhecimento, como por exemplo, Yin, Prahalad e Hamel, Mintzberg. Suas obras tratam de estudo de caso, planejamento estratégico e estratégia, respectivamente.

Esta constatação parece indicar que os estudos em GC estão correlacionados com outras áreas de pesquisa, o que reitera o ponto de vista de Earl (2001) no qual é difícil delimitar o campo de estudo da GC uma vez que várias são as áreas científicas que podem contribuir para a mesma, a exemplo das Ciências da Informação, Sociologia, Ciências Empresariais,

Psicologia, Estudos Organizacionais, Gestão Estratégica, Engenharia, Ciências da Computação, Sistemas de Informação, entre outras.

Em termos de conteúdo, foi possível observar nas referências utilizadas nos artigos o predomínio quase absoluto da perspectiva prescritiva e positivista em face do tratamento dado ao tema da GC. Este e outros aspectos são discutidos na próxima seção.

Discussão dos resultados

A análise qualitativa dos 71 artigos sobre GC gerou a classificação apresentada na Tabela 3(4), elaborada segundo as três espécies de conhecimentos identificados de acordo com a taxonomia habermasiana: técnico; prático e emancipatório.

ENANPAD (1997-2007)	Interesse Técnico	Interesse Prático	Interesse Emancipatório
1997	org-10		
1998	org-31		
1999	ai-17; ae-24; rh-30		
2000	ols-346; arh-897	arh-914	
2001	gin-1173; cab-1179; adi-829; act-843; act-1223; eso-655		
2002	adi-1990; act-1352; act-1653; act-1837; teo-1900; ecg-462; grt-587; mkt-915; mkt-1852		act-1063
2003	adi-956; act-915; eso-1147; eso-1563; cor-1024; mkt-2256	adi-919; adi-1513	
2004	act-901; adi-2335; cor-2869; grt-2764	adi-1381; cor-170	
2005	adi-a 0146; adi-a 0506; adi-d 0145; eso-a 1424; gct-b 0775	cor-a 0477	
2006	adi-a 284; adi-a 1307; adi-d 1548; aps-a 1663; eso-b 2165; cor-c 2239; gct-b 2122; gct-c 2890; mkt-c 351		
2007	adi-b 424; adi-b 829; adi-b 930; adi-b 1066; adi-b 1184; adi-b 1450; adi-b 1687; adi-b 2953; adi-b 2958; adi-b 3181; eso-a 138; eso-a 233; eso-a 1629; gct-c 1320; gpr-a 2577	adi-b 686; adi-b 3291; adi-d 2980	
TOTAL	61	09	01

Tabela 3(4) – Artigos do ENANPAD (1997-2007) sobre GC segundo a taxonomia de Habermas
Fonte: *Anais do ENANPAD (1997-2007).*

De acordo com a Tabela 3(4) foi possível constatar o predomínio quase absoluto do interesse técnico (86% dos artigos sobre GC). O que isso significa? Significa que nos artigos analisados, o interesse técnico através de métodos empírico-analíticos, em busca da predição e do controle, pretende atender a uma razão instrumental que procura desenvolver mecanismos que mantenham o indivíduo submisso e na condição de mero instrumento no ambiente de trabalho, ou seja, o trabalhador "coisificado", "objetificado". Tal instrumentalização do indivíduo, ou mais hodiernamente, do trabalhador do "conhecimento", a pouco e pouco, vem recebendo o aporte dos sistemas computacionais porque à medida que o trabalho nos escritórios e fábricas vai sendo feito através das tecnologias de informação e comunicação, estando o conhecimento abrigado nos computadores, a capacidade humana de julgamento crítico é pouco valorizada – a ênfase recai na eficiente velocidade de operacionalização dos processos. Todavia, tal velocidade está subordinada à tecnologia disponível, tornando os membros da organização dependentes e dóceis dela, a ponto de perderem a sua percepção humana de fonte de conhecimento e o sentido intrínseco do trabalho; este, agora rotineiro e superficial (ZUBOFF apud TELLES E TEIXEIRA, 2002, p.8).

É o interesse técnico que vai impulsionar o desenvolvimento de práticas e geração de conhecimentos subordinados à performance econômica da organização. Assim, vê-se o porquê da presença de uma lógica instrumental de cálculo dos meios com relação aos fins presentes em diversas afirmações-mantras nos textos de interesse técnico: "uso estratégico do conhecimento como vantagem competitiva"; "usar a inteligência e o conhecimento pleno de seus participantes para ampliar sua competitividade", etc. Ademais, o paradigma objetivista ou positivista por trás do interesse técnico considera o conhecimento como algo objetivo e instrumental, levando os discursos presentes nos textos analisados a procurarem descrever as coisas da realidade organizacional como elas são, isto é, arranjos naturais, entidades concretas e de certa forma fixas (e não socialmente construídas). Em função disso, deduz-se que a GC está agregada a artigos que ressalta o interesse técnico, em sua grande maioria associado à simples codificação e armazenamento de informação; além de uma tendência à comodificação (*commodity*), na qual o conhecimento é visto como um artefato ou coisa que, como tal, passa a ser separado do sujeito epistêmico (conhecedor), requerendo o uso de metáforas como colher e garimpar para descrever como o conhecimento está sendo gerenciado.

Já a abordagem cognitivista presente no interesse prático (12,7% dos artigos sobre GC) rompe com a racionalidade instrumental, reconhecendo a relevância fundamental dos significados subjetivos na construção do conhecimento, que como algo publicamente compartilhado, acaba por ser internalizado.

Por último, o paradigma ligado ao interesse emancipatório (menos de 1,5% dos artigos sobre GC) sugere uma possibilidade de síntese dialética e reflexiva entre os paradigmas da objetividade e de cognição. Aqui, o aprendizado depende da emancipação dos atores sociais, sendo esta a síntese de aptidões instrumentais objetivamente construídas e de competências de construção de novos significados (TELLES E TEIXEIRA, 2002, p.6).

Para a análise de algumas particularidades dos 71 artigos sobre GC, quatro critérios foram previamente definidos:

> a) Em que contexto o tema GC é desenvolvido (artigos teóricos ou empíricos);
> b) Que definições de GC são utilizadas pelo(s) autor(es) dos artigos;
> c) Qual é a referência institucional do(s) autor(es) do(s) artigo(s) (universidades públicas ou privadas);
> d) Que resultados são encontrados pelo(s) autor(es) nos artigos sobre GC.

Contexto de desenvolvimento dos artigos

Esse critério levou à divisão dos artigos em empíricos e teóricos, sendo os primeiros aqueles baseados em pesquisa que produz e/ou coleta e analisa dados, em busca de aspectos factuais da realidade, segundo Demo (2000b), para quem o significado dos dados empíricos depende do referencial teórico. Os dados empíricos ainda gerariam impacto pertinente no sentido de facilitarem a aproximação prática. Não foram considerados artigos empíricos aqueles que utilizam fatos para tecer comentários, a título de ilustração, acerca de algum caso; mas sim aqueles que efetivamente analisaram dados empíricos a partir de um arcabouço teórico específico. Já os artigos teóricos seriam aqueles em que os autores dissertam os elementos conceituais sobre a GC seguindo uma abordagem de como a mesma deverá acontecer.

Dos 71 artigos sobre GC foi possível verificar que 74,6 % (53 artigos) representavam um estudo empírico e destes, mais de 50% dos trabalhos empíricos (27 artigos) eram da área de ADI (administração da informação). Nesta área temática, foram bastante enfatizadas as possibilidades de as tecnologias de informação e comunicação facilitarem o processo de gestão conhecimento, quer em seus aspectos de identificação, aquisição, desenvolvimento, compartilhamento, utilização ou retenção.

Os artigos considerados teóricos representavam apenas 25,4% (18 artigos) dos trabalhos em GC e enfatizavam uma diversidade de aspectos conceituais como organizações que aprendem, competências empresariais e maior performance com o eficiente compartilhamento e gerenciamento do conhecimento.

Ressalta-se ainda que nos artigos empíricos constatou-se a seguinte distribuição em termos de contextos nos quais os dados foram recolhidos:

* Empresas privadas = 38 artigos (71,7% dos trabalhos empíricos);

* Empresas públicas = 6 artigos (11,32% dos trabalhos empíricos);
* Empresas públicas e privadas = 3 artigos (5,66% dos trabalhos empíricos);

* ONG(s) = 1 artigo (1,9% dos trabalhos empíricos);
* Empresa(s) de economia mista = 2 artigo (3,77% dos trabalhos empíricos);

* Meta-análise = 3 artigo (5,66% dos trabalhos empíricos).

Definições de GC

Foi possível perceber que as definições de GC predominantemente utilizadas eram aquelas que partiam de uma perspectiva conciliatória com a aprendizagem organizacional e competências. O que isso significa? Significa o desenvolvimento de uma orientação essencialmente pragmática, isto é, a busca de soluções práticas para problemas práticos – justificando o significativo percentual de trabalhos empíricos (quase 75% do total).

Referência institucional do(s) autor(es) do(s) artigo(s)

No que diz respeito à referência institucional dos autores que desenvolveram o tema gestão do conhecimento foi possível identificar uma certa pulverização dos locais que estudavam o tema. Em outras palavras, não foi possível identificar, no período de 1997 a 2007, uma determinada instituição que se destacasse como centro de estudos e pesquisas em GC. A Tabela 4(4) apresenta as referências institucionais dos autores que escreveram sobre o tema do atual estudo.

Universidades públicas	Universidades privadas
UFRGS = 5 artigos	Unisinos = 6 artigos
FEA / USP = 4 artigos	EAESP / FGV = 5 artigos
UFPE = 4 artigos	FACE / FUMEC / FEAD Minas = 5 artigos
UFMG = 3 artigos	PUC-SP = 4 artigos
UFPR = 3 artigos	Mackenzie = 3 artigos
COPPEAD / UFRJ = 2 artigos	IBMEC = 2 artigos
UFBA = 2 artigos	FCHPL = 2 artigos
UFSC = 2 artigos	PUC-PR = 2 artigos
UFPB = 1 artigo	PUC-RS = 2 artigos
Unicamp = 1 artigo	PUC-Minas = 1 artigo
UFSM = 1 artigo	Unifor = 1 artigo
UEL = 1 artigo	Faculdade Ideal / FACI = 1 artigo
Unisul = 1 artigo	Unisantos = 1 artigo
CEFET / Campos = 1 artigo	Faculdade Sete de Setembro = 1 artigo
Universidade Municipal de São Caetano do Sul - IMES = 1 artigo	PUC-RJ = 1 artigo
Universidade de Taubaté = 1 artigo	Unijui = 1 artigo
TOTAL: 33 artigos	**TOTAL: 38 artigos**

Tabela 4(4) –Publicações sobre GC em universidades públicas e privadas
Fonte: *Anais do ENANPAD (1997-2007).*

Foi possível observar que o número de trabalhos publicados nas instituições de ensino superior da iniciativa privada é um pouco maior (apenas 5 artigos a mais) quando comparado com as publicações das universidades públicas. No entanto, estas últimas tem apresentado um esforço de geração de conhecimento através de (re)formulações conceituais e não mera aplicação empírica de conceitos ou modelos importados – bastante presente nos trabalhos das instituições particulares, caracterizando mera reprodução através de estudos de casos ou pesquisa bibliográfica.

Nas universidades públicas houve uma maior publicação sobre GC na UFRGS (5 artigos=15,15%), FEA/USP (4 artigos=12,12%) e UFPE (4 artigos=12,12%). Já nas universidades privadas os maiores números de publicação sobre GC estão na Unisinos (6 artigos=15,8%), EAESP / FGV (5 artigos=13,15%) e FACE / FUMEC / FEAD Minas (5 artigos=13,15%). Ademais, parece não ser possível identificar uma instituição que possa ser considerada centro de referência nacional em estudos sobre GC devido a diversidade de locais onde o tema tem sido desenvolvido.

Resultados encontrados pelo(s) autor(es) nos artigos sobre GC

Em boa parte dos artigos analisados, os resultados indicam uma relação da G.C. com a predição e controle organizacionais (voltados para a performance econômica da empresa), atendendo a uma razão instrumental e permitindo a formulação da proposição de que o conhecimento e o seu conseqüente gerenciamento passam a ser uma *commodity* a ser cuidadosamente trabalhada pelas tecnologias de informação e comunicação para aumento da competitividade e produtividade.

Considerações finais

É sabido que a perspectiva crítica, que teve a sua consolidação nos anos 90, no contexto anglo-saxônico, com a criação e o desenvolvimento do movimento intitulado Critical Management Studies – C.M.S. (ALVESSON; WILLMOTT, 1992a, 1996), vem ganhando corpo enquanto alternativa analítica para os estudos organizacionais (CLEGG; HARDY, 1999).

Destaca-se que em nível da produção acadêmica internacional, o movimento dos Estudos Críticos em Administração (E.C.A.) vem gradativamente ganhando espaço, o que justifica um aumento na organização e publicação de números especiais de journals e worshops; a realização bianual, desde 1999, de uma Critical Management Studies Conference e, a partir de 2001, a Universidade de Lancaster na Inglaterra oferecer um Ph.D. em Critical Management Studies (e.g., FOURNIER; GREY, 2000). Em termos brasileiros, Davel e Alcadipani (2002) identificaram que o engajamento dos pesquisadores e teóricos brasileiros na análise crítica em administração e, por conseguinte, a produção crítica no Brasil ainda é muito reduzida (2,16%), ainda que seja possível identificar reconhecidos estudiosos críticos nacionais, como Guerreiro Ramos, Maurício Tragtenberg e Fernando Prestes Motta que se propuseram a submeter a administração e os estudos organizacionais ao crivo crítico bem antes do período de articulação e surgimento do movimento crítico anglo-saxão na década de 90.

Mais recentemente no Brasil, uma das aplicações da Teoria Crítica na área organizacional foi o trabalho de Fernando Tenório (2000) que se propôs a estudar a flexibilização organizacional. Contudo, merece referência o trabalho de Guerreiro Ramos (1981) que levanta pontos básicos para uma abordagem substantiva das organizações, além de uma ênfase no estudo da emancipação; confirmada pela afirmação de Barros (2001) que, no Brasil, "o sociólogo Guerreiro Ramos traz a discussão da emancipação para o ambiente organizacional".

Nos artigos sobre GC aqui analisados parece prevalecer uma visão altamente funcionalista do conhecimento e de sua gestão, considerando que quase 75% dos trabalhos remetem a estudos empíricos. Por outro lado, não se notou grande evidência de análises que considerem aspectos como as relações de poder e o conhecimento; nem tampouco acerca de temáticas identificadas com a emancipação da consciência humana para a reflexão crítica sobre as práticas opressivas; ou ainda, enfoques sociais, políticos e ideológicos. Em outras palavras, a perspectiva de que a realidade, bem como o conhecimento, devem ser entendidos como socialmente construídos não chegou a despontar na discussão, o que pode explicar a não emergência de uma definição universal de conhecimento. Os textos produzidos teriam que ter adotado essa vertente questionadora. Em suma, parece não ter havido alinhamento com a visão de que o conhecimento pode ser definido na prática, nas atividades e interações entre indivíduos.

Por fim, mas não menos importar é lembrar que o olhar deste trabalho, fortemente identificado com a adoção de abordagens críticas na área de GC, reconheceu e identificou que no meio acadêmico do País, a orientação é essencialmente pragmática pelo que foi encontrado na produção científicas dos pesquisadores brasileiros, tendo em vista que os estudos de caso por eles elaborados se apóiam em dados empíricos, obtidos em grande parte no campo das empresas privadas (71,7% dos estudos empíricos, ou seja, 38 artigos). Considerando a ótica habermasiana, como visto ao longo da discussão dos resultados, o predomínio do interesse técnico foi associado ao conhecimento como artefato ou coisa voltada e vinculada meramente à performance econômica da organização, sendo intermediada pelas tecnologias de informação e comunicação.

Referências

ALVESSON, M., DEETZ, S. Teoria crítica e abordagens pós-modernas para estudos organizacionais. In: CLEGG, S.; HARDY, C., NORD, W.R.; CALDAS, M.; FACHIN, R., FISCHER, T. (eds.) **Handbook de Estudos Organizacionais**. São Paulo: Atlas, 1999.

ALVESSON, M., WILLMOTT, H. *Making sense of management: a critical introduction*. London: Sage Publications, 1996.

ALVESSON, M., WILLMOTT, H. *Critical management studies*. London: Sage, 1992a.

BARROS, M. Um estudo comparado sobre gestão emancipadora em organizações comunitárias; a comparação Bahia (Brasil) e Quebéc (Canadá). **Anais do 25º ENANPAD** – TEO 163. Campinas, SP. 2001.

BOURDIEU, P. **A economia das trocas lingüísticas**. São Paulo: Edusp, 1996a.

BOURDIEU, P. **Razões práticas:** sobre a teoria da ação. Campinas: Papirus, 1996b.

CLEGG, S., HARDY, C. Organização e estudos organizacionais. In: CLEGG, S.; HARDY, C., NORD, W.R.; CALDAS, M.; FACHIN, R., FISCHER, T. (eds.) **Handbook de Estudos Organizacionais.** São Paulo: Atlas, 1999.

DAVEL, E., ALCADIPANI, R. Estudos críticos em administração: reflexões e constatações sobre produção brasileira. In: **ENCONTRO DE ESTUDOS ORGANIZACIONAIS, 2., 2002,** Recife. **Anais**...Recife: Observatório da Realidade Organizacional: PROPAD/UFPE: ANPAD, 2002. 1 CD.

DAVENPORT, T., PRUSAK, L. **Conhecimento empresarial:** como as organizações gerenciam seu capital intelectual. Tr. Lenke Peres. Rio de Janeiro: Ed. Campus, 1998.

DE LANDA, M. *A thousand years of nonlinear history.* New York: Swerve, 1997.

DEMO, Pedro. Ambivalências da sociedade da informação. **Ci Inf.**, Brasília, v.29, n.2, p.37-42, maio / ago, 2000a.

DEMO, Pedro. **Metodologia do conhecimento científico.** São Paulo: Atlas, 2000b.

DRUCKER, Peter F. **A sociedade pós-capitalista.** São Paulo: Pioneira, 1993.

EARL, M. *Knowledge management strategies: toward a taxonomy.* **Journal of Management Information System**, vol.18, n°1, p.215-233, 2001.

FELL, A.F.A., ALCOFORADO, E.da S., VOCHT, M.C. Gestão do conhecimento organizacional: uma análise crítico-introdutória. **Anais do XII Simpósio de Engenharia da Produção.** Bauru: nov. 2005. Disponível em: <http://www.simpep.feb.unesp.br/> Acesso em 08 de Janeiro de 2006.

FOURNIER, V., GREY, C. *At the critical moment: conditions and prospects for critical management studies.* **Human Relations**, vol.53, n° 1, p.7-32, 2000.

GILBERTONI, D., COLENCI JÚNIOR, A. O impacto das tecnologias da informação na gestão do conhecimento [on-line]. **Anais do IX Simpósio de Engenharia da Produção.** Bauru: nov.2002. Disponível em: <http://www.simpep.feb.unesp.br/ana9a.htm#GT> Acesso em 08 de Julho de 2003.

HABERMAS, J. *Knowledge and human interests.* Boston. Beacon Press, 1971.

LÉVY, P. Os fundamentos da economia do conhecimento. **Exame**. São Paulo, dezembro, 2001. Caderno Exame Negócios, edição 15, ano 2, número 12, p.38-41, 2001.

LÉVY, P., AUTHIER, M. **As árvores do conhecimento**. 2ª ed. São Paulo: Escuta, 2000.

LÉVY, P. **As tecnologias de inteligência**: o futuro do pensamento na era da informática. São Paulo: Editora 34, 1993.

MASUDA, Yoneji. **A sociedade da informação como sociedade pós-industrial**. Tradução do inglês de Kival Charles Weber e Angela Melim. Rio de Janeiro: Editora Rio, 1982.

NONAKA, I., TAKEUCHI, H. **Criação do conhecimento na empresa**: como as empresas japonesas geram a dinâmica da inovação. Rio de Janeiro: Campus, 1997.

ORLIKOWSKI, W.J.; BAROUDI, J.J. *Studying information technology in organizations: research approaches and assumptions. Information Systems Research*. Vol. 2 (1): 1-28, 1991.

PROBST, G, RAUB, Steffen, ROMHARDT, Kai. **Gestão do conhecimento**: os elementos constitutivos do sucesso. Bookman: Porto Alegre, 2002.

RAMOS, A.G. **A nova ciência das organizações – uma reconceitualização da riqueza das nações**. Rio de Janeiro, 1981.

RODRIGUES FILHO, J. GOMES, F.P. Da Gestão da Informação à Gestão do Conhecimento – A Retórica do Recurso Mais Importante. 3º CONTECSI, São Paulo, 2006.

RODRIGUES FILHO, J. Um estudo da produção acadêmica em administração estratégica no Brasil na terminologia de Habermas. In: **RAE – eletrônica**, v.3, n.2, art.21, jul./dez. 2004.

_____, J. Desenvolvimento de diferentes perspectivas teóricas para análise das organizações. **Anais do 21º ENANPAD** – ORG 3. Rio das Pedras, RJ. 1997.

SIEBENEICHLER, F.B. **Jürgen Habermas – razão comunicativa e emancipação**. 3ª ed. Rio de Janeiro: Tempo Brasileiro, 1994.

STEWART, T. A. **A riqueza do conhecimento. O capital intelectual e a organização do século XXI**. Rio de Janeiro. Campus, 2002.

_____, T. A. **Capital intelectual**: a nova vantagem competitiva das empresas. Tradução Ana Beatriz Rodrigues, Priscila Martins Celeste. Rio de Janeiro: Campus, 1998.

SVEIBY, K.E. **A nova riqueza das organizações**: gerenciando e avaliando patrimônios de conhecimento. Tradução Luiz Euclydes Trindade Frazão Filho. Rio de Janeiro: Campus, 1998.

TELLES, M.M.M., TEIXEIRA, F.L.C. Aspectos de dominação e emancipação na gestão do conhecimento organizacional: o papel da tecnologia da informação. In: **XXVI Encontro Nacional da ANPAD**, 2002, Bahia. Cd-rom...Salvador: ANPAD, 2002.

WILLMOTT, H. *Management and organization studies as science? Manchester School of Management*. Manchester, 1996.

YIN, R. K. *Case Study Research: Design and Methods*. USA: Sage Publications, 1990.

Capítulo 7

A Contribuição da Tecnologia da Informação para a Gestão do Conhecimento em Pequenas e Médias Empresas na Região Metropolitana do Recife

André Felipe de Albuquerque Fell

Resumo

Devido a gradativa importância que as pequenas e médias empresas (PMEs) vem assumindo no cenário nacional e internacional, aos poucos vem despertando algum interesse na comunidade acadêmica, política e econômica. Além disso, por particularidades que em pouca coisa se assemelham às complexas estruturas corporativas globalizadas, são necessários estudos específicos, como por exemplo, a importância das tecnologias de informação no suporte à gestão do conhecimento nas PMEs. O presente trabalho constitui um esforço de pesquisa em andamento de trazer uma compreensão de quais são as contribuições da tecnologia de informação, em termos de comunicação, colaboração e armazenagem, para a gestão do conhecimento em pequenas e médias empresas da Região Metropolitana do Recife.

Palavras-chave: gestão do conhecimento; tecnologia de informação; PMEs.

Introdução

Na atual conjuntura globalizada e economia de informação, torna-se importante para a competitividade das organizações a sua capacidade de adquirir, tratar, interpretar e utilizar a informação de forma eficaz (Mc Gee; Prusak, 1994). A tecnologia de informação (TI) que apóia esses processos, constitui-se em objetos (*hardware*) e veículos (*software*) designados à criação de sistemas de informação (SI) que, por sua vez, resultam da implementação da TI através do uso de computadores e telecomunicações (Balarine, 2002).

Além disso, a competitividade, a pouco e pouco, vem se baseando em ativos intangíveis, tendo no conhecimento um dos principais pilares por possibilitar a manutenção, a diferenciação e o crescimento das organizações. Daí, "nos últimos anos o tema da administração do conhecimento vem sendo cada vez mais discutido no âmbito da academia e instituições de pesquisa, mas principalmente por empresas" (Terra, 2001, p.35).

No presente momento nacional, marcado por transformações, quer na estrutura produtiva ou nas relações de trabalho, as pequenas e médias empresas (PMEs) vêm apresentando importância, tanto pela geração de emprego, quanto de renda; além de contribuído para a desconcentração da renda e absorção de amplos contingentes de trabalhadores desempregados pela tecnificação rural e automação industrial (Júnior et. al., 2005).

Acontece que pelas limitações de recursos, as PMEs estão mais suscetíveis a dificuldades, além de vulneráveis aos riscos do mercado. Com essa carência de recursos, geralmente as PMEs oferecem produtos e serviços de fácil substituição, daí apresentarem fracas barreiras aos novos entrantes, bem como têm pouco poder de barganha com os fornecedores e clientes – tudo isso caracterizando um ambiente altamente competitivo no qual elas passam a atuar. E é nesse contexto turbulento que a utilização da TI por parte das PMEs, passa a ser um instrumento decisivo capaz de propiciar a competitividade necessária, porque a TI permite a administração dos recursos – materiais, humanos e financeiros de uma forma mais rápida e precisa (Dias, 1998).

Além de permitir a gestão dos recursos tangíveis da organização, a TI vem desempenhando importante papel na gestão do conhecimento das organizações. A TI possibilita que o conhecimento de uma pessoa ou de um grupo seja extraído, estruturado e utilizado por outros membros da organização. Em outras palavras, uma estrutura de TI é decisiva no suporte à gestão do conhecimento. Tobin (1998) recomenda a construção de uma rede de conhecimento com os seguintes componentes: banco de dados relacionais, diretório de fontes de conhecimento, diretório de recursos de aprendizagem e *groupware*. Para Stollenwerk (2001) a maioria dos casos de projetos de gestão de conhecimento reportados na literatura especializada descreve a utilização das seguintes ferramentas de TI: mapeamento do conhecimento (*knowledge mapping*), bancos de dados relacionais, *data mining*, *data warehouse*, ferramentas automatizadas de busca.

Este trabalho faz parte de uma pesquisa em andamento, que visa investigar como a tecnologia de informação tem contribuído para a gestão do conhecimento em pequenas e médias empresas da Região Metropolitana do Recife, uma vez que parece haver uma lacuna quando se refere aos estudos de TI como ferramenta de apóio à GC no âmbito das organizações de pequeno e médio porte, mais especificamente, as PMEs brasileiras e nordestinas.

A organização do conhecimento

Com o aumento do interesse e dos estudos em GC, houve pesquisas interessadas no desenvolvimento de modelos alternativos para a construção de organizações do conhecimento. Nestas organizações intensivas em conhecimento, o seu valor deixou de estar relacionado aos bens tangíveis (prédios, máquinas, etc.) e passou a ser cotado segundo os seus ativos intangíveis (SVEIBY, 1998; STEWART, 1998; EDVINSOON; MALONE, 1998). O quadro 1(2) sintetiza três modelos relacionados à organização do conhecimento e que são compostos por três elementos básicos. Ressalta-se que os modelos apresentados são coincidentes em um ponto: monitorar e gerenciar a informação e o conhecimento são tarefas consideradas essenciais para as pessoas e organizações que necessitam competir em um ambiente cada vez mais globalizado.

	Sveiby (1998)	Stewart (1998)	Edvinsoon e Malone (1998)	Significado
1° Capital	Estrutura interna	Capital estrutural	Capital organizacional	Patentes, conceitos e modelos administrativos e informatizados de uma organização.
2° Capital	Competências	Capital humano	Capital humano	A capacidade individual de atuação de cada integrante da empresa. Estão incluídas as habilidades, a educação formal, a experiência e os valores de determinado indivíduo.
3° Capital	Estrutura externa	Capital de clientes	Capital de clientes	Clientes, parceiros, fornecedores e a imagem e a imagem que a empresa têm junto a eles e o mercado.

Quadro 1(2) – Modelos de organização do conhecimento
Fonte: elaboração própria

Para Cavalcanti *et. al.* (2001) os três modelos de organização do conhecimento analisados não são contraditórios entre si.

O novo paradigma das organizações voltadas para o capital intelectual conforme Angeloni (2002) fez surgir um novo conceito de organização. Para um grupo de autores, as organizações da Era do Conhecimento são definidas como organizações do conhecimento (NONAKA; TAKEUCHI, 1997; STEWART, 1998; ANGELONI, 2002). Nonaka e Takeuchi (1997) consideram as organizações do conhecimento aquelas que criam sistematicamente novos conhecimentos, enquanto Stewart (1998) visualiza-as como sendo aquelas que fazem uso intensivo do conhecimento, substituindo seus estoques por informações e os seus ativos fixos pelo conhecimento.

Por sua vez, Choo (2003) considera uma organização como sendo a de conhecimento quando ela é capaz de integrar de forma eficiente três processos interligados:

- O processo de criação de significado. Os indivíduos na organização se esforçam por entender o que acontece ao seu redor atribuindo significados ao que ocorre no ambiente em que estão inseridos. A partir daí, desenvolvem uma interpretação comum que possa guiar a ação.

- O processo de construção do conhecimento. Esse processo é conseguido quando se reconhece o relacionamento sinérgico entre o conhecimento tácito e o conhecimento explícito dentro de uma organização e então se busca elaborar processos sociais que permitam criar novos conhecimentos por meio da conversão do conhecimento tácito em conhecimento explícito.

- O processo de tomada de decisão. Após a criação de significados e a construção de conhecimento para agir, os indivíduos na organização precisam escolher entre várias opções ou capacidades disponíveis, comprometendo-se com uma única estratégia.

O conhecimento organizacional

Poder-se-ia afirmar que, até certo ponto, o conhecimento nas organizações começou a receber alguma importância por parte dos gestores quando o crescimento acelerado e desorganizado das organizações, juntamente com o crescente número de concorrentes tornou a atividade de administrar em algo bastante complexo, no sentido de exigir menos empirismo ou improvisação e mais um esforço sistemático de obter melhor rendimento possível dos recursos disponíveis através do aumento da eficiência e competência organizacionais.

Um aspecto distintivo do conhecimento quando comparado aos outros recursos da organização (financeiros, materiais, humanos, etc.) é o fato de o seu valor aumentar com o uso, tornando crítica a sua difusão e partilha (QUINN et. al., 1996). Em outros termos, enquanto os recursos físicos se deterioram ao longo do tempo, as competências são reforçadas quando aplicadas e partilhadas. O conhecimento desvanece se não for aplicado (PRAHALAD; HAMEL, 1990).

Nonaka e Takeuchi (1997) perceberam que o conhecimento organizacional pode ser dividido em dois tipos: o explícito e o tácito. O conhecimento explícito é passível de transmissão sistemática pela linguagem formal, podendo se basear em documentos, normas e procedimentos, ou ser passado por fórmulas, dados e planilhas. Ele é tangível, visível, de natureza objetiva daí o porquê pode ser facilmente identificado, mapeado, "processado" por um sistema de informação, e transmitido ou armazenado eletronicamente em banco de dados.

Já o conhecimento tácito é altamente pessoal (natureza subjetiva e intuitiva) e não de propriedade da organização; confundindo-se com a experiência que o indivíduo tem da realidade por meio de suas ações, valores, intuições, emoções, etc. Pela sua natureza intrínseca à cognição do indivíduo, este conhecimento é de difícil comunicação, formalização e conseqüente transmissão e armazenamento por qualquer mecanismo sistemático ou lógico de categorização e localização.

Gestão do conhecimento

A perspectiva do conhecimento como recurso econômico, além de ter gerado muitos debates, livros e conferências em nível mundial na última década, vem refletindo as rápidas mudanças sociais, econômicas e tecnológicas, que desde a década de setenta vem impactando a vida dos indivíduos e das organizações (Souza; Hendriks, 2006). Nas organizações, estas mudanças têm desencadeadas modificações em práticas e processos organizacionais, particularmente nas áreas que dependem de competências individuais ou coletivas. Por conseguinte, as convencionais práticas gerenciais precisaram sofrer alterações.

O esforço por promover o conhecimento nas organizações acabou convergindo para o conceito de gestão do conhecimento que encontrou apoio tanto no ambiente acadêmico quanto no empresarial. Este apoio veio caracterizado na diversidade de estudos, quer mostrando o valor ou a localização do conhecimento organizacional, quer empreendendo um esforço de sua criação, desenvolvimento, compartilhamento e difusão (Souza; Hendriks, 2006).

Para Swan e Scarbrough (2001), foi há apenas uma década que gestão do conhecimento começou a ser pronunciado como discurso gerencial. Esta perspectiva evoluiu a partir de uma visão organizacional embasada em recursos, na qual a diversidade, qualidade e inovação dos recursos internos proporcionavam uma melhor, mais flexível e duradoura base para a definição de estratégias do que os produtos ou serviços gerados destes recursos. A noção de conhecimento como um recurso e fonte de estratégia competitiva, tem levado ao reconhecimento de que ele deve ser gerenciado mais judiciosamente, mais eficientemente e de forma sistemática (Quintas et. al., 1997).

A gestão do conhecimento direciona políticas, estratégias e técnicas que dêem suporte à competitividade organizacional por meio da otimização das condições necessárias à melhoria na eficiência, inovação e colaboração entre funcionários (Nonaka; Takeuchi, 1997; Zack, 1999; Teece, 2000). Autores e praticantes da gestão do conhecimento tem procurado desenvolver abordagens gerais de intervenção, tanto organizacional quanto tecnológica, que são centradas em promover a efetividade de processos de conhecimento, tais como a criação, desenvolvimento, difusão, compartilhamento e proteção do conhecimento (DAVENPORT; PRUSAK, 1998b; PROBST; RAUB; ROMHARDT, 2002).

Gestão do conhecimento pode ser compreendida como uma forma de administração e aproveitamento do conhecimento das pessoas e a disseminação das melhores práticas e tecnologias para o crescimento da organização (GILBERTONI; COLENCI JÚNIOR, 2002). Em termos práticos, ainda segundo os autores, "gestão do conhecimento consiste na identificação e mapeamento dos ativos intelectuais da organização, divulgando e gerando novos conhecimentos para a vantagem competitiva"(Ob. cit., p.3). Já para Turban et. al. (2004), a gestão do conhecimento representa o processo que auxilia as empresas a identificar, selecionar, organizar, distribuir e transferir informação e conhecimento especializado que está presente na memória da empresa, de forma não-estruturada.

Porém, a temática gestão do conhecimento é considerada modismo para alguns estudiosos. Wenger (1998) e Swan et. al. (1999; 2001) colocam a GC como modismo que segue os mesmos rumos de outros modismos gerenciais que surgem como melhores práticas gerenciais para as organizações e depois, sem consistência, desaparecem. Os autores também criticam a criação de comunidades de prática, grupos de algumas pessoas que se reúnem para a realização de tarefas. Wenger (1998) critica ainda a centralização da coordenação da GC em uma única pessoa, o CKO (*Chief Knowledge Officer*), argumentando que tais práticas levam a um engessamento do processo da GC, e que tem falhado em diversas organizações de grande porte. Possivelmente, a centralização da coordenação da GC na pessoa do CKO também deve acontece nas PMEs que porventura tenham esta função na sua estrutura organizacional.

Já outros pesquisadores críticos, por meio dos seus trabalhos científicos, têm apontado uma tendência de dominação e perpetuação das estruturas de poder por meio de sistemas de informação, potenciais auxiliares no trabalho de disseminação do conhecimento (KLING; IACONO, 1984; ORLIKOWSKI, 1991, 1992; DEETZ, 1995, 1997) mas que, todavia, tem causado o efeito oposto ao discurso, ou seja, a centralização e o exclusivismo de acesso ao conhecimento. Ressalta-se aqui que os sistemas de informação não são as causas da dominação e perpetuação das estruturas de poder, mas a depender de sua usabilidade, podem ser um instrumento de sua manutenção.

Tecnologia de informação de suporte à gestão do conhecimento

Parece haver pouca dúvida que o sucesso da GC depende bastante das pessoas quanto a suas atitudes e comportamentos para a criação e compartilhamento do conhecimento. Acontece que esse sucesso é significativamente impulsionado pela disponibilidade de novas tecnologias de informação que têm proporcionado grande impulso a este movimento (GUPTA; GOVINDARAJAN, 2000; ALAVI; LEIDNER, 2001). Portanto, os sistemas de GC apresentam como funcionalidade principal o suporte aos processos de criação, armazenamento e recuperação, transferência e aplicação do conhecimento (ALAVI; LEIDNER, 2001).

Em outros termos, os estudos relativos ao uso da TI como uma ferramenta de apoio à comunicação, colaboração e armazenagem do conhecimento vem mostrando o quanto a GC e a TI podem beneficiar o desempenho organizacional como um todo (STENMARK, 2000; STEWART, 2002; TURBAN et. al., 2004).

O uso da TI na realidade organizacional de PMEs pode proporcionar diversas vantagens, tais como a obtenção de maior controle das operações, a redução da redundância de operações, a maior integração da empresa, um aumento na velocidade e na produtividade dos negócios, a automação de tarefas, entre outras (BERALDI, 2002; PRATES, 2002; MORAES; ESCRIVÃO FILHO, 2004). Para El Louadi (1998), particularmente as PMEs necessitam ter uma boa compreensão das informações disponíveis e reconhecerem o potencial que a TI apresenta para melhorar a produtividade, a qualidade e a performance em áreas essenciais à sobrevivência e ao sucesso de seus negócios.

A tecnologia de informação tem se apresentado uma poderosa engrenagem no progresso econômico e, algumas vezes, o principal direcionador do aumento da produtividade. Atualmente, percebe-se as organizações utilizarem um variado e complexo conjunto de tecnologias no seu processo produtivo e administrativo, objetivando alcançar maiores níveis estratégicos de produtividade, uma vez que há uma maior agilidade aos processos de obtenção e manipulação das informações (XAVIER, 2003). Em outros termos, a TI auxilia as empresas a coletar informações, tratá-las, filtrá-las e difundi-las dentro da organização ou entre organizações diversas, de forma a atender a demandas crescentes por informações e o seu efetivo gerenciamento. Tal perspectiva é reiterada por Beal (2004) que considera a TI como facilitadora do acesso às fontes de conhecimento de maneira mais rápida e a um menor custo, oferecendo variadas opções para a sua criação, distribuição, recuperação e preservação.

Para Stewart (2002), a gestão do conhecimento surge, de uma certa maneira, como resultado do uso da tecnologia, ainda que na definição de gestão de conhecimento não se tenha explicitado a necessidade de um sistema computacional. Apesar de ser uma importante ferramenta que possibilita a implantação da gestão do conhecimento nas organizações, devido a sua possibilidade de acumular e recuperar informações, a tecnologia de informação não deve ser confundida com a gestão do conhecimento propriamente dita, devendo ser considerada uma ferramenta de apoio à geração, ao armazenamento, ao controle e à difusão do conhecimento.

Para Laudon e Laudon (2004), a TI desempenha papel importante na gestão do conhecimento como habilitadora de processos de negócios que objetivam criar, armazenar, disseminar e aplicar conhecimento. A visão da TI como infraestrutura para a gestão do conhecimento também é compartilhada por Carvalho (2003), para quem o principal papel da TI na GC consiste na ampliação do alcance de acelerar a velocidade de transferência do conhecimento.

Acontece que apesar de sua função de apoio, segundo Stewart (2002), os sistemas baseados em TI apresentam dificuldades de extraírem o conhecimento tácito dos indivíduos devido à natureza *high touch* desse conhecimento, isto é, sua alta sensibilidade para ser transformado para o modo explícito. Tal opinião também é compartilhada por Stenmark (2000) e Silva (2004) que considera a TI fundamental para a combinação (agrupamento) dos conhecimentos explícitos, mas não chega a contribuir significativamente com o formato tácito do conhecimento.

Laudon e Laudon (2004) classificam em quatro tipos as principais TIs de apoio à gestão do conhecimento (figura 1(4) a seguir):

- Sistemas de escritório: ajudam a disseminar e coordenar o fluxo de informações dentro da organização.

- Sistemas de trabalhadores do conhecimento: dão suporte às atividades de trabalhadores e profissionais do conhecimento altamente capacitados, conforme criam novos conhecimentos e tentam integrá-los à organização.

- Sistemas de suporte e de colaboração em grupo: dão apoio à criação e ao compartilhamento entre pessoas que trabalham em grupos.

- Sistemas de inteligência artificial: buscam capturar novos conhecimentos, fornecendo às organizações e gerentes um conhecimento codificado possível de ser utilizado por outros na organização. Para esses sistemas é necessária uma infra-estrutura de TI que faça uso intensivo de poderosos computadores, redes, banco de dados, softwares e ferramentas de internet.

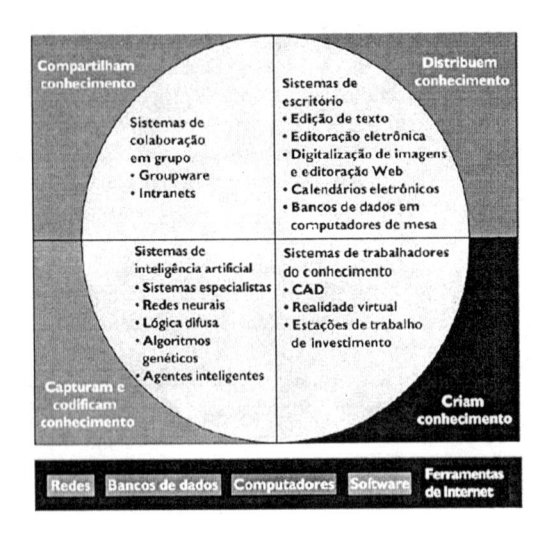

Figura 1(4) – Infra-estrutura de TI para apoio à gestão do conhecimento
Fonte: Laudon e Laudon (2004)

Na presente pesquisa em andamento, três conjuntos de tecnologias são analisados, de modo a contribuírem para a gestão do conhecimento em pequenas e médias empresas da Região Metropolitana do Recife (RMR):

- As TIs comunicativas. Tais como as *intranets* corporativas; o e-mail; a Internet; bem como outras ferramentas baseadas na *Web*; o fax e o telefone;

- As TIs colaborativas. Tais como os recursos de computação colaborativa (*brainstorm* eletrônico), as tecnologias *workflow*, o Lotus Notes, o *groupware*, etc;

- As TIs de armazenagem. Similares aos sistemas de gestão de banco de dados (SGBD), sistemas de gestão de documentos eletrônicos e sistemas especializados de armazenagem.

As pequenas e médias empresas

Essas empresas possuem significativa contribuição, quer na geração do produto nacional, quer na absorção de mão-de-obra. Daí desempenharem um importante papel no desenvolvimento econômico e social do país (BERALDI; ESCRIVÃO FILHO; RODRIGUES, 2000). Ainda se observa que elas podem ser consideradas como poderoso elemento de promoção social, base da estabilidade política e força propulsora do desenvolvimento, uma vez que se considere a sua capacidade de incorporar tecnologia e gerar empregos (TERENCE, 2002). Apesar disso, são escassas as pesquisas sobre PMEs realizadas no Brasil e mais especificamente no nordeste (BARBOSA; TEIXEIRA, 2003).

A literatura internacional vem reconhecendo a importância de se estudar e de se compreender as particularidades das pequenas e médias empresas, a ponto de estudiosos como Birch (1988) e Audretsch (2004) considerarem as pequenas e médias empresas as responsáveis pela geração de empregos e crescimento econômico nos Estados Unidos. Já na Malásia, no ano de 2002, existiam cerca de vinte mil PMEs, representando cerca de 91% dos estabelecimentos manufatureiros, segundo Ismael e King (2006). Mais recentemente, os estudos empíricos acerca das PMEs têm procurado pesquisar a gestão do conhecimento nestas organizações, auxiliadas pela TI (CORSO et. al., 2003; EGBU; HARI; RENUKAPPA, 2005; WONG, 2005; SALOJÄRVI; FURU; SVEIBY, 2005; WONG; ASPINWALL, 2005).

As pequenas e médias empresas são tão importantes na Europa como são no Brasil. De acordo com o *European Commission* (2004) em relatório intitulado Observatório de PMEs Européias – Destaques do Observatório 2003, mais de 99% de todas as empresas entre os 19 membros da União Européia até 2003 eram compostas por micro, pequenas e médias empresas (MPMEs). Estas empresas empregavam mais de 97 milhões de pessoas, representando quase 70% do total de empregados nos 19 países membros da União Européia em 2003. Ressalta-se ainda que as exportações das PMEs européias representavam o valor de 39% do total exportado por todas as empresas.

Também foi constatado que as grandes empresas na Europa apresentavam maior índice de valor agregado por pessoal ocupado (• 120.000, 00 por ano por trabalhador de grandes empresas contra • 55.000,00 por ano por trabalhador de MPMEs). Isto é decorrência de maior produtividade e economias de escala alcançadas pelas grandes empresas, além do fato de as MPMEs representarem elevada participação de empregados em setores com baixo potencial de melhoria de produtividade como o comércio e o varejo. Como desvantagem desse aumento de produtividade nas grandes companhias, a análise comparativa do número de empregos de 1988 até 2003 mostrou que o emprego nas grandes apresentava-se em declínio. Por outro lado, as MPMEs apresentavam crescimento do número de empregos.

Em termos da realidade nacional, Calado (2004) expõe que o Brasil já possui em torno de quatro milhões de empresas empregando trinta milhões de pessoas, além de propiciar a ocupação de seis milhões de empreendedores – entre sócios e proprietários. Quase metade dessas empresas (49,8%) vem operando no setor terciário, isto é, no comércio, enquanto 13,3% constituem empresas imobiliárias, de aluguéis e prestadoras de serviços e, apenas 9,9% são indústrias. As empresas restantes (23%) estão distribuídas em diversas outras atividades da economia nacional como o setor de agronegócios.

O uso da TI em pequenas e médias empresas

Dalfovo e Rodrigues (1998) em seus estudos acerca de pequenas e médias empresas do setor têxtil de Blumenau, Santa Catarina observaram problemas elementares de coleta, processamento e oferta de informações pelos sistemas informatizados. Antes de sugerirem um sistema de informação estratégica adequado à realidade das PMEs, foi preciso identificar o cenário com as respectivas demandas por informações das empresas. Foram coletados os seguintes dados:

- A existência de sistemas de informação (46% das empresas não possuíam sistema de informação – formal ou informal);

- Dados do ambiente externo e interno (60% das empresas não coletavam dados dos concorrentes e 45% sobre os consumidores; internamente, 50% das informações coletadas são da área administrativa/financeira);

- Existência de informação dispersa internamente nas empresas (apenas em 23% das empresas a informação circulava organizadamente);

- Recebimento de informações estratégicas em tempo hábil (apenas 15% dos executivos recebiam informações no tempo desejado);

- Confiabilidade das informações estratégicas que circulavam internamente nas empresas (41% dos respondentes indicaram receber informações confiáveis);

- Corporatividade e integração das informações estratégicas (apenas 23% dos respondentes afirmaram que as informações são corporativas).

Os autores ainda constataram, através dos dados coletados, que os sistemas de informação não eram adequadamente usados para a tomada de decisão estratégica, além de existir uma forte resistência ao uso do computador. Como alternativa de solução foi sugerido um trabalho inicial de sensibilização e treinamento acerca do uso de microcomputadores e sistemas de informação visando minimizar a resistência ao uso da tecnologia, para em seguida iniciar o processo de modelagem de um sistema de informação estratégico adequado que deveria considerar a seguinte estrutura básica: necessidade de informação harmonizada; o sistema de informação estratégica como processo coletivo; ganhos de competitividade e subsídios para a tomada de decisão.

Em termos de uso de TI para o gerenciamento de informações, as PMEs apresentam dificuldades de obter e selecionar informações dos ambientes internos e externos que se apresentem significativos à tomada de decisão, uma vez que todas parecem ser importantes e merecem ser analisadas; levando Moraes *et. al.* (2004, p.36) a afirmarem que "as pequenas organizações apresentam dificuldade em trabalhar com a informação como recurso estratégico". Tal ponto de vista é reiterado pelos estudos de Vocht *et. al.* (2004) que observaram o quanto: "(...) as decisões em PMEs são normalmente tomadas com base na intuição e experiência do dirigente, praticamente inexistindo um esforço de gerenciamento estratégico das informações que venha minimizar as conseqüências, os riscos e as perdas geradas por um processo decisório precipitado ou equivocado" Em seus estudos, Migliato (2003) identificou algumas especificidades das PMEs com relação à gestão da informação:

- Os dirigentes apresentam a tendência de não darem a devida atenção à informação, obtida de forma casual, ou seja, ao acaso, de forma fortuita e não sistematizada;

- A ação sobre as informações é subestimada;

- Pela simplicidade de seus sistemas de informação, os dirigentes apresentam dificuldades de obter informações externas;

- Os dirigentes não possuem o hábito de buscar informação e questionar; por conseguinte, apresentam dificuldades em desenvolver qualquer tipo de análise de seu ambiente (clientela, concorrência, tendências no segmento, etc).

Para Barbosa e Teixeira (2003, p.32) estudos realizados na área de gestão estratégica de pequenas e médias empresas demonstram que elas "formulam suas estratégias de acordo com a sua percepção das reações do mercado, adaptando os objetivos da empresa e sua estrutura funcional a ele. As PMEs centram sua atenção na criação de novos produtos e serviços, e suas estratégias implicam riscos quando tentam conquistar novos mercados". Em outras palavras, o estilo gerencial quanto a formulação e administração de estratégias não segue nenhum padrão específico, apresentando um comportamento mais de reaçãoadaptação ao macroambiente da empresa; além de forte ênfase aos fatores operacionais internos à organização.

Morais (1999) explica que para os empreendedores de pequeno porte desenvolverem um sistema de informação estratégica ou um sistema de inteligência competitiva (SIC), nos termos da própria autora, é preciso que algumas limitações sejam superadas, como por exemplo, a falta de consciência da importância do gerenciamento da informação; a não disponibilidade de recursos financeiros para criar unidades especializadas em informação em suas empresas; a não disponibilidade de tecnologias e de cultura do uso da informação, além de serem consumidores de informação ofertados por empresas de pesquisa. Para a autora, os principais benefícios com a implantação de um sistema de informação estratégica em PMEs seriam: minimização dos riscos nos processos de tomada de decisão; incorporação da postura estratégica e da visão prospectiva; melhor conhecimento da posição competitiva das empresas; identificação de alianças estratégicas e antecipação dos sinais de mudanças do ambiente empresarial.

Com relação ao estudo em andamento, ele não se restringiu a identificar e verificar como as tecnologias de informação (comunicação, colaboração e armazenagem) estão contribuindo para a GC em PMEs da RMR. O estudo busca observar os contextos internos e externos das PMEs que definem suas estratégias de negócios e de GC que estão alinhadas à estratégia de TI, isto é, a TI sendo considerada parte integrante das estratégias (LESJAK, 2001; LEVY et. al., 2001; CRAGG et. al., 2002). Estas estratégias devem ser realizadas por meio da estrutura organizacional desenvolvida para o seu cumprimento, ficando a estrutura preenchida por pessoas com suas interpretações, crenças, imagens ou símbolos compartilhados e usados nas suas ações diárias na empresa (auxiliando na formação da cultura organizacional), mas também embasada pelas tecnologias de informação (TIs) comunicativas, colaborativas e de armazenagem. Já os processos organizacionais, com o auxílio integrador das TIs mencionadas, deverão verificar se as pessoas e atividades estão atendendo às estratégias organizacionais e de GC (figura 2(5)).

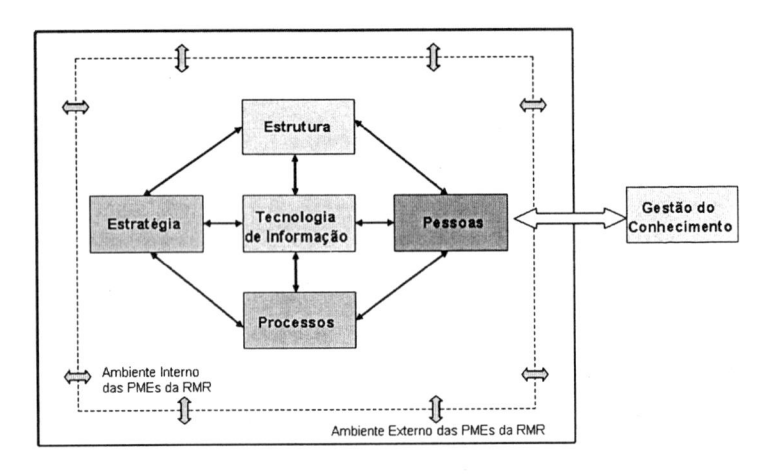

*Figura 2(5) Articulação de categorias que vão contribuir
para a GC em PMEs da RMR
Fonte: elaboração própria*

Considerações finais

No contexto da Era Pós-Industrial, a informação e o conhecimento passam a ser variáveis estratégicas de competição, quer entre as nações ou entre as organizações empresariais. Por outro lado, a gradativa importância que as pequenas e médias empresas vem assumindo no cenário nacional e internacional desperta, a pouco e pouco, algum interesse na comunidade acadêmica, política e econômica. Ademais, essas empresas apresentam particularidades que em pouca coisa se assemelham às complexas estruturas corporativas globalizadas, o que exige estudos específicos, como por exemplo, a importância das tecnologias de informação no suporte à gestão estratégica da informação e do conhecimento nas PMEs.

Neste aspecto, a pesquisa em andamento busca trazer uma compreensão de quais são as contribuições da tecnologia de informação, em termos de comunicação, colaboração e armazenagem, para a gestão do conhecimento em pequenas e médias empresas da Região Metropolitana do Recife, de forma a permitir sua efetiva implementação a partir de sua relação com a estrutura, a estratégia, os processos organizacionais e as pessoas das PMEs estudadas.

Referências

ALAVI, M., LEIDNER, D. *Review: knowledge management and knowledge management systems: conceptual foundations and research issues*. **MIS Quarterly**, v.25, n.1, p.107-136, Mar., 2001.

ANGELONI, M.T. (coord.). **Organizações do conhecimento:** infraestrutura, pessoas e tecnologia. São Paulo: Saraiva, 2002.

AUDRETSCH, David B. *Sustaining innovation and growth: public policy support for entrepreneurship.* **Industry and Innovation**, 11, pp.167-191, 2004.

BALARINE, O.F.O. Gestão da informação: tecnologia da informação como vantagem competitiva. **Revista de Administração de Empresas – eletrônica**, São Paulo, v.1, n.1, jan/jun, 2002. Disponível em: <http://rae.com.br/eletrônica> Acesso em 29/08/2003.

BARBOSA, J.D., TEIXEIRA, R. M. Gestão estratégica nas empresas de pequeno e médio porte. **Caderno de Pesquisas em Administração**. São Paulo, v. 10, nº 3, p.31-42, julho / setembro, 2003.

BEAL, A. **Gestão estratégica da informação**. São Paulo: Atlas, 2004.

BERALDI, L.C. Pequena empresa e tecnologia da informação: recomendações e roteiro de aplicação para melhoria da competitividade dos fabricantes de móveis do pólo moveleiro de Mirassol – SP. **São Carlos, 2002. (Tese de Doutorado em Engenharia de Produção. Escola de Engenharia de São Carlos da Universidade de São Paulo).**

BERALDI, L.C.; ESCRIVÃO FILHO, E., RODRIGUES, D.M. Avaliação da adequação do uso de tecnologia de informação na pequena empresa. In: **VII SIMPEP – Simpósio de Engenharia de Produção**, 2000, Bauru (SP). Anais do VII SIMPEP.

BIRCH, David L. *The hidden economy.* **Chief Executive**, 45, pp. 30-35, 1988.

CALADO, Marcos A.F. **Administração empreendedora:** da idéia ao plano de negócio. Recife: Ed. LivroRápido, 2004.

CARVALHO, R.B. **Tecnologia da informação aplicada à gestão do conhecimento.** Belo Horizonte: C/Arte, 2003.

CAVALCANTI, M., GOMES, E.B.P., PEREIRA NETO, A.F. **Gestão de empresa na sociedade do conhecimento:** um roteiro para a ação. Rio de Janeiro: Campus, 2001.

CHOO, C.W. **A organização do conhecimento:** como as organizações usam a informação para criar significado, construir conhecimento e tomar decisões. São Paulo: Editora Senac São Paulo, 2003.

CORSO, M.; MARTINI, A.; PAOLUCCI, E.; PELLEGRINI, Luisa. Knowledge management configurations in Italian small-to-medium enterprises. *Integrated Manufacturing Systems.* v. 14, n.1, 46-56, 2003.

CRAGG, P.B., KING, M., HUSSIN, H. *IT alignment and firm performance in small manufacturing firms. **Journal of Strategic Information Systems*** (11), 2002, pp. 109-132.

DALFOVO, O., RODRIGUES, L.C. Delineamento de um sistema de informação estratégico para tomada de decisão nas pequenas e médias empresas do setor têxtil de Blumenau. **Revista de Negócios**, Blumenau: Centro de Ciências Sociais Aplicadas da FURB, v. 3, n. 3, p.43-56, julho / setembro, 1998.

DAVENPORT, T., PRUSAK, L. **Conhecimento empresarial**: como as organizações gerenciam o seu capital intelectual. Tr. Lenke Peres. Rio de Janeiro: Ed. Campus, 1998b.

DEETZ, S. *Discursive formations, strategized subordination and self-surveillance: an empirical case.* In: McKINLAY, A.; STRARKEY, K. (eds.) ***Foucault, management and organization theory**: from panopticon to technologies of self*. Londres: Sage, 1997.

_____. *The business concept, discursive power and managerial control in a knowledge intensive company: a case study.* In: SYPHER, B. (ed.)

Case studies in organizational communication 2. New York: Guilford Press, 1995.

DIAS, D. Motivação e resistência ao uso da tecnologia da informação: um estudo entre gerentes. In: **XXII Encontro Nacional da ANPAD**, 1998, Paraná. Cd-rom...Foz do Iguaçu: ANPAD, 1998.

EDVINSSON, L., MALONE, M. S. **Capital intelectual:** descobrindo o valor real de sua empresa pela identificação de seus valores internos. São Paulo: Makron Books, 1998.

EGBU, C.O.; HARI, S.; RENUKAPPA, S.H. *Knowledge management for sustainable competitiveness in small and medium surveying practices. Structural Survey*. v. 23, n.1, 2005.

EL LOUADI, M. *The relationship among organization structure, information technology and information processing in small canadian firms.* **Canadian Journal of Administrative Sciences** (15:2), pp. 180-199, 1998.

GILBERTONI, D., COLENCI JÚNIOR, A. O impacto das tecnologias da informação na gestão do conhecimento [on-line]. **Anais do IX Simpósio de Engenharia da Produção, 2002.** Bauru: nov.2002. Disponível na Internet via www. URL: http://www.simpep.feb.unesp.br/ana9a.htm#GT. Acesso em 08 de Julho de 2003.

GUPTA, A.K., GOVINDARAJAN, V. *Knowledge management's social dimension: lessons from Nucor Steel.* **Sloan Management Review.** Fall, 2000.

ISMAEL, N.A.; KING, M. *The alignment of accounting and information systems in SMEs in Malaysia.* **Journal of Global Information Technology Management**. v. 9, n.3, p.24-42, 2006.

JÚNIOR, S.S., FREITAS, H., LUCIANO, E.M. Dificuldades para o uso da tecnologia da informação. **Revista de Administração de Empresas – eletrônica**, São Paulo, v.4, n.2, jul/dez, 2005. Disponível em: <http://rae.com.br/eletrônica> Acesso em 19/04/2006.

KLING, R. IACONO, S. *Computing as an occasion for social control.* **Journal of social issues**, v.40(3), 1984.

LAUDON, Kenneth C., LAUDON, Jane Price. **Sistemas de informação gerenciais** – administrando a empresa digital. 5. ed. São Paulo: Prentice Hall, 2004.

LESJAK, D. *Are slovene small firms using information technology strategically?* **Journal of Computer Information Systems** (41:3), 2001, pp.74-81.

LEVY, M., POWELL, P., YETTON, P. *SMEs: aligning IS and the strategic context.* **Journal of Information Technology** (16), 2001, pp. 133-144.

MCGEE, J. V.; PRUSAK, L. **Gerenciamento estratégico da informação.** Rio de Janeiro: Campus, 1994.

MIGLIATO, A.L.T. Planejamento estratégico situacional aplicado à pequena empresa: estudo comparativo de casos em empresas do setor de serviços (hoteleiro) da região de Brotas. **Texto de qualificação (mestrado) – Escola de Engenharia de São Carlos, Universidade de São Paulo, São Carlos. 2003.**

MORAES, G.D.A., TERENCE, A.C.F., ESCRIVÃO FILHO, E. A tecnologia da informação como suporte à gestão estratégica da informação na pequena empresa. **Revista de gestão da tecnologia e sistemas de informação.** Vol.1, n.1, 2004, p.28-44.

MORAES, G.D.A., ESCRIVÃO FILHO, E. Agilizando as informações na pequena empresa: caracterização, obstáculos e vantagens do uso da tecnologia da informação. In: **SeGeT – Resende**, RJ. 2004.

MORAIS, E.F.C. **Inteligência competitiva:** estratégias para pequenas empresas. Brasília: GH Comunicação Gráfica Ltda, 1999.

NONAKA, I., TAKEUCHI, H. **Criação de conhecimento na empresa:** como as empresas japonesas geram a dinâmica da inovação. Rio de Janeiro: Campus, 1997.

ORLIKOWSKI, W. J. *The duality of technology: rethinking the concept of technology in organizations.* **Organization Science**, v.3 (3), p.398-427, 1992.

_____. *Integrated information environment or matrix of control: the contradictory implications of information technology.* **Accounting, Management and Information Technologies**, v.1 (1), p.9-42, 1991.

PRAHALAD, C. K., HAMEL, G. *The Core Competence of the Corporation.* **Harvard Business Review**. 1990. May-June, p. 79-91.

PRATES, G.A. Tecnologia de informação em pequenas empresas: analisando empresas do interior paulista. **Administração on-line**. V.3, n.4, out-dez, 2002.

PROBST, G., RAUB, S., ROMHARDT, K. **Gestão do conhecimento:** os elementos constitutivos do sucesso. Bookman: Porto Alegre, 2002.

QUINN, J., ANDERSON, P., FINKELSTEIN, S. *Managing professional intellect: making the most of the best.* **Harvard Business Review**, p. 71-80, mar – abr, 1996.

QUINTAS, P., LEFRERE, P., JONES, G. *Knowledge management: a strategic agenda.* **Long Range Planning**, 30, 385-391, 1997.

SALOJÄRVI, S.; FURU, P.; SVEIBY, K.E. *Knowledge management and growth in Finnish SMEs.* **Journal of Knowledge Management**. v. 9, n.2, p.103-122, 2005.

SILVA, S.L. Gestão do conhecimento: uma revisão crítica orientada pela abordagem da criação do conhecimento. In: **Revista Ciência da Informação**. Brasília, v.33, n.2, p.143-151, maio/ago, 2004.

SOUZA, Célio A.A., HENDRIKS, Paul H.J. *The diving bell and the butterfly: the need for grounded theory in developing a knowledge-based view of organizations.* **Organizational Research Methods**; vol. 9, nº 3. Jul, 2006, p.315-338.

STENMARK, D. *Turning Tacit Knowledge Tangible.* In: **Proceedings of HICSS-33**, January 4-7, Maui, Hawaii: IEEE press, 2000.

STEWART, T.A. **A riqueza do conhecimento. O capital intelectual e a organização do século XXI**. Rio de Janeiro. Campus, 2002.

_____. **Capital intelectual**: a nova vantagem competitiva das empresas. Rio de Janeiro: Campus, 1998.

STOLLENWERK, M.F.L. Gestão do conhecimento: conceitos e modelos. In: TARAPANOFF, Kira (org). **Inteligência organizacional e competitiva**. Brasília: Editora UNB, 2001.

SVEIBY, K.E. **A nova riqueza das organizações**: gerenciando e avaliando patrimônios de conhecimento. Tradução Luiz Euclydes Trindade Frazão Filho. Rio de Janeiro: Campus, 1998.

SWAN, J., SCARBROUGH, H. *Knowledge management: concepts and controversies*. ***Journal of Management Studies***, 38, 913-921, 2001.

SWAN, J., ROBERTSON, M., BRESNEN, M. *Knowledge Management and the Colonization of Knowledge*. ***CMS Conference***, 2001.

SWAN, J., SCARBROUGH, H., PRESTON, J. *Knowledge Management – The Next Fad to Forget People*. In Pries-Heje, J. et al. (eds.) ***Proceedings of the 7th European Conference on Information Systems***. Vol. I-II, June 23-25, Copenhagen, Denmark, 668-678, 1999.

TEECE, D.J. *Strategies for managing knowledge assets: the role of firm structure and industrial context*. **Long Rage Planning**, 33, 35-54, 2000.

TERENCE, A.C.F. Planejamento estratégico como ferramenta de competitividade na pequena empresa: desenvolvimento e avaliação de um roteiro prático para o processo de elaboração do planejamento. **São Carlos, 2002. (Dissertação de Mestrado. Escola de Engenharia de São Carlos da Universidade de São Paulo)**.

TERRA, J. C. C. Gestão do Conhecimento: aspectos conceituais e estudo exploratório sobre as práticas de empresas brasileiras. In: FLEURY, Maria T. L. e OLIVEIRA JR, Moacir de Miranda. **Gestão estratégica do conhecimento: integrando aprendizagem, conhecimento e competências.** São Paulo: Atlas, 2001.

TOBIN, D. *The knowledge-enabled organization: moving from training to learning to meet business goals*. [s.l.]: **AMACON**, 1998.

TURBAN, E., MCLEAN, E., WETHERBE, J. **Tecnologia da informação para gestão.** 3 ed. Porto Alegre: Bookman, 2004.

VOCHT, M.C., FELL, A.F.A., LOBIANCO, M.M.L. O gerenciamento estratégico da informação em pequenas e médias empresas (PMEs). **Anais do XI Simpósio de Engenharia de Produção – XI SIMPEP. Bauru, São Paulo. 2004.**

WENGER, E. *Communities of practice: Learning, meaning and identity.* Cambridge: Cambridge University Press, 1998.

WONG, K.Y. *Critical success factors for implementing knowledge management in small and medium enterprises.* **Industrial Management and Data Systems.** v.105, n.3, p.261-279, 2005.

WONG, K.Y.; ASPINWALL, E. *An empirical study of the important factors for knowledge-management adoption in the SME sector.* **Journal of Knowledge Management.** vol. 9, n.3, p.64-82, 2005.

XAVIER, R.O. Por uma nova postura gerencial baseada no uso de um sistema de gerenciamento do relacionamento com o cliente (CRM). **Recife, 2003. (Dissertação de Mestrado. Universidade Federal de Pernambuco).**

ZACK, M.H. *Knowledge and strategy*. Boston: Butterworth-Heinemann, 1999.

PARTE 3

PESQUISAS EM
SISTEMAS DE INFORMAÇÃO

Capítulo 8

Pesquisa Qualitativa em Sistemas de Informação (S.I.) no Brasil: Uma Análise da Produção Acadêmica

André Felipe de Albuquerque Fell
Assuero Fonseca Ximenes
José Rodrigues Filho

Resumo

No Brasil, boa parte da literatura sobre Sistemas de Informação (SI) é publicada nos Anais dos Encontros da Associação Nacional de Programas de Pós-Graduação em Administração (ENANPAD), sob o tema Administração da Informação. Este artigo representa um esforço de análise dos artigos desse tema publicados entre 1997 e 2003. Buscou-se identificar pesquisas de natureza qualitativa na área de S.I., tendo como parâmetro a taxologia de Guba e Lincoln (1994) para identificar os paradigmas adotados pelos autores. Os resultados sugerem a predominância do paradigma positivista em pesquisas na área de S.I. Constatou-se ainda que muitos trabalhos que se declaram de natureza qualitativa adotam inferências estatísticas para defesa de suas conclusões. Defende-se, então, que novos enfoques, mais qualitativos, devam ser dados às pesquisas de S.I. para que se possa melhor compreender os fenômenos sociais e culturais estudados nesse campo de estudo.

Palavras chave: Pesquisa Qualitativa em SI, Epistemologia Interpretativa em SI.

Introdução

Ao se falar em sistemas de informação, é comum ainda haver uma interpretação e associação com um sistema técnico, altamente complexo, para os quais os especialistas (os analistas de sistemas) buscam identificar os "requerimentos verdadeiros" que modelariam as necessidades de informação dos usuários. Afinal, a ciência da computação surgiu nos departamentos de engenharia e matemática, onde a ênfase é na técnica e suas suposições filosóficas têm como base o empirismo lógico ou a epistemologia positivista – cujo enfoque teórico é tratar a tecnologia como "hardware": algo que modela a sociedade, mas não é reciprocamente modelado por ela.

Acontece que, ao final da década de setenta, os sistemas de informação têm sua eficiência questionada porque já não era suficiente, à realidade organizacional, apenas automatizar os processos operacionais básicos das empresas (transações). Tornava-se imperativo a introdução de sistemas de apoio à decisão (SAD), auxiliando na tarefa dos executivos e utilizando conhecimentos diversos como psicologia, teoria da decisão, pesquisa operacional, teoria das organizações, etc. A partir daí, o desenvolvimento de sistemas tendeu a focalizar menos as características técnicas das aplicações computacionais e mais a questão da natureza da decisão nas organizações. Assim, o entendimento da difusão das tecnologias nas organizações pressupõe o conhecimento da complexidade das organizações. Muitos pesquisadores, entretanto, apresentam um conceito limitado sobre organização, e, conseqüentemente, dificultam os avanços na pesquisa em S.I. (HENFRIDSSON et al., 1997; RODRIGUES FILHO et al., 1999).

No que tange aos sistemas de informação, Klein (1985) aponta as seguintes anomalias paradigmáticas:

- A construção de sistemas de informação como um artefato técnico, ignorando a dimensão social;

- A definição da informação derivada de um dado objetivo, através de procedimentos formais e impessoais;

- Aderência ao modelo burocrático de organização como máquina, cujo racionalismo causa alienação e falhas na implementação dos sistemas de informação;

- Interpretação do desenvolvimento de sistemas de informação como um processo de engenharia, evitando a participação do usuário.

A partir dessas anomalias paradigmáticas é possível entender o aumento no nível de insatisfação e de reclamações quanto ao desenvolvimento e uso de sistemas de informação, assim como o crescente descontentamento com os elevados custos em Tecnologia da Informação (TI); levando os acadêmicos a verificarem a falta de consenso quanto a conceitos de gerência, informação e sistemas de informação. Em virtude disso, as pesquisas qualitativas em S.I. representam um esforço recente na forma de teorizar sobre a natureza e prática de análise e desenvolvimento de sistemas de informação – os quais vem enfrentando situações conjunturais e de mercado altamente complexas e imprevisíveis.

Nos últimos dez anos, observa-se que o meio acadêmico de sistemas de informação nos Estados Unidos vem aceitando progressivamente a utilização da pesquisa qualitativa, seguindo a liderança de países europeus e a Austrália (LEE; LIEBENAU, 1997). Em algumas empresas líderes em seus segmentos, a política e princípios para a TI estão fundamentados em suposições de pesquisa qualitativos. Como exemplo, as idéias de práticas comunitárias, cuja base é a sociologia fenomenológica de Bourdieu (1977) e a etnometodologia de Heidegger (WENGER; LAVE, 1991). Ou ainda, em recentes pesquisas de desenvolvimento de infraestrutura para rede corporativa, algo tradicionalmente visto como "puramente técnico", as análises vem utilizando as descrições e impressões dos atores sociais envolvidos (MONTEIRO; HANSETH, 1996; CIBORRA, 2000), obtendo significativa capacidade explanatória.

Portanto, considerando a importância da pesquisa qualitativa em SI, faz-se neste trabalho uma análise dos 189 artigos apresentados nos Encontros da Associação Nacional de Programas de Pós-Graduação em Administração (ENANPAD), nas áreas de sistema de informação entre 1997 e 2003, identificando os paradigmas adotados pelos autores e registrando os métodos qualitativos de pesquisa eventualmente empregados.

Pesquisa em SI no Brasil

Antes de uma análise acerca da pesquisa em SI no Brasil, vale discorrer algumas considerações sobre a abrangência do estudo de sistemas de informação. Nesse sentido, Sistema de Informação (SI) é um campo de estudo preocupado com alguns componentes básicos da Tecnologia da Informação (TI) como tecnologia, desenvolvimento, uso e gerenciamento; motivo pelo qual a sua definição é problemática. Contudo, os esforços em conceituar SI estão evoluindo significativamente, saindo de uma visão puramente técnica para uma visão social, ainda que a palavra social tenha um significado vago na ciência da computação (IVANOV, 1998). Para Rodrigues Filho (2001), apesar dessa evolução, as orientações de pesquisa são substancialmente diferentes de um país para outro, inexistindo um paradigma universal de pesquisa em SI. Isso fica evidenciado no fato de alguns estudiosos diferenciarem o enfoque e epistemologia entre pesquisas em SI feitas nos Estados Unidos e nos países europeus (EVARISTO; KARAHANNA, 1997).

No Brasil, a pesquisa em sistemas de informação segue basicamente a literatura americana e as suposições filosóficas do paradigma funcionalista (RODRIGUES FILHO *et al.*, 1999). Ademais, quase não existe no país um debate a respeito dos méritos e das falhas da pesquisa em sistemas de informação, ao contrário do que acontece em países desenvolvidos (DAHLBOM, 1996; EHN, 1995).

Hoppen *et al.* (1998) ao analisarem 96 artigos científicos baseados em estudos empíricos, publicados em várias revistas técnicas e científicas nacionais, no período de 1990/1997, constataram que apenas 13% dos trabalhos possuíam "posição epistemológica interpretativa", ou seja, que se fundamentam na idéia de que as pessoas nas organizações atribuem intersubjetivamente significados ao mundo e constroem uma visão de informação relevante. Já os 87% dos artigos restantes apresentavam a visão tradicional dominante do papel dos sistemas de informação como apoio ao processo de tomada de decisão em um contexto organizacional que busca alcançar objetivos. Rodrigues Filho *et al.* (1999) reforçam esse ponto de vista na análise realizada em 93 artigos dos Anais do ENANPAD, na área de administração da informação, do período de 1992 a 1996. Tais autores constataram que apenas 5% dos trabalhos fugiam da metodologia positivista tradicional.

Pesquisa qualitativa em SI

Há diversos modos de classificar os métodos de pesquisa, no entanto, o mais conhecido é o que distingue métodos quantitativos de métodos qualitativos de pesquisa:

- **Métodos quantitativos de pesquisa**. Inicialmente desenvolvidos nas ciências naturais, objetivando estudar os fenômenos da natureza. Exemplos de métodos quantitativos usados nas ciências sociais: o experimento laboratorial, métodos numéricos como modelagem matemática, econometria, etc.

- **Métodos qualitativos de pesquisa**. Desenvolvidos nas ciências sociais com o intento de permitir aos pesquisadores o estudo de fenômenos sociais e culturais. Exemplos de métodos qualitativos: pesquisa-ação, etnografia, teoria crítica, "grounded theory", etc.

O grupo de métodos, assim como as teorias que caracterizam a pesquisa qualitativa, têm sua origem no século dezenove. Max Weber (1949) foi enfático ao afirmar ser ilusão acreditar na possibilidade de observar um fenômeno social sem descrevê-lo, conforme suas próprias palavras, "sob um ponto de vista particular". O autor complementa: "(...) quando do pesquisador é requerido considerar a distinção de certo "ponto de vista", significa dizer que ele precisa compreender como relacionar os eventos do mundo real com "valores culturais", bem como selecionar as relações que são significativas para nós".

A pesquisa qualitativa pode ser encontrada nos diversos campos de conhecimento. Na pesquisa em sistemas de informação, observa-se uma gradual mudança de questões técnicas / tecnológicas para gerenciais e organizacionais; por conseguinte, um incremento na aplicação de métodos de pesquisa qualitativos, uma vez que permitem uma melhor interpretação dos contextos sociais e culturais vividos pelas pessoas observadas pelo pesquisador no estudo. Por isso, Kaplan e Maxwell (1994) argumentam que se perde o entendimento do fenômeno, sob a perspectiva dos participantes e seu particular contexto social e institucional, quando os dados se restringem ao conteúdo numérico / quantificável.

Para se compreender a complexidade do fenômeno social deve ser evitada a atitude de quantificar as pessoas, adaptar os dados a um modelo matemático pseudo-explicativo, buscar uma utópica objetividade (o sujeito epistêmico está presente em tudo o que concebe) e, conseqüentemente, achar que a pesquisa é isenta de viés, valores ou ideologias; ou ainda achar que as relações sociais, as construções sociais da tecnologia são padronizáveis, previsíveis e destituídas de elementos como o jogo de interesses, poder, controle e conflito – variáveis essas, pouco consideradas em pesquisas de natureza quantitativa.

Para Orlikowski e Baroudi (1991) a pesquisa qualitativa pode ser classificada como positivista, interpretativa ou crítica, dependendo do paradigma adotado pelo investigador. Já Guba e Lincoln (1994) estabeleceram outra taxologia, de quatro paradigmas, a saber: positivismo, pós-positivismo, Teoria Crítica (e afins) e construtivismo. Tais taxologias são exploradas à continuação neste artigo.

Segundo Orlikowski (1991), nos Estados Unidos, o que tem inibido na academia o ensino de métodos alternativos, qualitativos de pesquisa, como a pesquisa-ação, a pesquisa crítica e a pesquisa interpretativa são as condições institucionais. Em outras palavras, ela atribuiu essa inibição à perspectiva funcionalista e positivista no ensino de S.I. nas escolas de administração americanas.

Como conseqüência da posição dominante do positivismo nas pesquisas em S.I., não é surpresa encontrar alguns trabalhos qualitativos norte-americanos seguindo a tradição positivista (EISENHARDT, 1989; LEE, 1989; MARKUS, 1983; PARÉ; ELAM, 1997); ou tentando minimizar a divisão positivismo / quantitativo e interpretativo / qualitativo (GALLIVAN, 1997; KAPLAN; DUCHON, 1988; LEE, 1991). Conforme já dito, a pesquisa em S.I. no Brasil segue a perspectiva funcionalista-positivista norte-americana.

Trauth (2001) em seu livro *Qualitative Research in IS: Issues and Trends*, reúne diversas pesquisas qualitativas em S.I. realizadas por diferentes autores que em seus trabalhos utilizaram métodos qualitativos como pesquisa-ação, pesquisa interpretativa, etnografia, pesquisa crítica, "grounded theory", etc. A autora identificou cinco fatores que poderiam influenciar a escolha de métodos qualitativos para a pesquisa em S.I.: (1) a natureza do problema de pesquisa; (2) a base epistemológica de estudos do pesquisador; (3) o grau de incerteza a circundar o fenômeno em estudo; (4) o conhecimento e a habilidade do pesquisador com o método; (5) a política de legitimação acadêmica na instituição a qual o pesquisador pertence.

Estruturação do referencial para a análise dos paradigmas

Pesquisas, sejam de caráter qualitativo ou quantitativo, baseiam-se em premissas sobre o que vem a ser uma pesquisa "válida" e quais métodos lhes são apropriados. Para conduzir ou avaliar uma pesquisa é importante conhecer tais premissas (MYERS, 1997).

Taxologias inerentes a premissas epistemológicas, isto é, sobre a natureza do conhecimento e de como obtê-lo, foram enunciadas por Orlikowski e Baroudi (1991) e Guba e Lincoln (1994).

Assim, para Orlikowski e Baroudi (1991), a pesquisa pode assumir uma das seguintes categorias:

- **Positivista:** quando há evidência de proposições formais; medidas quantificáveis das variáveis; testes de hipóteses; além do delineamento de inferências em um fenômeno, partindo de uma amostra para uma população. Esses estudos são fundamentados na existência, a priori, de relações fixas, presentes ao fenômeno e que são investigadas por uma instrumentação estruturada. Basicamente, tais estudos procuram testar uma teoria.

- **Interpretativa**: procura compreender o fenômeno através dos significados que as pessoas atribuem a ele. A pesquisa interpretativa não define antecipadamente variáveis dependentes e independentes; seu foco é na inteira complexidade do processo humano de dar sentido às coisas na medida em que as situações acontecem (KAPLAN; MAXWELL, 1994). A base filosófica da pesquisa interpretativa é a hermenêutica e a fenomenologia (BOLAND, 1985).

- **Crítica:** entende que a realidade social é historicamente constituída através de um processo de construção e reconstrução feito pelas pessoas. Os pesquisadores críticos, apesar de reconhecerem que as pessoas podem conscientemente agir no sentido de modificarem suas circunstâncias sociais e econômicas, afirmam que essa habilidade para a mudança é constrangida por diversas formas de dominação social, cultural e política. Portanto, o principal desafio da pesquisa crítica é o da crítica social, onde as condições restritivas e alienantes do *status quo* são trazidas à tona. A pesquisa crítica focaliza as resistências, os conflitos e as contradições da sociedade contemporânea, visando à emancipação e eliminação das causas de alienação e dominação.

Guba e Lincoln (1994), por sua vez, defendem uma classificação de quatro distintos paradigmas, a saber: positivismo, pós-positivismo, teoria crítica e construtivismo.

Segundo esses autores, paradigma pode ser visto como um conjunto de crenças básicas (ou metafísica), representando uma "visão de mundo" que, para o seu possuidor, define a natureza do "mundo", assim como o lugar ocupado pelo indivíduo nele e seus possíveis relacionamentos com esse "mundo" e com seus componentes. Tais crenças são básicas porque devem ser aceitas simplesmente pela fé, sendo impossível estabelecer seu efetivo teor de verdade ("truthfulness"), sendo, portanto, objeto de debates filosóficos há bastante tempo.

O Quadro 1, a seguir, apresenta as características distintivas dos paradigmas, em nível da ontologia e da epistemologia professadas e da metodologia normalmente empregada nas pesquisas.

Item	Positivismo	Pós-positivismo	Teoria Crítica *et al*	Construtivismo
Ontologia	realismo ingênuo a realidade é "real" e representável	Realismo crítico a realidade é "real", mas imperfeitamente e probabilisticamente representada	realismo histórico realidade virtual moldada por valores sociais, políticos, culturais, étnicos, econômicos, e de gênero; cristalizados no tempo	Relativismo realidades locais especificamente construídas
Epistemologia	dualista, objetivista; os achados são verdadeiros	Dualista modificada, objetivista; tradição crítica, comunidade; os achados são provavelmente verdadeiros	transacional, subjetivista; os achados são mediados pelos valores	Transacional, subjetivista; os achados são criados
Metodologia	experimental, manipulativa; verificação de hipóteses; preponderância de métodos quantitativos	Experimental modificada, manipulativa; multiplismo crítico; falsificação de hipóteses, pode incluir métodos qualitativos	dialógica, dialética	Hermenêutica, dialética

Quadro 1 - Crenças básicas (metafísicas) de paradigmas de pesquisa alternativos
Fonte: Guba e Lincoln (1994)

Positivismo

No tocante à ontologia, o positivismo é orientado pelo realismo (usualmente chamado de realismo "ingênuo"), porque é assumido que existe uma realidade passível de ser compreendida ("aprehendable"), governada por leis e mecanismos naturais imutáveis. O conhecimento sobre "como são as coisas" é convencionalmente resumido em generalizações, independentemente de espaço e tempo, tomando por vezes a forma de leis de causa-efeito. Assim, a postura básica desse paradigma é tida como reducionista e determinista.

Em termos epistemológicos, é assumida a independência entre o "objeto" investigado e o sujeito investigador, e que um pesquisador é capaz de estudar o objeto sem influenciá-lo ou ser influenciado por ele. Se alguma influência for reconhecida ou mesmo suspeita (ameaças à validade), várias estratégias são seguidas para reduzi-las ou eliminá-las. Se os procedimentos forem rigorosamente obedecidos, estará garantida a neutralidade e a "verdade" dos achados que venham a se replicar.

Metodologicamente, o positivismo se mostra experimental e manipulativo. Questões e hipóteses são enunciadas e sujeitas a testes empíricos para sua verificação. Além disso, condições que potencialmente possam vir a causar "confusão" devem ser cuidadosamente controladas (manipuladas) para impedir influências indevidas nos resultados.

Pós-positivismo

No Pós-positivismo, o realismo adotado é crítico (COOK; CAMPBELL, 1979, *apud* GUBA; LINCOLN, 1994) visto que, embora seja assumido que a realidade existe, o pressuposto nesse paradigma é de que ela é aprendida de forma imperfeita, em decorrência dos mecanismos humanos falhos e da natureza pouco tratável dos fenômenos.

Epistemologicamente, o dualismo sujeito-objeto de pesquisa é abandonado, mas permanece a objetividade como um "ideal regulador", sendo dada ênfase aos "guardiões" externos de objetividade, tais como as tradições (os achados combinam com o conhecimento pré-existente?) e a comunidade (editores, "autoridades" no assunto, outros pesquisadores). Os achados são provavelmente verdadeiros, mas estarão sempre sujeitos à falsificação.

No que concerne à metodologia, é dada ênfase ao "multiplismo crítico" (versão renovada da triangulação) como uma forma de falsear (não confirmar) hipóteses. As investigações são feitas sobre situações mais naturais, coletando-se mais informações situacionais e se reintroduzindo as descobertas como elementos na pesquisa. No campo social, em particular, faz-se uso do ponto de vista êmico, ou seja, das pessoas que fazem parte do fenômeno estudado, para determinação dos significados e intenções pertinentes a suas ações. Esses propósitos inovadores são alcançados por meio do uso crescente de técnicas qualitativas.

Teoria crítica e posições ideológicas afins

Ontologicamente, a Teoria Crítica (e ideologias afins) também se posiciona como realista. No entanto, a premissa a diferenciá-la do positivismo é a de que essa realidade vem sendo moldada, no passar do tempo, pela contingência de fatores sociais, políticos, culturais, econômicos, étnicos e de gênero, tornando-se, então, cristalizada (reificada) numa série de estruturas aceitas (indevidamente) como "reais", ou seja, como naturais e imutáveis.

No aspecto epistemológico, a Teoria Crítica é transacional e subjetivista. Isso quer dizer que o investigador e o objeto investigado estão interativamente interconectados, e que os valores do investigador (e dos "outros" da situação) influenciam inevitavelmente a investigação. Portanto, os achados são "mediados por valores", o que desafia a tradicional distinção entre ontologia e epistemologia. O que pode "ser conhecido" está inexoravelmente entranhado na interação entre um investigador particular e um objeto ou grupo particular. A linha pontilhada entre as células da ontologia e da epistemologia para esse paradigma, no Quadro 1 apresentado, busca refletir essa fusão.

Em termos metodológicos, a Teoria Crítica (*et. al.*) é dialógica e dialética. É dialógica porque a natureza transacional da investigação, nesse paradigma, exige que haja um diálogo entre o investigador e os sujeitos pesquisados. Além disso, esse diálogo deve ser dialético por natureza, para transformar ignorância e alienação (ao se aceitar estruturas mediadas pela história como imutáveis) em conscientização mais informada (ao se perceber como as estruturas podem ser mudadas, assim como ao se entender as ações requeridas para as mudanças).

Construtivismo

O construtivismo é relativista. Nesse paradigma, a ontologia adotada preconiza que as realidades são compreensíveis na forma de múltiplas e intangíveis construções mentais, baseadas na experiência e na vida social, de natureza local / específica e ainda, dependente, na forma e no conteúdo, dos indivíduos e grupos que as possuem. Assim, "construções" não são mais ou menos "verdadeiras", mas simplesmente são mais ou menos informadas ou sofisticadas. "Construções" são alteráveis, assim como o são suas "realidades" associadas.

No campo da epistemologia, o construtivismo se apresenta, de forma similar à Teoria Crítica, como transacional e subjetivista. O investigador e o objeto investigado estão interativamente interconectados, de tal maneira que os achados são literalmente criados à medida que a investigação prossegue. Também se usa uma linha pontilhada no Quadro 1 para demonstrar a fusão entre a epistemologia e a ontologia inerente a esse paradigma.

Metodologicamente, são empregadas a hermenêutica e a dialética. A natureza variável e pessoal das construções sociais sugere que as construções individuais podem ser legitimadas e refinadas apenas através da interação entre o investigador e os respondentes. Essas construções variantes são interpretadas usando técnicas hermenêuticas convencionais e são comparadas e contrastadas por meio de um intercâmbio dialético. O propósito final é destilar uma construção consensual que seja mais informada e sofisticada que qualquer uma daquelas precedentes (incluindo, logicamente, a do próprio investigador).

Estruturação do referencial para a análise dos métodos

Segundo Myers (1997), da mesma forma que existem várias perspectivas filosóficas que podem informar a pesquisa qualitativa em Sistemas de

Informação, também há vários métodos qualitativos que podem ser usados. A escolha do método influencia de que forma o pesquisador coleta os dados. Diferentes métodos implicam diferentes habilidades, pressupostos e práticas de pesquisa. Os métodos abordados neste trabalho foram os mesmos evidenciados por Myers (1997), a saber: pesquisa-ação, estudo de caso, pesquisa etnográfica e teoria fundamentada nos dados ou *grounded theory*.

Pesquisa-ação

De acordo com Myers (1997), existem muitas definições para pesquisa-ação, contudo, a definição mais utilizada e citada é aquela enunciada por Rapoport, que a define como:

> "A pesquisa-ação busca contribuir tanto para os interesses práticos das pessoas em uma situação problemática imediata quanto para os objetivos das ciências sociais, através de colaboração conjunta dentro de uma mutualmente e aceitável estrutura ética".
> (RAPOPORT, 1970, p.499 *apud* MYERS, 1997)

Trauth (2001) afirma que a intenção da pesquisa-ação é mudar situações de forma que venham a ser vistas como melhores, seja pelo pesquisador, seja pelos grupos na situação investigada, obtendo algumas conclusões teóricas do processo. A pesquisa-ação requer que o pesquisador obtenha um entendimento preciso e abrangente da situação em estudo antes de tomar qualquer ação no sentido da solução dos problemas identificados. Depois de serem as decisões tomadas e efetuadas as mudanças, estas são analisadas. Como resultado das análises, há a geração de conhecimento.

Estudo de caso

Estudo de caso é o método mais comum usado em Sistemas de Informação, embora existam várias definições. Yin (1994) define o escopo do estudo de caso como "uma investigação empírica que investiga o fenômeno contemporâneo dentro do contexto da vida real, especialmente quando o limite entre fenômeno e contexto não são claramente evidentes".

O estudo de caso pode ser positivista, interpretativo ou crítico, dependendo da pressuposição filosófica ou paradigma no qual o pesquisador se baseia (MYERS, 1997). De acordo com Motteran (1999), o estudo de caso é para entender um simples caso em profundidade, procurando entender as pessoas ou os processos.

Pesquisa etnográfica

A pesquisa etnográfica vem da disciplina de antropologia social e cultural, e requerendo que o etnógrafo invista um grande tempo no campo, sendo ele imerso na vida das pessoas que está sob estudo, procurando localizar o fenômeno estudado no seu contexto social e cultural. A etnografia vem aumentando seu uso no estudo de S.I. na organização para se estudar o desenvolvimento de S.I. (HUGHEST et. al., 1992 ; ORLIKOWSKI, 1991). Ela tem sido discutida como um método onde múltiplas perspectivas podem ser incorporadas no desenvolvimento de S.I. (HOLZBLATT; BEYER, 1993) e como uma abordagem geral para possíveis estudos relatando para uma investigação de S.I. (PETTIGREW, 1985).

De acordo com Trauth (2001), a etnografia é particularmente viável para pesquisas onde o problema não se mostra claro e está envolvido em uma grande complexidade, ou ainda, o fenômeno sob estudo está embutido em um sistema social que é desconhecido ou sobre o qual não há muitos conhecimentos.

Grounded theory (teoria fundamentada nos dados)

A *grounded theory* é um método de pesquisa que procura desenvolver uma teoria fundamentada nos dados coletados em campo, a partir de sua compilação e análise. Trauth (2001) afirma que a *grounded theory* é uma metodologia para descobrir teorias, permitindo ao pesquisador desenvolver julgamentos teóricos das características gerais de um tópico, tomando como base considerações empíricas ou dados. Sua diferença para outros métodos é sua abordagem, voltada para o desenvolvimento de teorias, sugerindo que deve existir uma interação contínua entre coleta de dados e análise.

Conforme Myers (1997), o uso da *grounded theory* na área de S.I. vem aumentando porque ela é extremamente útil no desenvolvimento de descrições e explicações baseadas no contexto e orientadas a processo.

Material e método de análise

A amostra do presente trabalho restringiu-se aos artigos científicos dos Anais do ENANPAD no período de 1997 a 2003, sob o tema de Administração da Informação. Com isso, foram analisados 189 artigos do tema supracitado.

Outro aspecto importante a ser mencionado é que por ser um trabalho predominantemente qualitativo, do tipo descritivo-interpretativo, constata-se o aspecto da presença de certa subjetividade na análise dos pesquisadores. O que isto significa? Significa dizer que outros pesquisadores, analisando os mesmos artigos e usando as mesmas taxologias, poderão obter resultados diversos. Entende-se aqui que a complexidade da pesquisa em sistemas de informação exige uma visão pluralista que vá além da perspectiva tradicional positivista, sem se desfazer do seu legado. Argumenta-se que um entendimento mais aprofundado de um fenômeno só pode ser alcançado através de uma pesquisa interpretativa (ORLIKOWSKI; BAROUDI, 1991; WALSHAM, 1995).

Nesta parte do trabalho, os autores iniciam uma análise dos paradigmas adotados nos artigos científicos dos Anais do ENANPAD, para em seguida descrever os principais métodos de pesquisa adotados (vide Tabela 1). Na seção sete são feitas algumas considerações finais.

Análise dos paradigmas adotados

O paradigma positivista que domina os vários campos de conhecimento, principalmente na área das ciências naturais, parece ser o dominante na amostra estudada, onde poucos artigos utilizaram uma abordagem construtivista e não houve nenhum artigo utilizando o paradigma da teoria crítica. Constatou-se, então, uma forte influência positivista nos encontros da ANPAD, para a área de S.I., mostrando que o racionalismo organizacional tem forte influência; identificando-se um pequeno número de pesquisas em que foram adotados os paradigmas tidos como interpretativos. Os trabalho que utilizam essa linha interpretativa ainda parecem ter uma participação muito pequena.

Artigos interpretativos identificados

Por limitações de espaço, o Quadro 2 apresenta alguns dos artigos interpretativos identificados nos Anais do ENANPAD entre 1997 e 2003:

Autor(es)	Título
AGENTA, C. A., BRITO, M.J. (1999)	A tecnologia de informação e o processo de ensino-aprendizagem em administração
RODRIGUES FILHO, J. (2001)	O conceito de organização na pesquisa em sistemas de informação no Brasil e países escandinavos
AUDY, J., LEDERER, A., BRATCHER, A. (2001)	Princípio da aprendizagem organizacional Aplicados ao planejamento de sistemas de informação: um estudo exploratório
SILVA,C.P., MEZZOMO, E., OLIVEIRA, M. (2001)	Ampliando a troca de informações entre Alunos e professores: *homepage* para uma disciplina de graduação
FREITAS, H., LUCIANO, E. M., LESCA, H., GHEDINE, T. (2002)	Competitividade na era da informação e da internet: estudo exploratório com executivos
CAMPOS, E., TEIXEIRA F. L. C. (2002)	A Adoção da Tecnologia de Informação nas Organizações: uma Proposta de Análise para o "Modelo de Estruturação da Tecnologia", Através da Implementação de Sistemas de *Groupware*
POZZEBON, Marlei (2002)	Demystifying the Rhetorical Closure of ERP Packages: Framework and Empirical Illustration

*Quadro 2 − **Alguns artigos interpretativos identificados***

Percebeu-se que os artigos que seguiam uma linha interpretativa possuíam uma ou mais das seguintes características:

a) Adoção de uma perspectiva sócio-técnica, levando-se em conta aspectos humanos e técnicos de forma integrada, sendo investigado o relacionamento entre os sistemas computadorizados e as percepções ou comportamentos dos seus usuários (ponto de vista êmico), pela exploração de diversos métodos de pesquisa, não se restringindo a uma única abordagem, a quantitativa, buscando explorar uma variedade de métodos, sobretudo qualitativos (estudo de caso, pesquisa-ação, pesquisa participante, quase-experimento, etc.);

b) Admissão dos métodos qualitativos como um dos pilares da pesquisa em S.I., juntamente com as *surveys* e experimentos;

c) Adoção de métodos qualitativos para entendimento do fenômeno, configurando, no caso dos artigos sobre pesquisa empírica, estudos de caráter exploratório e/ou descritivo, tendo como contexto as condições naturais de sua ocorrência, sem a preocupação de confirmar hipóteses ou estabelecer generalizações.

Análise dos métodos de pesquisa adotados

Na análise dos métodos, percebeu-se a predominância do estudo de caso, juntamente com a *survey*. Apenas dois artigos utilizaram a pesquisa-ação e nenhum artigo utilizou pesquisa etnográfica ou *grounded theory*. Como o método de pesquisa é a estratégia que os pesquisadores utilizam para a investigação, identificou-se que nos artigos científicos dos Anais do ENANPAD (1997 a 2003) parece haver o domínio de métodos quantitativos, tentando explicar fenômenos sociais através de relações causais, gerando hipóteses para comprovar os resultados. Poucos trabalhos parecem estar utilizando uma linha interpretativa que procure estudar os fenômenos sociais dentro de um contexto, levando em consideração os pontos de vistas dos participantes interagindo com fatores sociais e culturais. Constatou-se ainda que muitos artigos considerados qualitativos, utilizavam-se de ferramentas estatísticas para comprovar / legitimar os seus resultados.

Métodos	1997	1998	1999	2000	2001	2002	2003	TOTAL
- Estudo de Caso	11	9	13	13	10	21	20	97
- Pesquisa-ação				2		2		4
- Pesquisa Etnográfica								
- Grounded Theory								
- Survey	4	6	6	9	12	12	10	59
- Pesquisa de Campo	1			2	3	3	2	11
- Focus group		1						1
- Pesquisa Bibliográfica	2	2	1		5	7		17
Total	18	18	20	26	30	45	32	189

*Tabela 1 - **Métodos de Pesquisa Adotados***

Considerações finais

Os estudos de S.I. no Brasil têm mostrado uma preocupação com questões organizacionais, mas que ainda são altamente influenciados pelo racionalismo organizacional, mostrando uma necessidade de se quantificar a complexidade dos fenômenos sociais por modelos matemáticos, os quais trazem consigo dificuldades de explicação da complexidade dos fatos sociais.

Os poucos trabalhos na linha interpretativa buscam dar uma nova ênfase aos sistemas de informação, considerando os contextos sociais e culturais vividos pelas pessoas e observadas pelo pesquisador nos seus estudos, tendendo a revelar conhecimentos antes ocultos e pouco esclarecidos pelos métodos puramente quantitativos.
Pela falta de pesquisas mais qualitativas, temos no Brasil muitos estudos que fornecem uma pobre contribuição para o estudo de S.I. nas organizações, levando a uma carência de uma melhor compreensão do contexto social e cultural, pois as pesquisas estão mais preocupadas com a validade de suas hipóteses do que a compreensão da complexidade social.

Conforme foi visto, a manutenção do paradigma dominante (positivismo) na pesquisa de S.I. tem favorecido os mecanismos de controle em detrimento da interpretação dos fenômenos. Trabalhos na linha interpretativa, por sua vez, têm conseguido explicar melhor a complexidade do mundo social. Constatou-se que muitos trabalhos se diziam qualitativos apenas para justificar o eventual caráter exploratório das pesquisas relatadas, não tendo estes trabalhos um enfoque qualitativo efetivo, sendo rotineira a utilização de inferências estatísticas, apesar do rótulo de "qualitativo" reclamado, para explicação dos resultados obtidos.

Finalizando, novos enfoques, mais qualitativos, devem ser dados às pesquisas de S.I. para que se possa melhor compreender os fenômenos sociais e culturais que estão no âmbito dessa área de estudo e que ainda não parecem estar sendo visualizados, ou cuja visão tem sido reduzida e/ou simplificada pela forma positivista (e ainda hegemônica) de se observar os fatos sociais.

Referências

AGENTA, C. A. L.,BRITO,M.J. A tecnologia de informação e o processo de ensino-aprendizagem em administração. **25º Encontro da ANPAD**, Campinas, 2001.

AUDY, J.,LEDERER,A.,BRATCHER,A. Princípio da aprendizagem organizacional Aplicados ao planejamento de sistemas de informação: um estudo exploratório. **25º Encontro da ANPAD**, Campinas, 2001.

BERTERO, C.A., et. al. Produção científica em administração de empresas: provocações, insinuações e contribuições para um debate local. **22º Encontro da ANPAD**, Foz do Iguaçu, 1998.

BOLAND, R. Phenomenology: a preferred approach to research in Information Systems, In: **Research Methods in Information Systems**, E. Mumford, R.A. Hirschheim, G. Fitzgerald & T. WoodHarper (eds.), NorthHolland, Amsterdam, 1985, pp. 193201.

BOLAND, R.; O'Leary, T. Technologies of inscribing and organizing: emerging research agendas. **Accouting, Management & Information Technologies**, v.1, n.1, p.1-7, 1991.

BOURDIEU, Pierre. **Outline of a theory of practice**. Cambridge Studies in Social and Cultural Anthropology, 16. 1977.

CIBORRA, Claudio U. **From control to drift: the dynamics of corporate information infrastructures**. Oxford UK: Oxford University Press, 2000.

DAHLBOM, B. The new informatics. In: B.Dahlbom et. al. **Proceedings of IRIS 19**. Goteborg: Gothenburg Studies of Informatics, 1996.

EHN, P. Informatics – design for usability. **Proceedings of IRIS 19**. Goteborg, 1995.

EISENHARDT, K.M. Building theories from case study research. **MIS Quarterly**, 14(4), 532-550, 1989.

EVARISTO, J., KARAHANNA, E. *Is north american IS research different from european IS research?* **Database**, 28(3):32-43, 1997.

GALLIVAN, M.J. *Value in triangulation: a comparison of two approaches for combining qualitative and quantitative methods.* In A.S. Lee, J. Liebenau, and J.I. DeGross (eds.), **Information Systems and Qualitative Research** (pp.417-443). London: Chapman & Hall, 1997.

GUBA, E.G., LINCOLN, Y.S. *Competing paradigms in qualitative research.* In: DENZIN, N.K., LINCOLN, Y.S.(eds.). **Handbook of Qualitative Research**. Thousand Oaks: Sage, 1994.

HENFRIDSSON, O. et. al. *Organizational informatics – on the notion of organization in scandinavian information research.* **Proceedings of IRIS 20**, Sweden, 1997.

HOLZBLATT, K. e BEYER, H. *Making Customer-centered Design Work for Teams.* **Communication of the ACM** (36:10), pp. 93-103, 1993.

HUGHES, J.A., RANDALL, D. AND SHAPIRO, D. *"Faltering from Ethnography to Design"*, **CSCW '92**. *ACM 1992 Conference on Computer-Supported Cooperative Work*: *Sharing Perspectives*. New York, **ACM Press**, 1992, pp. 115-123.

HOPPEN, N., et. al. Sistemas de informação no Brasil: uma análise dos artigos científicos dos anos 90. **22º Encontro da ANPAD**, Foz do Iguaçu, 1998.

IVANOV, K. *Computer-supported science or humanistic computing science?* University of Umea. **Institute of Informatics Processing**. Sweden, 1998.

KAPLAN, B., MAXWELL, J.A. *Qualitative research methods for evaluating computer information system*, in **Evaluating Health Care Information Systems**: *methods and applications*, J.G. Anderson, C.E. Aydin & S.J. Jay (eds.) Sage, Thousand Oaks, CA, 1994, pp.45-68.

KAPLAN, B., DUCHON, D. *Combining qualitative and quantitative methods in information systems research: a case study.* **MIS Quarterly**, 12(4), 571-586, 1988.

KLEIN, H.K. *The poverty of scientism in information system*. In *Munford E. Research Methods in Information Systems*. Amsterdam, North-Holland, 1985.

KLING, R. *Social analysis of computing: theoretical perspectives in recent empirical research*. **Computing Surveys**. Vol. 12(1):61-110, 1980.

LEE, A.S., LIEBENAU, Jonathan. *Information systems and qualitative research*. In Lee, A.S., Jonathan Liebenau and Jan de Gross, Eds. **Information Systems and Qualitative Research**. London: Chapman & Hall, 1997.

LEE, A.S. *Integrating positivist and interpretative approaches to organizational research*. **Organization Science**, 2 (4), 342-365, 1991.

LEE, A.S. *A scientific methodology for MIS case studies*. **MIS Quarterly**, 13(1), 33-50, 1989.

LYYTINEN, K. *Different perspectives on information systems: problems and solutions*. **ACM Computing Surveys**. Vol. 19 (1): 5-45, 1987.

LYYTINEN, K., HIRSCHHEIM, R. *Information systems failure: a survey and classification of empirical literature*. **Oxford Surveys of Information Technology**, vol. 4: 257-309, 1987.

MARKUS, M.L. *Power, politics, and MIS implementation*. **Communication of the ACM**, 26(6), 430-444, 1983.

MONTEIRO, Eric, HANSETH, Ole. *Social shaping of information infrastructure: On being specific about the technology*. In ORLIKOWSKI, W.J., WALSHAM, Geoff, JONES, Mathew R., DEGROSS, Janice I. (Eds.), **Information Technology and Changes in Organizational Work**. London: Chapman & Hall, 1996.

MOTTERAM, GARY. **Changing the research paradigm :** *qualitative research methodoly*. Debski, R. and Levy, Amsterdam : Swets & Zeitlinger, 1999.

MYERS, M.D. *Qualitative research in information system, MIS Quarterly*, 21(2), 241-242., 1997.

ORLIKOWSKI, W.J.; BAROUDI, J.J. *Studying information technology in organizations: research approaches and assumptions.* **Information Systems Research.** Vol. 2 (1): 1-28, 1991.

ORLIKOWSKI, W.J. *Relevance versus rigor in information systems research: an issue of quality – the role of institutions in creating research norms.* Panel presentation at the ***IFIP TC8/WG 8.2 Working Conference on the Information Systems Research Challenges, Perceptions and Alternative Approaches***, Copenhagen, Denmark, 1991.

PARÉ, G., ELAM, J.J. *Using case study research to build theories of IT implementation.* In A.S.Lee, J. Liebenau, and J.I. DeGross (eds.), **Information Systems and Qualitative Research** (pp.542-568). London: Chapman & Hall, 1997.

PETTIGREW, A.M. "Contextualist Research and the Study of Organizational Change Processes", in Mumford, E., Hirschheim, R., Fitzgerald, G. and Wood-Harper, A.T. (eds.), *Research Methods in Informations.* Amsterdam North Holland, pp. 53-78, 1985.

RODRIGUES FILHO, J. O conceito de organização na pesquisa em sistemas de informação no Brasil e países escandinavos. **25º Encontro da ANPAD**, Campinas, 2001.

RODRIGUES FILHO, J. et. al., O paradigma interpretativo na pesquisa e desenvolvimento de sistemas de informação. **Conferência da Business Association of Latin American Studies (BALAS)**, New Orleans, 1999.

SILVA,C.P.,MEZZOMO, E.,OLIVEIRA,M. Ampliando a troca de informações entre alunos e professores: homepage para uma disciplina de graduação. **25º Encontro da ANPAD**, Campinas, 2001.

TRAUTH, Eileen M. *Qualitative research in IS: issues and trends.* Idea Group Publishing, 2001.

WALSHAM, G. *The emergence of interpretivism in IS research.* **Information Systems Research.** Vol. 6 (4): 376-394, 1995.

WEBER, M. *The methodology of the social sciences*. Glencoe, Illinois: Free Press, 1949.

WENGER, Etienne, LAVE, Jean. *Situated learning*. Cambridge, UK: Cambridge University Press, 1991.

YIN, R.K. *Case Study Research, Design and Methods,* 2nd ed. Newbury Park, Sage Publications, 1994

Capítulo 9

Desenvolvendo um Sistema de Informação em Enfermagem através da *Grounded Theory*

Assuero Fonseca Ximenes
André Felipe de Albuquerque Fell
José Rodrigues Filho

Resumo

Este trabalho tem como objetivo compreender, através do discurso dos enfermeiros, a sua prática diária em enfermagem e suas implicações, contribuindo para o desenvolvimento de um sistema de informação. Para alcançar esse objetivo, optou-se por utilizar a teoria fundamentada nos dados (*grounded theory*), como referencial teórico e metodológico. A população foi constituída por enfermeiros que atuam em um hospital particular localizado na cidade do Recife. Os enfermeiros foram entrevistados seguindo os procedimentos de amostragem teórica. A análise dos dados resultou no processo "Entendendo o trabalho da enfermagem baseado na sua prática diária.". Tal processo foi constituído da integração entre categorias no modelo do paradigma de Strauss e Corbin que foi composto por três fenômenos: "Utilizando as prescrições médicas como norma que guiam todo o trabalho da enfermagem", "Sentindo dificuldades de controle dos prontuários" e "Sentindo falta de maiores informações e interligações para facilitar o trabalho da enfermagem". No final, são propostas algumas implicações que podem contribuir para a geração de um modelo geral de sistema de informação, representando os conhecimentos obtidos na definição e interpretação da prática em enfermagem.

Palavras-chave: desenvolvimento de sistema de informação em enfermagem, *grounded theory*.

Introdução

O campo de Sistema de Informação (SI) é caracterizado pela literatura como um campo que ainda está em um estágio inicial de desenvolvimento, cuja premissa é pela exatidão dos resultados e existindo muitos desacordos com relação à metodologia. Dentro deste campo, o Desenvolvimento de Sistemas de Informação (DSI) pode ser considerado ortodoxo porque as suas estruturas e os seus métodos estão longe de fornecerem uma prática clara para o seu entendimento. Conforme Hirschheim *et al.* (1995), os SIs possuem uma perspectiva bastante funcionalista, pois seu foco para a solução dos problemas gerenciais segue este paradigma, sendo necessário que eles estejam bem definidos para se propor soluções. Por conseguinte, dentro desta perspectiva, os fatores sociais, políticos e culturais não são considerados.

Acontece que, a pouco e pouco vão surgindo abordagens de DSI que enfatizam a necessidade de minimizar as barreiras existentes entre os desenvolvedores de SI e os usuários, além de se buscar fornecer subsídios para a captação dos conhecimentos antes não visualizados, como os conhecimentos tácito e explícito dos usuários envolvidos nos SIs. De acordo com Stenmark (2000), o conhecimento explícito é facilmente representado por modelos, algoritmos, documentos, descrição de procedimentos, desenhos e sínteses, sendo freqüentemente redundante ou incompleto, marcado pelas circunstâncias que o geraram. Já o conhecimento tácito é o conhecimento que existe apenas na mente das pessoas, sem uma formalização ou documentação. Conforme Ackerman (1997) o conhecimento tácito é de fundamental importância para se obter informações, porém, por não ser facilmente percebido, é mais difícil de ser coletado. Este tipo de conhecimento é composto pelas questões, idéias, fatos, argumentos, pontos de vista, significados e sugestões inseridas no ambiente organizacional.

Conforme relatos de Korac-Boisvert e Kouzmin (1995), Heeks e Davies (1999) por não considerarem estes conhecimentos, muitos sistemas de informação falharam por diversos motivos. Dentre eles, segundo Heeks, Mundy e Salazar (1999), destaca-se a falta de um conhecimento mais aprofundado das informações obtidas junto aos usuários, por não serem considerados fatores relacionados ao ambiente organizacional e por não conseguirem obter os conhecimentos necessários para o entendimento deste contexto (HEEKS, 1999).

No campo da saúde, os sistemas de informação são as tecnologias que são usualmente denominadas para indicar a disciplina ou função de suporte. Por exemplo, um sistema de informação hospitalar suporta as funções hospitalares e gerenciamento de informação. O Sistema de informação em Enfermagem (SIE) e o sistema de informação médica gerenciam informações clínicas requeridas para a prática da enfermagem e da medicina. Grobe *et. al.* (1997) mostram que os SIE têm seu foco em informações e dados clínicos como recurso estratégico para a prática da enfermagem. Ainda segundo os autores, um SIE poderá ter um bom uso se ele fornecer suporte para decisões, contribuir para o avanço dos conhecimentos da enfermagem e permitir acesso às informações contidas em banco de dados que ajudem os profissionais nas suas práticas diárias.

No início, os sistemas de informação em enfermagem foram desenvolvidos para transferir as tarefas que as enfermeiras faziam para o computador e alguns sistemas foram bem sucedidos e reduziram o tempo gasto pela enfermagem na documentação das suas tarefas (GRAVE; CORCORAM, 1989). Entretanto, as pesquisas em SIE apontaram que a área de enfermagem era bem mais complexa que apenas transferir o seu trabalho de documentação para o computador, pois o gerenciamento e processamento de dados, informações e conhecimentos que são componentes integrais de um SIE, buscam o significado de aspectos ligados aos cuidados fornecidos aos pacientes. Buscar estes significados requer uma ampla e profunda pesquisa dentro do campo da enfermagem, não se fazendo apenas uma exploração superficial de suas práticas, pois muitos sistemas de informação falharam por apenas utilizar uma abordagem superficial (GRAVE; CORCORAM, 1989). Para Marin (1995), um sistema de informação hospitalar orientado para a enfermagem e centrado no paciente pode causar significativo impacto na produtividade, bem como na eficiência e na motivação dos membros da equipe. Ademais, diversos sistemas de classificação de enfermagem vêm sendo desenvolvidos com diferentes níveis de abstração e oferecendo vários caminhos para organizar e categorizar o fenômeno da enfermagem (McCORMICK; JONES, 1998).

No Brasil, as pesquisas em termos de tecnologia de informação em enfermagem ainda são poucas em comparação a países como os Estados Unidos, Canadá e outros, o que evidencia a existência de uma necessidade de se entender a complexidade de como os sistemas de informação poderiam atuar nesta área para ajudar na realização das tarefas executadas na enfermagem (RODRIGUES FILHO, 2001). Desse modo, espera-se compreender a prática de enfermagem, através da *grounded theory*, contribuindo para o desenvolvimento de um sistema de informação. Apesar de existirem diversos trabalhos publicados sobre sistemas de informações em enfermagem e também sobre captação de conhecimentos para a geração de um sistema de informação, parece não existir trabalhos utilizando a *grounded theory* para captar estes conhecimentos contribuindo para a geração de um SIE. Pelo fato de existir uma problemática referente à teoria e à prática de enfermagem é interessante, neste contexto, captar o conhecimento tácito indispensável ao desenvolvimento do SIE, pois atualmente o modelo técnico que impera na enfermagem descreve uma perspectiva científica da enfermagem como um conhecimento hierárquico, técnico e de *status* acadêmico.

Ressalta-se ainda que no presente trabalho, será utilizado o método do desenho participativo (D.P.) que apresenta uma afinidade com as metodologias de pesquisa que enfatizam a interação entre pesquisadores e participantes (CARMEL; WHITAKER; GEORGE, 1993). O D.P. será utilizado para criar um cenário onde oportunidades para se compartilhar, entender interesses e perspectivas dos participantes tornem-se possíveis.

Metodologias de desenvolvimento de sistema de informação

O termo "sistema de informação" é freqüentemente usado para denotar um sistema de computação ou um sistema mecânico inter-relacionado de informações e tecnologias de comunicação, tais como a *World Wide Web* (WWW). Aqui, reconhece-se a natureza social do sistema de informação, ou seja, há que se considerar a perspectiva histórica e contextual ....

Dentro do campo de SI, o desenvolvimento de sistemas de informação (DSI) pode ser caracterizado pela ortodoxia, ou seja, pela centralização em métodos estruturados. Além disso, o DSI comporta abordagens complementares ou alternativas, sendo algumas baseadas na prática e algumas mais acadêmicas. Para muitos pesquisadores, particularmente para aqueles que têm como base as ciências da computação, o DSI representa principalmente a atividade de analisar sistemas de negócios e desenvolver sistemas de computação para suportá-los. Isto começa com a análise e termina com a programação. As técnicas ortodoxas consideram o DSI como um modelo de processo linear, como por exemplo, o Ciclo de Desenvolvimento de Sistemas (*Systems Development Life Cycle* - SDLC), o qual propõe que o desenvolvimento pode ser organizado em uma seqüência de passos que são executados um após o outro. Contudo, para o propósito deste trabalho, o DSI é entendido como uma série de interesses que interagem neste processo. Em outros termos, o DSI não pode ser separado do seu contexto social pelo fato dos fatores sociais, culturais, políticos e morais afetarem o desenvolvimento, implementação e avaliação dos sistemas de informação, pois eles devem ser tratados como uma mudança social multidimensional. (LYYTINEN,1988). Portanto, o DSI é um processo de mudança ocasionado por um grupo, dentro de um ambiente, com o propósito de alcançar ou manter alguns objetivos. É possível visualizar duas metodologias distintas de DSI, desenvolvidas a seguir.

A metodologia tradicional ou ortodoxa

Esta metodologia está bem documentada na literatura acadêmica e prática, sendo caracterizada pelo uso de métodos estruturados, algumas vezes em associação com prototipação (LEWIS, 1994). Os métodos estruturados podem ser focados em processos ou fluxo de dados (DeMARCO, 1978; GANE; SARSON, 1979) ou em modelos de estrutura de dados nos termos de entidade e relacionamento (MARTIN, 1986). Os métodos mais recentes utilizam o desenvolvimento na programação orientada a objetos, modelo de ver o mundo como objetos que combinam elementos de dados com processos (COAD; YORDON, 1990).

De acordo com Hirschheim *et. al.* (1995), a metodologia ortodoxa de DSI é funcionalista, caracterizada pela objetividade e ordem social, sem necessariamente mostrar isto explicitamente, adotando uma ontologia do realismo e uma epistemologia do positivismo, tendo uma forma dominante de estudar os fenômenos socias de forma racionalista e técnica. Os métodos estruturados desejam reduzir as incertezas do mundo social por meio de uma forma linear de desenvolvimento, que é a característica do SDLC (*Systems Development Life Cycle*), a qual é uma abordagem clássica inseparável do projeto de gerenciamento, onde metas são assumidas como sendo predeterminadas ou óbvias, dando suporte aos interesses da elite gerencial e seus representantes (MORGAN, 1996).

Na abordagem ortodoxa, o analista é um tecnólogo experiente que permite uma participação mínima do usuário, tendo a realidade objetiva do estudo do DSI excluindo características sociais, culturais e políticas, assumindo que o modelo de representação da realidade é construído, onde os fenômenos são representados por variáveis que fornecem a idéia de causalidade. Na análise de Checkland (1995), o DSI ortodoxo corresponde a pensamentos de sistemas rígidos, no qual os sistemas existem no mundo e têm uma realidade externa independente do observador, pois os analistas encontram soluções para problemas bem definidos sendo os modelos de sistemas a representações do mundo.

As metodologias alternativas

Os DSI ortodoxos, por terem sido derivados da orientação teórica da disciplina de ciência da computação, tendem a assumir uma forma simplificada da organização, ignorando fatores sociais, culturais e políticos, sendo mais importantes os fatores técnicos para se conseguir um DSI de sucesso (SAUER, 1993). Os métodos estruturados tradicionais assumem que as especificações e construções de *softwares* são muito complexas, mas o entendimento dos problemas organizacionais é bastante simples.

Para tentar estudar as ações organizacionais considerando os SI mais como um fenômeno social, metodologias alternativas têm surgido considerando os inter-relacionamentos que compõem o sistema organizacional, tentando assim, analisar a sua complexidade. Hirschheim, Iivari e Klein (1998) identificam dentro das metodologias alternativas, o desenho participativo que será apresentado mais detalhadamente.

O desenho participativo

O desenho participativo tem sido utilizado para desenvolvimento de sistemas de informação por mais de duas décadas nos países escandinavos (BJERKNES *et al.*, 1987), onde se refere ao envolvimento dos usuários nas atividades do trabalho durante o desenvolvimento de sistemas, permitindo que eles tenham poder para a tomada de decisões com relação ao seu envolvimento no desenvolvimento de SI. Através de um compromisso mútuo, pretende-se permitir uma troca de conhecimentos fazendo com que os usuários aprendam sobre tecnologias para poderem visualizar o que elas podem facilitar nos seus trabalhos, e com isto construir sistemas flexíveis e eficientes que preencham suas reais necessidades. Isto providenciará um contexto onde se pode obter o entendimento prático das necessidades para se obter sucesso no desenvolvimento de SI (BJERKNES *et al.*, 1987).

O primeiro passo para se obter um desenho participativo é fazer com que os desenvolvedores e usuários caminhem juntos. A principal dificuldade é obter o entendimento prático, expresso pelos usuários no contexto que as novas tecnologias podem possibilitar. Os usuários aprendem sobre possibilidades e restrições das novas ferramentas computacionais e colocam suas habilidades práticas para este novo ambiente, ou seja, eles ensinam aos desenvolvedores suas habilidades práticas. Através da interação entre usuários e desenvolvedores, o entendimento das práticas de trabalho irá ajudar a enxergar novos aspectos, fornecendo um desafio para a construção ou criação de coisas novas através dos novos conhecimentos adquiridos. Isto depende de uma participação total que fornecerá um ambiente propício que encoraje a aprendizagem, a criatividade e a comunicação.

Existem diversas razões para a análise do uso do desenho participativo quando utilizado para implementar novas tecnologias. Primeiro, a introdução de qualquer tecnologia é difícil, especialmente em face das afirmações feitas sobre a tecnologia no passado. Um paralelo pode ser feito com as indústrias onde as tecnologias foram introduzidas sem a participação dos empregados. Pesquisadores no uso do desenho participativo na indústria sugerem que a participação local aumenta a competência dos usuários em novas tecnologias, tornando-os mais dispostos em tomar iniciativas em cima desta participação (Clement; Van den Besselaar, 1993), pois através deste envolvimento, pode-se ter um melhor entendimento das necessidades dos usuários, fornecendo uma ótima integração da tecnologia com as suas tarefas diárias. Uma cooperação completa entre usuários e analista de sistemas oferece uma estrutura teórica para a inicialização de atividades e processos, pois se acredita como princípio fundamental que a participação dá aos usuários o poder de influenciar os assuntos referentes ao seu trabalho (CLEMENT; VAN DEN BESSELAAR, 1993).

Novas ferramentas baseadas em computador deveriam ser desenvolvidas através do entendimento das práticas tradicionais de ferramentas e materiais usados dentro de uma habilidade profissional. O desenho deve ser criado pelo esforço comum de habilidades dos usuários experientes e pelos profissionais de desenvolvimento, pois enquanto os usuários possuem a necessidade prática de entendimento dentro das novas tecnologias, o desenvolvedor deve entender o processo específico do trabalho que usará as ferramentas computacionais (EHN, 1993).

Sistema de informação em enfermagem

O termo informática foi definido por Gorn (1983) como a ciência da computação e a ciência da informação que são usadas para gerenciar e processar dados, informações e conhecimentos. Assim, um sistema de informação em enfermagem (SIE) é a combinação da ciência da computação, da ciência da informação e da ciência da enfermagem para assistir no gerenciamento, processamento dos dados, informações e conhecimentos para dar suporte à prática da enfermagem e sua distribuição dos cuidados fornecidos aos pacientes. Conforme Blum (1986), a estrutura para o SIE, está baseada na taxonomia e na definição da concepção de dados, informação e conhecimento, que através desta define dados como entidades discretas que não possuem interpretação. As informações são definidas como dados interpretados, organizados e estruturados e os conhecimentos são definidos como a informação sintetizada onde inter-relações são identificadas e formalizadas.

A estrutura para o estudo do SIE é baseada nos seguintes pontos centrais:

(a) **O fenômeno do estudo.** Compreende os dados, as informações e os conhecimentos em enfermagem. O essencial das ciências de informática é a utilidade de processar dados, informação e conhecimentos, mas não sendo apenas o computador o responsável pelas informações, ele apenas serve como meio para a enfermagem (BLOIS, 1987). Dados, informação e conhecimento podem ser considerados os três aspectos de um fenômeno que é genericamente chamado de informação. A informação neste sentido é assumida como sendo uma entidade real do mundo que tem atributos reconhecidos e métodos para estudo, além disso, a informação é um fenômeno essencial do estudo de uma disciplina baseada em informação como é o caso da enfermagem.

(b) A clareza do SIE. Para se ter um bom entendimento, é necessário assumir que dado, informação e conhecimento em enfermagem são representações simbólicas do fenômeno dos interesses da enfermagem e que a estrutura do SIE é substancialmente diferente de outras disciplinas. A estrutura atualmente utilizada apresenta problemas específicos para o gerenciamento e processamento de informações da enfermagem. Isto é evidenciado pelo fato do conhecimento da enfermagem ser diferente de outras disciplinas da área de saúde, pois ela requer diferentes estratégias para se tomar decisões. Este problema é fundamentado pelo fato de ser utilizada uma estrutura de conhecimento que é aplicada à área médica. Graves e Corcoran (1989) mostram que estudos indicam que a experiência dos seres humanos depende do domínio dos seus conhecimentos e de suas tarefas específicas que são usadas para reduzir e solucionar os problemas, logo a área de enfermagem possui problemas específicos ao seu contexto e que para se propor conhecimentos desta área é preciso se gerar soluções específicas e não aplicar estruturas que sirvam para outras áreas.

(c) O relacionamento da informática com a ciência da enfermagem. O estudo do gerenciamento e processamento dos dados, informações e conhecimentos da enfermagem é considerado como uma parte integral das ciências da enfermagem e não simplesmente um ramo da ciência da computação ou ciência da informação aplicada à enfermagem. Esta premissa é baseada no fato de que os dados e as informações são representações simbólicas do fenômeno que a enfermagem tem interesse, tendo a habilidade da estruturação do problema como um domínio específico.

O desenvolvimento de aplicações de dados está apenas no início. Atualmente os estudos em enfermagem estão voltados na identificação do universo de seus principais dados. Tanto a natureza das pessoas no fenômeno da enfermagem e o uso de múltiplas estruturas conceituais para estruturar seus conhecimentos têm contribuído para dificultar o desenvolvimento de conhecimentos sobre os dados da enfermagem. Esta área está interessada nos fenômenos das pessoas como um todo, medindo a reflexão na totalidade dos fenômenos de interesse contínuo para elucidar sua disciplina. (Grave e Corcoram, 1989). O SIE é, portanto, um *software* que automatiza o processo da enfermagem, auxiliando desde o levantamento inicial das necessidades do paciente até a avaliação do cuidado prestado, incluindo toda a documentação feita no período, incluindo também o gerenciamento dos dados necessários para a prestação da assistência, como por exemplo, a classificação do grau de dependência do paciente (MARIN, 1995).

A *grounded theory*

A metodologia utilizada nesta pesquisa foi baseada na *grounded theory* sendo adotada como principais referências: Glaser e Strauss (1967) e Trauth (2000) com o objetivo de explorar e descrever como compreender a prática diária da enfermagem contribuindo para o desenvolvimento de sistemas de informação. No contexto histórico, conforme Wells (1995), a *grounded theory* é considerada como sendo derivada do interacionismo simbólico pelo fato de ter a preocupação de estudar o comportamento humano, possuindo muitas características dos trabalhos dos sociólogos Mead e posteriormente de Blumer (1969). Por isso, é descrita como uma abordagem metodológica para a descoberta e a geração de uma teoria social adequada que é gerada diretamente de dados qualitativos, sendo o seu objetivo a explicação das variações das interações sociais e das estruturas sociais que ocorrem sobre o tempo (WELLS, 1995).

Esta metodologia tem sido utilizada por diversas organizações (TRAUTH, 2000) e foi adotada neste trabalho por três razões principais:

1ª) Pelo fato da *grounded theory* ser uma metodologia que permite ao pesquisador desenvolver um julgamento teórico das características gerais de um tópico, enquanto permite se basear em julgamentos empíricos de observações ou dados (ORLIKOWSKI, 1993).

2ª) Pelo fato da *grounded theory* permitir produzir resultados precisos e usáveis, tendo a complexidade do contexto organizacional incorporada para o entendimento dos fenômenos que por outras metodologias são simplificadas ou ignoradas (PETTIGREW, 1990).

3ª) Pela facilidade que a *grounded theory* fornece para a geração de teorias dos processos, seqüências, mudanças organizacionais, posição e interação social (GLASER; STRAUSS, 1967).

Sendo a *grounded theory* uma metodologia interativa, ela requer um constante movimento entre conceitos e dados, bem como comparações através dos tipos de evidências para controlar o nível conceitual e escopo da teoria emergente. Conforme Orlikowski (1993), isto proporciona uma oportunidade para um exame contínuo dos processos dentro do contexto para encontrar significados dos vários níveis de análise, e por este meio, revelar múltiplas fontes que identifiquem e exponham modelos neste processo de mudança.

Procedimentos metodológicos

Seguindo a técnica de Glaser e Strauss (1967) da amostra teórica, a área de enfermagem do setor de enfermaria e internamento de um hospital particular da Região Metropolitana do Recife (RMR), classificado como hospital geral, foi selecionada com o propósito de se compreender a prática de enfermagem através da *grounded theory* levando em consideração que o contexto é de fundamental importância para o desenvolvimento de um SIE.

Os dados foram coletados através de uma abordagem multi-métodos onde se utilizou como instrumentos entrevistas não estruturadas e semi-estruturadas, revisão de documentos e observação participante. Esta triangulação através de várias técnicas de coleta de dados foi benéfica na geração da teoria, proporcionando múltiplas perspectivas para as questões, fornecendo mais informações nos conceitos emergentes e permitindo produzir fortes construtos (PETTIGREW, 1990). A coleta de dados foi enfatizada nos tópicos de contexto, tecnologia, pessoas chaves e processos de mudanças, tentando encontrar informações, onde entre outras coisas incluíram-se o ambiente, a missão, a estrutura, aspectos culturais da empresa e do departamento de SI, tamanho, localização, e a história do desenvolvimento de sistemas de informação na organização (incluindo configurações, padrões, política e procedimentos). Estes aspectos foram analisados, segundo uma abordagem participativa que permitiu conhecer e ter um maior entendimento e uma maior aproximação, com as pessoas envolvidas neste processo.

Seguindo Glaser e Strauss (1967), a coleta de dados, sua codificação e análise aconteceram interativamente nos primeiros estágios da pesquisa que inicialmente foram menos estruturadas. Posteriormente foram aplicadas as entrevistas mais estruturadas. Depois foi feita a sobreposição da análise de dados com a coleta, pois de acordo com Eisenhardt (1998), isto providencia vantagens, pois forneceu ao pesquisador subsídios para ajustes na coleta de dados, após a análise dos dados coletados anteriormente.

Foram observadas e entrevistadas as pessoas envolvidas no processo da área de enfermagem nos seus trabalhos diários, abrangendo diversos setores que fazem parte do hospital, pois, de acordo com Leonard-Barton (1990), para se entender todos os fatores que interagem, é necessário que a metodologia de pesquisa corte verticalmente através da organização, obtendo dados de múltiplos níveis e perspectivas.

Antes do início da coleta dos dados, os enfermeiros foram informados sobre a finalidade da pesquisa, pois se foi feito um esclarecimento detalhado dos objetivos e, em seguida, uma breve exposição da proposta, a fim de não causar quaisquer dúvidas ou constrangimento a respeito do estudo. O número de enfermeiros que iriam participar do estudo não foi estabelecido, a priori, uma vez que o método de abordagem da *grounded theory* não adota uma amostragem estatística. Esta é determinada pelo propósito do estudo e pela relevância teórica, ou seja, o seu potencial para o desenvolvimento da teoria.

No total foram entrevistadas 12 pessoas, sendo 3 enfermeiras com nível superior, 6 auxiliares de enfermagem e 3 técnicos de enfermagem, correspondendo 100% das enfermeiras com nível superior e 60% do pessoal de nível técnico e auxiliar. Estas pessoas foram entrevistadas mais de uma vez, sendo abordados aspectos diferentes que ajudaram a compreender melhor a sua prática diária, como também para elucidar algo que tenha gerado dúvidas em entrevistas anteriores.

Os dados foram analisados buscando-se encontrar similaridades seguindo a descrição de como gerar a *grounded theory*, mostrada por Glaser e Strauss (1967). Os dados foram gerados pela examinação das entrevistas, observações e documentos que foram codificados para se entender as práticas diárias da enfermagem contribuindo para a geração de um SIE. O processo seguiu esta ordem, primeiro foi feita a codificação dos dados que providenciou uma ligação entre os dados e os conceitos teóricos ou teoria. Isto é conhecido por *open coding* (STRAUSS; CORBIN, 1990), também chamado de codificação substantiva que representa o primeiro passo analítico sobre a qual a pesquisa foi baseada, pois cada nível de codificação representa uma visão mais abstrata (GLASER; STRAUSS, 1978). Com isto, os dados foram analisados e categorizados para conceitos, onde estes conceitos surgiram dos dados, identificando as categorias e suas dimensões que é conhecido como *axial coding*.

O método de comparação constante foi utilizado por todo o processo de pesquisa para identificar similaridades e diferenças, revelar dimensões específicas e facilitar o desenvolvimento sistemático da teoria. Conforme Glaser e Strauss (1978), este método foi usado inicialmente para comparar incidentes que forneciam o mesmo código substantivo, para depois reunir estes códigos de acordo com suas similaridades e diferenças. Através dos conhecimentos adquiridos pelo método de comparação constante, as categorias se tornaram integradas e a categoria essencial ou processo que explica os dados foi descoberta. Este processo de mover dados para categorias abstratas ou conceitos é conhecido como descobrir conceitos (GLASER; STRAUSS, 1978). Então, os dados foram reexaminados e recodificados, tendo como finalidade a determinação de categorias e conceitos que estavam ocultos, e com isto, produziu-se uma série de categorias, experiências e conseqüências das práticas diárias da área de enfermagem.

Em todos os estágios do processo de pesquisa, foram criados os *memo-writing* (GLASER; STRAUSS, 1978) que é um memorando informal escrito pelo pesquisador onde contém os registros dos relacionamentos observados nos dados sem se ter interesse em expressões, pontuação e gramática. De acordo com Glaser e Strauss (1978) "os memos são os escritos teóricos das idéias a respeito dos códigos e seus relacionamentos observados pelo analista enquanto codifica, guiando para a abstração ou idealização. Fazer memos é um processo constante que começa com a primeira codificação dos dados e continua através da leitura dos memos ou literatura, ordenando e escrevendo artigos". Os memos desenvolveram a categoria essencial no qual outras categorias interagem, onde esta categoria essencial integra a teoria de acordo com a perspectiva emergente da investigação e com isto definiu seus pontos de atalho. A categoria essencial tem firmado sua relevância se baseando na teoria emergente e de acordo com Glaser e Strauss (1978) "ela deve ser central, relacionada com outras categorias e suas propriedades devem sempre que possível ser relacionada para uma grande porção da variação de modelos do comportamento, isto deve ocorrer freqüentemente, ser completamente variável e ter umas implicações claras e compreensíveis para a teoria formal".

O método de comparações constantes terminou através do julgamento teórico dado pelo pesquisador quando ficou evidente a saturação dos temas (GLASER; STRAUSS, 1978). Isto ocorreu quando as categorias e os conceitos associados à informação recebida dos participantes não forneceu dados adicionais para a pesquisa e começaram a ser repetidas as informações levantadas das entrevistas. A figura 1 a seguir, sintetiza o modelo da *grounded theory* utilizado no presente trabalho.

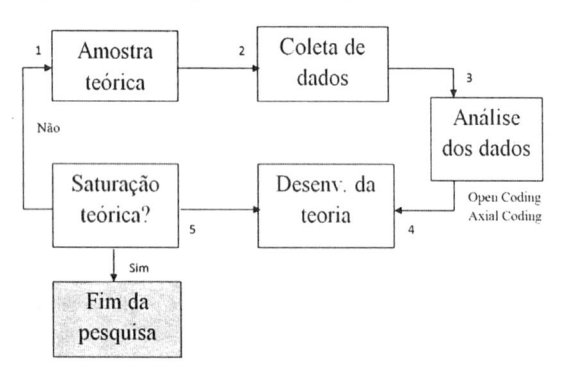

Figura 1 – Modelo da grounded theory
Fonte: *Pandit (1996)*

Algumas constatações e resultados

No presente contexto do trabalho aceita-se a idéia de que existem múltiplas realidades, não podendo se assegurar a descoberta de apenas uma.

A *grounded theory* habilitou a se ter uma interpretação de eventos derivados das perspectivas dos participantes que foi obtida através da codificação dos vários níveis derivando algumas categorias teóricas essenciais integradas dentro de uma estrutura teórica. Assim, conforme Strauss (1987), o pesquisador não foi a única possibilidade para a interpretação dos dados, mas permitiu que ele tivesse sua própria elaboração adicional e verificação. Isto é uma posição distinta tomada na pesquisa interpretativa, onde o pesquisador aceita a responsabilidade do seu papel interpretativo não acreditando que ele apenas registre ou forneça voz para os pontos de vistas das pessoas, grupos ou estudos organizacionais assumindo a responsabilidade de interpretar o que é observado, escutado e lido (STRAUSS; CORBIN, 1994). A teoria resultante possui várias características:

1ª) A teoria justifica a si mesma, providenciando considerações detalhadas e cuidadosas da área sobre investigação.

2ª) A teoria permitiu ao pesquisador estudar fenômenos sem ter a preocupação de colocá-los dentro de um modelo predeterminado de pesquisa.

3ª) A teoria ajudou ao pesquisador a entender o fenômeno sobre investigação, providenciando um sentido para o entendimento da área sobre estudo, ambos como uma base para discussão ou como um veículo para implementar mudanças.

4ª) A teoria resultante é uma interpretação feita da perspectiva adotada pelo pesquisador, não sendo a formulação de algum aspecto descoberto de uma realidade preexistente.

5ª) A teoria possui uma grande densidade conceitual nos termos do desenvolvimento de conceitos e relacionamentos, no qual se tem uma grande familiaridade com os dados associados que foram checados simultaneamente (STRAUSS; CORBIN, 1990).

6ª) Finalmente, a teoria guiou para um enriquecimento de teorias gerais viáveis e como elas podendo ser avaliadas na luz das questões extraídas, baseadas localmente na *Grounded Theory* (LYE; PERERA; RAHMAN, 1997).

Os dados analisados foram extraídos de entrevistas gravadas, bem como de análise de documentos e de observação participante, buscando-se a prática diária vivenciada pela enfermagem. A análise desses dados possibilitou a realização de vários agrupamentos, que resultaram em três fenômenos, com diversas categorias e subcategorias. Esses fenômenos oferecem uma compreensão da transformação do conhecimento tácito em conhecimento explícito da prática do trabalho diário, vivenciada pela enfermagem, dentro de um contexto que possui suas particularidades. Portanto, a apresentação dos resultados deste estudo foi feita de modo a permitir uma compreensão das experiências desses profissionais, a partir da identificação de três fenômenos que receberam as seguintes denominações: "*Utilizando as prescrições médicas como norma que guia todo o trabalho da enfermagem*", "*Sentindo dificuldades de controle dos prontuários*" e "*Sentindo falta de maiores informações e interligações para facilitar o trabalho da enfermagem*".

- Fenômeno 1 (F1): *Utilizando as prescrições médicas como norma que guia todo o trabalho da enfermagem.*

O fenômeno 1 mostra a situação da prática da enfermagem (prestação de cuidados), sempre de acordo com a prescrição médica, não tendo a liberdade de seguir seu próprio padrão. Pelos dados analisados, dentro deste contexto, cabe ao enfermeiro, apenas, obedecer a tudo o que os médicos prescrevem, não lhe sendo permitido fazer qualquer alteração sem consentimento. Não foi considerado nesse contexto um sistema de classificação para a área de enfermagem e para a área médica, cabendo aos médicos e enfermeiros classificar seus próprios diagnósticos, intervenções e resultados.

Os enfermeiros, apenas, seguem as rotinas preestabelecidas pelos médicos, não podendo desenvolver trabalho algum que seja de responsabilidade médica. Seu trabalho diário está associado à aplicação de medicação, cuidados de higiene, pedido de medicamentos, devolução de medicamentos, fornecimento de informações etc. Atualmente não existe nenhum sistema informatizado para a enfermagem, mas há um grande interesse nisso, para simplificar seu trabalho e facilitar suas práticas diárias, permitindo um controle mais rápido e mais fácil dos pacientes. A captação dos conhecimentos da área de enfermagem foi importante, permitindo constatar diversas necessidades, dentre as quais se destacam:

* melhoria da comunicação entre os enfermeiros e profissionais de outros setores, em virtude do entendimento da linguagem e do significado comum de suas atividades;
* compartilhamento das informações entre o setor de enfermagem e os demais setores do hospital;
* facilidade na organização do prontuário dos pacientes;
* melhor controle dos medicamentos;
* aumento dos conhecimentos e entendimento das rotinas médicas.

Vale ressaltar que, para se entender o contexto vivenciado pela enfermagem, tornou-se necessária a análise de suas atividades, através de depoimentos e observação de suas práticas no dia-a-dia. Foram várias as dificuldades para se entender suas reais necessidades, sendo exigida muita participação a fim de se captar os conhecimentos necessários à realização deste trabalho.

São apresentadas as principais categorias encontradas durante a análise dos dados que geraram o fenômeno 1, bem como as suas subcategorias. A figura 2 representa o modelo teórico do fenômeno 1.

A1 - Seguindo informações contidas nas prescrições médicas. Esta categoria mostra uma grande preocupação com as prescrições médicas, por parte da enfermagem, pois as informações nelas contidas geram a maioria do seu trabalho, sendo subdividida nas subcategorias:

A1.1 - Sentindo dificuldades quanto ao horário da prescrição.
A1.2 - Repetindo a prescrição.
A1.3 - Entendendo as prescrições.
A1.4 - Seguindo as prescrições.
A1.5 - Consultando médicos sobre medicação.

A2 - Controlando medicamentos. Esta categoria está relacionada com o trabalho da enfermagem em controlar os medicamentos e aplicá-los aos pacientes, demonstrando uma grande preocupação com essa atividade, sendo subdividida nas subcategorias:

A2.1 - Solicitando medicamentos à farmácia.
A2.2 - Devolvendo medicamentos.
A2.3 - Controlando o horário da medicação dos pacientes.

A2.4 - Sentindo necessidade de informações sobre mudança de medicamentos.
A2.5 - Sentindo necessidade de conhecer os medicamentos.

A3 - Fazendo a evolução dos pacientes. Esta categoria está relacionada com o trabalho da enfermagem, na realização da evolução dos pacientes, sendo subdividida nas subcategorias:

A3.1 - Descrevendo a evolução do estado do paciente.
A3.2 – Acompanhando a evolução do paciente.

A4 - Controlando exames dos pacientes. Esta categoria explica o controle da nfermagem sobre os exames dos pacientes realizados dentro e fora do hospital, sendo subdividida nas subcategorias:

A4.1 – Controlando a marcação dos exames.
A4.2 – Controlando os resultados dos exames.

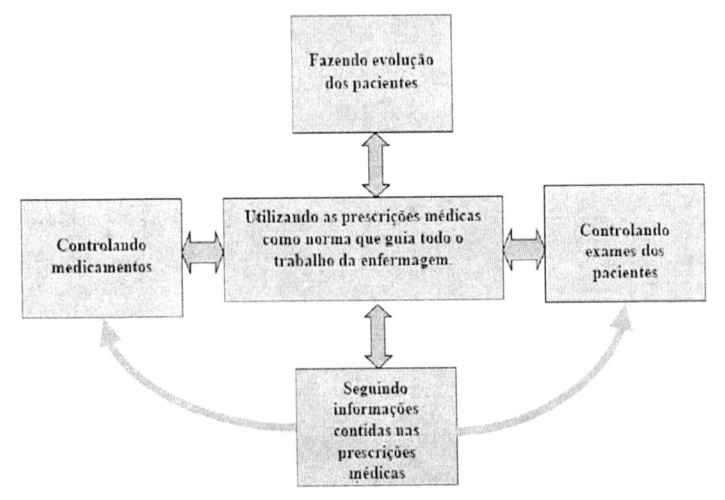

Figura 2 - Modelo teórico do fenômeno 1: utilizando as prescrições médicas como norma que guia todo o trabalho da enfermagem
Fonte: Ximenes (2003, p.85)

- **Fenômeno 2 (F2):** *Sentindo dificuldades de controle dos prontuários.*

A principal categoria identificada no fenômeno 2 foi **fazendo rotinas manuais**, o que explica a dificuldade em controlar as informações dos prontuários dos pacientes. Esta categoria está subdividida nas seguintes subcategorias:

> B1.1 – *Acessando as informações do paciente no prontuário.*
> B1.2 – *Sabendo as informações sobre o estado da evolução do paciente.*
> B1.3 – *Sentindo a necessidade de visualizar mais facilmente os exames dos pacientes.*
> B1.4 – *Sentindo a necessidade de um sistema de prontuário informatizado.*

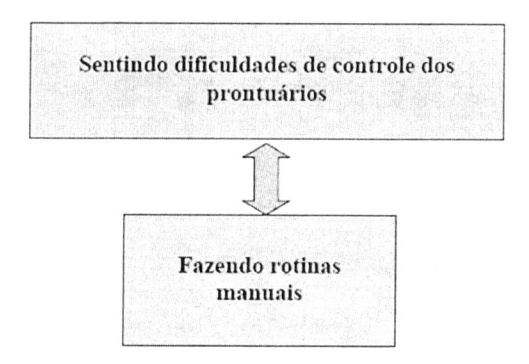

Figura 3 - Modelo teórico do fenômeno 2: Sentindo dificuldades de controle dos prontuários
Fonte: Ximenes (2003, p.90)

- **Fenômeno 3 (F3):** *Sentindo falta de maiores informações e interligações para facilitar o trabalho da enfermagem.*

O fenômeno 3 mostra as dificuldades geradas pela falta de maiores informações, entre os setores que, de forma direta ou indireta, estão interagindo com a área de enfermagem. Essa falta de compartilhamento faz com que a enfermagem absorva uma maior carga de trabalho, pois, além da preocupação com os cuidados dos pacientes, há uma preocupação em transmitir informações precisas, necessárias ao bom funcionamento das rotinas executadas pelo hospital. Sempre foi argumentado pelos profissionais da enfermagem que seria de fundamental importância uma divulgação das informações, entre os outros setores, de modo a se poder obtê-las, facilmente, em locais diferentes. Tais informações podem ser muito variadas, desde o andamento de exames, localização dos médicos, recados para os mesmos etc, assim como, notícias sobre o estado de saúde dos pacientes. Concentrando-se todas na área de enfermagem, pode-se, às vezes, transmiti-las erroneamente, pois existem poucas pessoas trabalhando em relação à grande quantidade de informações a serem dadas. E como nem sempre elas se referem aos pacientes, não constam dos prontuários, ocorrendo dúvidas quanto ao que se deve informar. Desse modo, a enfermagem acha necessário um compartilhamento de conhecimento entre os funcionários do hospital, o que lhe facilitaria e aos visitantes informações precisas e mais rápidas, solucionando-se problemas e realizando-se as rotinas hospitalares de modo mais eficaz. A figura 4 representa o modelo teórico do fenômeno 3.

As principais categorias encontradas, que geraram o fenômeno 3, são abaixo destacadas:

C1 - Integrando com a recepção. Esta categoria explica as dificuldades encontradas pela falta de uma interligação com a recepção, o que sobrecarrega a enfermagem, tornando-a responsável pelo fornecimento de todas as informações. As subcategorias que formaram a categoria C1 são:

C1.1 – Informando à recepção sobre a alta dos pacientes.
C1.2 – Sentindo falta de informações para as recepcionistas.

C2 - Assumindo o plantão. Esta categoria explica a necessidade de se obter maiores informações, quando se assume o plantão, para oferecer um atendimento melhor e mais preciso aos pacientes. As subcategorias que formaram a categoria C2 são:

C2.1 – Verificando prontuários dos pacientes quando assumem o plantão.
C2.2 - Sentindo falta de informações quanto às modificações dos pacientes.

C3 - Controlando os acompanhantes. Um fato interessante, encontrado neste contexto, foi o de que a enfermagem está incumbida de controlar os acompanhantes dos pacientes. Embora tenha sido argumentado que isso não deveria ser uma função da enfermagem, é ela que tem que fazer todo esse controle. Esta categoria explica como isso ocorre. As subcategorias que formaram a categoria C3 são:

C3.1 - Sentindo dificuldades em controlar os acompanhantes.
C3.2 - Obtendo informações dos acompanhantes.

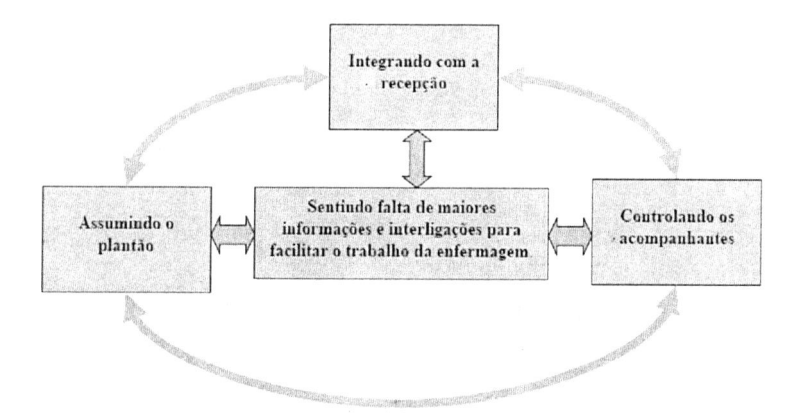

Figura 4 - Modelo teórico do fenômeno 3: sentindo falta de maiores informações e interligações para facilitar o trabalho da enfermagem.
Fonte: Ximenes (2003, p.99)

Analisando os três fenômenos obtidos neste estudo, *"Utilizando as prescrições médicas como norma que guia todo o trabalho da enfermagem"*, *"Sentindo dificuldades de controle dos prontuários"* e *"Sentindo falta de maiores informações e interligações para facilitar o trabalho da enfermagem"*, procurou-se entender como ocorre o trabalho, dentro do contexto em que aconteceu este estudo, a fim de se fornecer uma contribuição ao desenvolvimento de um sistema de informação.

Os fenômenos e suas respectivas categorias foram reunidos e analisados, teoricamente, conforme o modelo de paradigma de Strauss e Corbin (1990). Para isso, foi necessário muita reflexão, não permitindo rapidez no processo e exigindo uma análise mais profunda, para se verificar e compreender as atividades da enfermagem no seu dia-a-dia,. Do pesquisador, foi necessária uma grande participação e muita vivência, dentro do contexto, para se estabelecer ligações e relações mútuas e se identificar a categoria central que é a finalidade deste processo.

A categoria central, que reúne as outras categorias, é representada pelo processo *"Entendendo o trabalho da enfermagem baseado na sua prática diária"*. Este processo possui duas dimensões: a formal ou explícita e a informal ou tácita. A dimensão formal está representada na forma da organização do trabalho da enfermagem, que tem que seguir processos padronizados; enquanto que a dimensão tácita está diretamente relacionada às práticas executadas pela enfermagem, onde se utilizam conhecimentos não escritos nos prontuários, não existindo, portanto, uma padronização prévia.

O fenômeno 1, representado por *"Utilizando as prescrições médicas como norma que guia todo o trabalho da enfermagem"*, mostra que a função da enfermagem será definida pelas informações contidas nessas prescrições, tendo a obrigação de segui-las e fazer um acompanhamento baseado nas mesmas. A categoria, *"Seguindo informações contidas nas prescrições médicas"*, inicia outras tarefas, que são dependentes dela, mas que também possuem suas particularidades; por isso, não foram classificadas como uma subcategoria. Elas são iniciadas através das prescrições, como, por exemplo, a categoria, *"Controlando medicamentos"*, é iniciada quando os médicos solicitam medicamentos; mas existem subcategorias, como, *"Sentindo necessidade de conhecer os medicamentos"*, que não está relacionada às prescrições e, sim, à preocupação da enfermagem em conhecer os medicamentos, possibilitando uma maior confiança com relação a sua utilização.

O fenômeno 2, representado por *"Sentindo dificuldades de controle dos prontuários"*, mostra a enfermagem preocupada com o manuseio das informações contidas nos mesmos. Pelo grande acúmulo de papel e pela necessidade de se obter informações contidas nos prontuários, a enfermagem sempre procura uma forma mais fácil de poder acessá-los e prestar um serviço mais rápido e mais eficiente para os médicos, como para os pacientes. A principal e única categoria, representada por *"Fazendo rotinas manuais"*, demonstra haver uma grande perda de tempo, em se obter informações, por se tratar de um sistema manual. A enfermagem acredita que um sistema informatizado resolveria todos os problemas, com relação à busca de informações, sendo isso representado pela subcategoria *"Sentindo a necessidade de um sistema de prontuário informatizado"*.

O fenômeno 3, representado por *"Sentindo falta de maiores informações e interligações para facilitar o trabalho da enfermagem"*, demonstra a preocupação do acúmulo de tarefas executadas, que poderiam ser distribuídas entre outros setores, e também a preocupação em se obter informações que possam facilitar as suas próprias tarefas. A subcategoria, *"Controlando os acompanhantes"*, é um exemplo de que a enfermagem é utilizada para executar tarefas que não deveriam ser atribuições suas, tendo com isso um acúmulo de trabalho não voltado para os cuidados aos pacientes.

A categoria central representa a união dos três fenômenos, retratando a vivência dos enfermeiros nas suas práticas diárias. Estes fenômenos podem possuir categorias ou subcategorias que podem estar relacionadas, pelo fato de oferecerem informações umas às outras, mas não tendo, necessariamente, uma coexistência. Os dados levantados nesta etapa serão analisados, posteriormente, fornecendo subsídios que contribuam para um futuro sistema de informação. A figura 5 representa a categoria central.

Será feito um esforço a fim de compreender o processo, *"Entendendo o trabalho da enfermagem baseado na sua prática diária"* e, depois, propor algumas implicações para um sistema de informação. No final, será apresentado o modelo geral, mostrando o resultado desta pesquisa, onde se buscou entender o trabalho dentro do seu contexto. E, para conseguir visualizar os fenômenos apresentados pela enfermagem, procurou-se compreender como eles reagiram em relação ao fenômeno central. Para o entendimento deste processo, fez-se anotações de tudo que era considerado importante; as entrevistas foram interpretadas e tentou-se analisar a situação vivenciada pela enfermagem, de forma que representasse sua realidade e respectivas situações.

Os dados que permitem perceber a experiência vivenciada pela enfermagem, e cujo levantamento foi obtido anteriormente, serão interpretados para se poder construir o processo do seu entendimento. Neste estudo, a categoria central, "*Entendendo o trabalho da enfermagem baseado na sua prática diária*", é explicada como um processo de ação a partir da definição e interpretação de duas categorias:

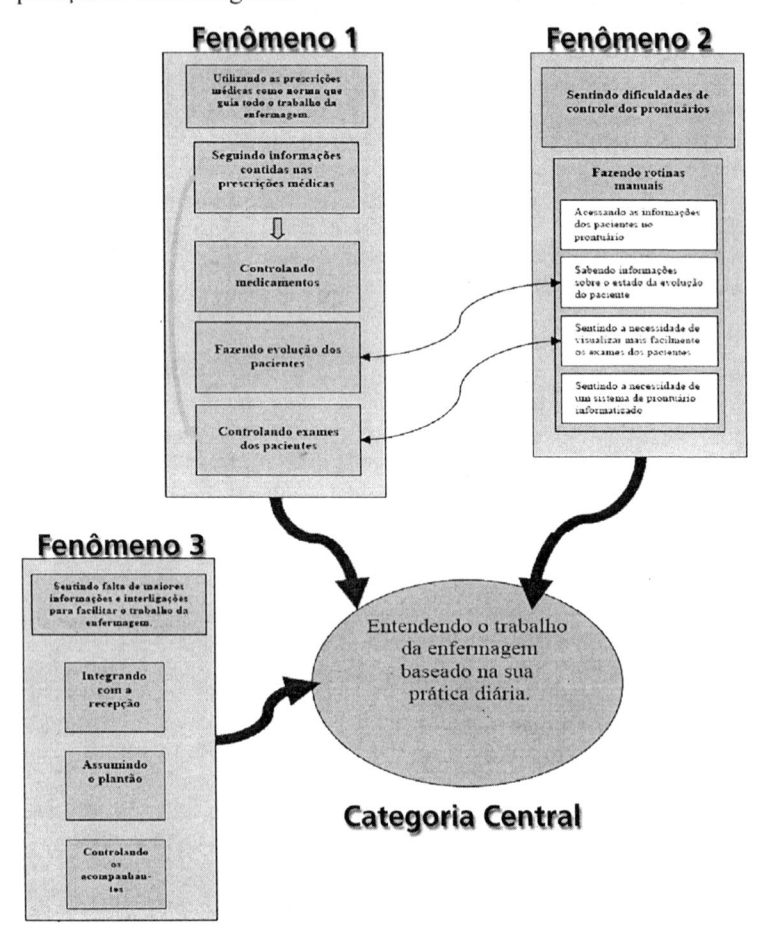

Figura 5 - Modelo teórico da categoria central: entendendo o trabalho da enfermagem baseado na sua prática diária
Fonte: Ximenes (2003, p.102)

- **A situação organizacional.** A enfermagem, dentro do contexto estudado, analisando seu trabalho e fornecendo a visão da realidade social, fornece diversas interpretações para as suas ações. Dessa forma, a organização como realidade social, começa pelas ações dos enfermeiros, a partir do momento em que constroem sua realidade organizacional, por intermédio de processos de poder e intervenções simbólicas manipuladas.

- **A dimensão do conhecimento tácito/explícito.** Na organização hospitalar, a enfermagem assume muitas atribuições que demandam um conhecimento complexo. Muitos desses conhecimentos podem ser de fácil percepção, sendo representados pelos conhecimentos explícitos; enquanto outros são depreendidos das rotinas e da sua prática diária. O conhecimento diz respeito ao significado, sendo relacional e específico ao contexto. (NONAKA; TAKEUCHI, 1997). Ele está relacionado à execução de tarefas a associado ao processamento de informações, necessárias ao fornecimento dos cuidados aos pacientes, como, também, à resolução de tarefas burocráticas que a enfermagem realiza. São gerados pela enfermagem, dentro do seu contexto, pois os enfermeiros são pessoas e possuem uma visão da realidade para o ambiente em que estão inseridos; por isso, seus conhecimentos estão intimamente relacionados com as suas ações. Em outros contextos, estes conhecimentos serão diferentes. A busca pelos conhecimentos tem por finalidade melhor fornecer subsídios para um sistema de informação, que possa, realmente, dar conta das práticas da enfermagem, possibilitando uma maior interação entre pessoas e sistemas. Esse processo da busca de informações, junto à enfermagem, permite diminuir um pouco a complexidade dessa área. Pois, de acordo com Rodrigues Filho (2001), o fato de não se ter uma participação da enfermagem, nos sistemas de informação, afasta o entendimento de suas tarefas, gerando sistemas que não sejam adequados à sua realidade.

Conforme os dados apresentados nos relatos das pessoas envolvidas, sabe-se que a enfermagem, apenas, segue o que está contido nas prescrições médicas, ou seja, as informações nelas contidas são as regras que devem ser seguidas, não podendo, jamais, ser alteradas pela enfermagem sem o consentimento do médico. Pela grande ênfase dada à prescrição, vê-se, inicialmente, a preocupação em segui-la. Por isso, existe uma dificuldade com relação aos horários das prescrições, pois os médicos têm total liberdade para prescrever, quando lhes for conveniente, gerando uma expectativa com relação ao seu horário, pois é de acordo com essas instruções que a enfermagem poderá organizar suas tarefas.

Razão pela qual é de fundamental importância o entendimento das prescrições que poderão interferir, diretamente, nos cuidados prestados aos pacientes. Assim, a enfermagem procura sempre entendê-las, porque não pode haver dúvidas, e, caso existam, os médicos devem sempre ser consultados para dar maiores explicações. Para essas prescrições, existe um formulário padrão do hospital, mas não existe uma padronização para o seu preenchimento. Cada médico tem a liberdade de fazê-las a sua maneira e isso suscita uma preocupação em se conhecer as rotinas dos mesmos, pois, como a função da enfermagem é seguir o que está escrito, qualquer intervenção diferente da especificada pelo médico, e, caso haja algum problema com o paciente, a enfermagem será responsabilizada.

Como o processo se inicia a partir das prescrições, a tarefa da enfermagem é apenas solicitar os medicamentos indicados e controlar a aplicação dos mesmos nos horários determinados. Pelo número reduzido de pessoas e pela constante necessidade da realização dessa tarefa, a enfermagem mostrou-se interessada em algo que facilitasse a obtenção das informações nelas contidas. Também, mostrou-se apreensiva com relação ao seu controle, pois, como o sistema é manual, deve-se verificar todos os prontuários para se saber quais medicações serão requisitadas e o horário em que serão administradas. Como existem muitos prontuários, argumenta-se muita perda de tempo para se obter as informações necessárias, diante do grande volume de papel, o que dificulta esse controle. Conforme dados apresentados em tópicos anteriores, a enfermagem tem apenas liberdade de requisitar medicamentos para efetuar os curativos nos pacientes. Nesse caso, dependendo da sua percepção, quanto ao estado de cada pessoa, é feita a escolha que seja melhor para os pacientes.

Muitas informações são requeridas para que a enfermagem tenha controle dos medicamentos e possa realizá-lo bem. Nota-se uma preocupação na obtenção de todos os dados, pois os pacientes poderão ser prejudicados em caso de algum esquecimento ou de erros quanto à administração dos medicamentos.

Seguindo a figura 6, outra rotina iniciada a partir das prescrições médicas é o controle dos exames, que têm particularidades, com relação a sua realização. Sabe-se que a enfermagem se preocupa em controlar a efetivação dos exames como, também, o recebimento dos seus resultados, sendo requerido muito tempo para se poder obtê-los. Conforme relatos mostrados em itens anteriores, é a enfermagem que faz a parte burocrática dos exames e, com isso, menos tempo é disponibilizado para o atendimento aos pacientes.

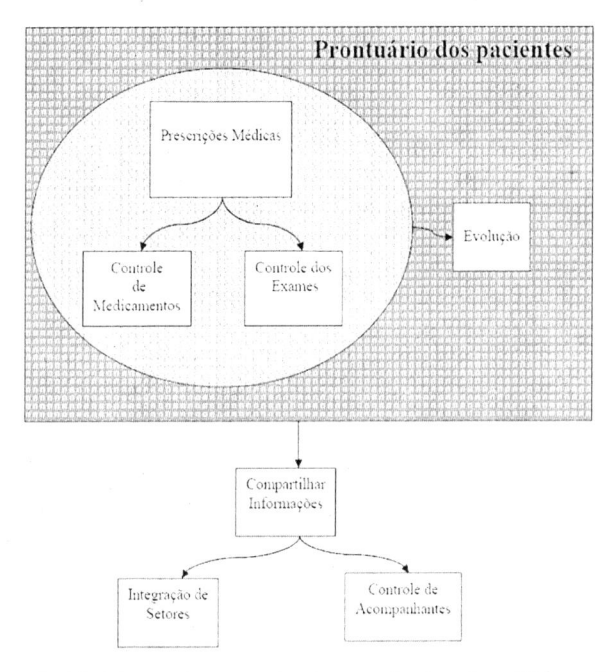

Figura 6 - Modelo geral representando os conhecimentos obtidos sobre o contexto no qual a pesquisa foi conduzida
Fonte: Ximenes (2003, p.115)

A enfermagem gasta um tempo maior nas tarefas que são geradas pelas prescrições, isto é, no controle dos medicamentos e dos exames. Dentro dessa perspectiva, não se dá a devida atenção à evolução dos pacientes, que deveria estar bem documentada nos prontuários. Conforme os dados apresentados não há uma padronização para a evolução, ficando a critério da enfermagem, colocar o que acha mais importante para aquela situação; com isso, é possível ter muitas informações ou ter poucas.

Como a evolução representa o histórico dos pacientes e, através dela, pode-se verificar se ele está melhorando ou piorando, deveria ser dada uma maior atenção às informações mostradas no prontuário quanto à mesma. A enfermagem demonstra preocupação com essas informações, mas argumenta que não é dada a devida atenção aos dados observados, pela falta de tempo de escrevê-los, pois as outras tarefas consomem muito mais tempo do que deveria, em detrimento da descrição das evoluções.

Explicados os quatro processos da figura 6 - "Prescrições médicas", "Controle de medicamentos", "Controle dos exames" e "Evolução" - que representam os prontuários dos pacientes, informando sobre o seu estado de saúde e suas alterações, está demonstrada, como sendo outra preocupação da enfermagem, a necessidade de compartilhamento de informações dos seus trabalhos diários, com a finalidade de fornecer um melhor cuidado aos pacientes para sua recuperação.

A falta de integração dos setores proporciona um aumento da carga de tarefas sobre a enfermagem, que tem de interromper os cuidados com os pacientes para atender pessoas que pedem as mais diversas informações. O problema poderia ser resolvido com o compartilhamento de informações: os outros setores assumiriam as tarefas que não são próprias da enfermagem, ajudando a descentralizar as informações, podendo o trabalho da enfermagem ser voltado aos pacientes e não à solução de problemas burocráticos.

Na apresentação dos dados, que mostram a enfermagem com a responsabilidade de controlar os acompanhantes, é identificada mais uma tarefa que poderia ser realizada por outros, mas que foi assimilada por esses profissionais, acarretando-lhes uma perda de tempo. Isso gera um desconforto entre os mesmos, pois existe uma idéia de que eles deveriam ser responsáveis, apenas, pelos pacientes, podendo assim, lhes prestar um melhor serviço. A enfermagem, conforme mostrado, está sobrecarregada de tarefas que lhe são destinadas, mas não tem muitas ferramentas que facilitem esses trabalhos. Para essa área, existe a possibilidade de um sistema de informação, que servirá de suporte para solução de todos os seus problemas e facilitará seus trabalhos, oferecendo subsídios para se empregar mais tempo com os pacientes.

E, com o intuito de analisar como um sistema de informação poderia ajudar, fornecendo uma realidade aproximada de suas atividades diárias, no próximo item será feita a análise dos dados, voltada para as implicações de um sistema de informação, considerando-se as dificuldades e as necessidades do contexto estudado, o que facultará a existência de um sistema fácil e que possa realmente se adequar ao mesmo.

Implicações para um sistema de informação

Após a análise do modelo central, percebemos que, para um SIE adequar-se às reais necessidades do conjunto estudado, não é necessário existir um sistema de classificação, em enfermagem, que contemple todos os cuidados. O desenho de SIE para este contexto, no tocante às prescrições, deve levar em consideração as informações médicas e não as da enfermagem.

Embora seja possível encontrar literatura mostrando que existe, em muitos locais, a preocupação do detalhamento das informações a respeito dos cuidados prestados pela enfermagem (GORDON, 1990), isso não foi verificado para este contexto. Através de relatos feitos pela enfermagem, um sistema de informação que necessitasse de mais informações do que as apresentadas por esses profissionais tenderia a não ser usado. E, caso fosse adotado algum sistema no qual se necessitasse procurar dados precisos, dependendo das informações dos médicos, provavelmente isso não seria fornecido, pois não existe uma interligação, entre as duas áreas, pelo fato dos médicos acharem que a enfermagem não tem condições de fazer nenhum tipo de diagnóstico, pois a sua função é apenas seguir os diagnósticos médicos.

A enfermagem necessita de um sistema de informações que facilite suas tarefas, permitindo-lhe mais tempo junto aos pacientes. Por isso, um sistema de informações deveria ajudá-la na realização das tarefas apresentadas na figura 6 Contemplando essas tarefas, este seria um sistema adequado ao contexto estudado.

Seguindo a figura 6, para as prescrições médicas, o sistema de informação receberia os dados fornecidos pelos médicos, incluindo-se as medicações, seus horários, dosagens, via de aplicação e as observações que fossem necessárias. Aí, estariam incluídos, também, os exames a ser realizados para cada paciente em especial. Essas informações constituiriam a base de funcionamento de um SIE, visto que, através delas, se inicia a maioria das rotinas executadas pela enfermagem. O controle manual se tornaria desnecessário, porque o sistema disponibilizaria todas as informações dos pacientes de forma fácil e mais rápida. Com as prescrições lançadas no SIE, a preocupação dos enfermeiros, no entendimento dos mesmos, acabaria, pois as informações seriam sempre claras, necessitando-se, apenas, seguir os procedimentos adotados para a execução dos cuidados aos pacientes.

A inclusão dos dados, acima, permitiria à enfermagem ter um controle dos medicamentos, mais facilmente, porque o sistema seria responsável pela informação sobre as medicações e seus respectivos horários, precisando-se, somente, da visualização dessas informações agrupadas; pois, poderiam ser obtidas informações por pacientes, por horários e por outras combinações apropriadas à enfermagem.

A necessidade de verificar todos os prontuários, para tomar conhecimento dos medicamentos, acabaria; não seria preciso interromper os cuidados com os pacientes, para fazer uma lista das medicações, conforme mostrado anteriormente, sendo, apenas, necessário solicitar ao SIE o fornecimento da mesma.

A preocupação com a mudança de medicamentos acabaria, pois, o sistema controlaria essa mudança. Com isso, não seria necessário documentar-se, porque automaticamente as informações seriam armazenadas, tornando desnecessário esse controle que ocasiona, também, perda de tempo.

Não existiriam consultas constantes aos médicos, visto que a indicação da medicação já estaria disponível no sistema, com seu horário e suas dosagens. Provavelmente, outras informações não seriam necessárias, e, caso existisse alguma dúvida, poderiam ser solicitadas instruções adicionais.

Como os exames solicitados também seriam lançados através da prescrição, a enfermagem, apenas, informaria a situação dos mesmos, indicando se foram realizados ou se ainda faltariam seus resultados, o que facilitaria seu controle e visualização, permitindo-se, em poucos segundos, uma posição a respeito deles, prestando-se, também, para consulta dos médicos. Isso seria bastante útil, porque seria possível fazer comparações de todos os exames realizados pelos pacientes e não, apenas, dos dois últimos, conforme foi dito na apresentação dos dados.

Como a enfermagem perderia menos tempo, na realização das tarefas mostradas anteriormente, poderia dedicar mais atenção à evolução dos pacientes, que, no SIE, possuiria um módulo para sua descrição, havendo a possibilidade de ser acompanhada pelos médicos que não precisariam recorrer a um ou mais papéis para obter essas informações: todas estariam disponíveis no sistema de forma fácil. Inclusive as pastas abertas para os pacientes, que acumulavam muitos documentos em seus prontuários, não seriam mais utilizadas. Esse controle do prontuário forneceria tanto informações à enfermagem, como aos médicos. A proposta do SIE para a enfermagem seria oferecer informações precisas e rápidas para a execução das suas tarefas, de forma que perdesse menos tempo, podendo dedicar-se mais aos pacientes.

O SIE resolveria as dificuldades apresentadas, com relação ao controle dos prontuários, que tanto afligem a enfermagem, oferecendo-lhe o acesso às informações dos pacientes, dando-lhe uma visão global da evolução dos mesmos, sem a necessidade de se recorrer aos papéis. Ele deve ser adequado ao contexto vivenciado pela enfermagem, conforme a realização de suas tarefas, onde não se utiliza, apenas, rotinas manuais. Estas rotinas, na visão desses profissionais dificultam seu trabalho. E, com o propósito de facilitar a realização das tarefas, o compartilhamento de informações seria de fundamental importância: não somente de informações confidenciais para conhecimento dos médicos ou da enfermagem, mas de informações básicas para acesso de outros setores e fornecimentos a terceiros sem ter que recorrer à enfermagem. Isso a isentaria do controle dos acompanhantes, cabendo-lhe somente monitorar as pessoas que estariam dentro da enfermaria. A partir deste sistema, a enfermagem poderá analisar os pacientes com mais profundidade e cuidado e observar detalhes antes não vislumbrados, possibilitando-lhes, talvez, um tratamento mais adequado.

Parece bastante simples, para um SIE, esse tipo de controle. Caso outras funções fossem requeridas e disponibilizadas, o que exigiria um maior aprofundamento da enfermagem, provavelmente, o sistema não teria aceitação, com o argumento de que estaria tomando mais tempo que efetivamente ajudando, motivo para um mau uso e obtenção de informações imprecisas.

Considerações finais

Este estudo mostrou a preocupação da enfermagem em ter um controle de suas tarefas, apontando uma visão de sistema de informação, como um sistema que resolveria todos os seus problemas. Pelo fato dos trabalhos serem manuais, muito tempo é perdido na realização das tarefas, em detrimento dos cuidados com os pacientes. A maior preocupação da enfermagem era, apenas, ter suas tarefas manuais realizadas através de um sistema computadorizado. Logo, se um SIE fosse parecido com o sistema manual, sua aceitação seria maior, porque permitiria a realização das tarefas de forma simples, substituindo-se o controle manual por um controle que permitisse obter as informações de forma rápida e fácil.

A enfermagem é sobrecarregada de tarefas burocráticas, que foram assimiladas através dos tempos, e que não deveriam ser de sua responsabilidade. Mas, por as terem assimilado, um SIE deve facilitar as suas realizações, visando uma maior integração e um maior controle das mesmas, com o intuito de liberar a enfermagem para sua tarefa principal: os cuidados com os pacientes.

Um SIE desenhado, através das experiências mostradas no dia-a-dia desse contexto, tem uma maior possibilidade de se adequar às reais necessidades dos usuários. Este trabalho buscou mostrar um pouco da prática da enfermagem, analisando e valorizando seus conhecimentos que, por outras metodologias, não poderiam ser abordadas. Também, tentou mostrar a realidade vivenciada pela enfermagem, indicando como deveria ser um SIE que se adequasse às tarefas necessárias para essa área, num hospital privado, onde existem particularidades determinadas por fatores sociais e culturais, que interagem entre si, possibilitando o entendimento de suas tarefas.

Por outro lado, as implicações deste estudo para a pesquisa parecem ser múltiplas, principalmente, para a enfermagem e a área de sistemas de informação. Espera-se que esta investigação, sob o enfoque metodológico da *grounded theory*, possa contribuir para a mudança na maneira de se realizar pesquisas em sistemas de informação, como, também, para perceber o enfoque dado a um SIE, que representa o estudo de uma área complexa, não correspondendo à teoria apresentada a outros contextos, os quais possuem uma forma mais ampla de abordar essa complexidade.

Por fim, convém salientar que este estudo não pretende se esgotar aqui. Ao contrário, tem-se a expectativa de que os resultados encontrados e as conclusões a que se chegou, sejam vistos como um ponto de partida para compreender o quanto é importante considerar a prática de enfermagem para o desenvolvimento de um sistema de informação computadorizado.

Referências

ACKERMAN, M. *Definitional and contextual issues in organization and group memories.* **Information Technology and people**, 9(1). P. 10-24. 1997.

BJERKNES, G.; EHN, P. ; KYNG, M. **Computers and Democracy – A Scandinavian Challenge**. Avebury, Aldershot. 1987.

BLOIS, M.S. What is it that computer compute? **Clinical Computing**, Vol.4, p. 31-33. 1987.

BLUM, B.L. **Clinical information systems**. New York, NY:Springer. 1986.

BLUMER, H. **Symbolic interacionism: perspective and method**. Berkeley: *University of California*. 1969.

CARMEL, E.; WHITAKER, R.D.; GEORGE,J.F. *PD and joint application design : A transatlantic comparison.* **Communications of the ACM**, 1993.

CHECKLAND, P. B. *Model validation in Soft Systems Pratice.* **Systems Research**, Vol. 12 No 1, p. 47-54. 1995.

CLEMENT, A.; VAN DEN BESSELAAR, P. A *Restrospective look at PD projects.* **Communications of the ACM**. 1993.

COAD, P.; YOURDON, E. **Object Oriented Analysis**, Yourdon Press, New York.1990.

DEMARCO, T. **Structural Analysis and system Specification**, Yourdon, New York. 1978.

EHN, P. *Speech at conference on Participatory Design*, **PDC'90**. Seattle, Wash., *Authors notes*. 1993.

GANE, C.; SARSON, T. **Structured System Analysis: tools and techniques**, IST, New York. 1977.

GLASER, B.G.; STRAUSS, A.L. *The Discovery of Grounded Theory: Strategies for Qualitative Research*. Aldine Publishing Company, New York, NY, 1967.

GORDON, M. Toward theory-based diagnostic categories. *Nursing Diagnosis*, Vol. 1. p. 3-9. 1990.

GRAVES,J.R.; CORCORAN, S. An overview of nursing informatics. *Journal of Nursing Scholarship*, Vol.21 p.227-231. 1989.

GROBE, S..J.; EPPING, P. J. M. M.; GOOSSEN, W. Nursing Information Systems. *Handbook of medical Informatics*. Houten. The Netherlands. p. 219-232.1997.

HIRSCHHEIM, R; IIVARI, J; KLEIN, H.K. A Comparison of Five Alternative Approaches to ISD. *Foundations of Information Systems*. hhtp://www.cba.uh.edu/~parks/fis/sad5.html. 1998.

HIRSCHHEIM,R; KLEIN, H.K.; LYYTINEN, K. *Information Systems Development and data Modeling; Conceptual and Philosophical Foundations*. Cambridge University Press, Cambridge. 1995.

HIRSCHHEIM, R.; KLEIN, H.K. Realizing emancipatory principles in information systems development: the case for ETHICS. *MIS Quartely*, Vol. 18. No 1. March, p.83-109. 1995.

KORAC-BOISVERT, N.; KOUZMIN, A. Transcending soft-core disasters in public sector organizations. *Information Infraestructure and policy*. Vol 4. p. 131-161. 1995.

LEONARD-BARTON, D.A. "A Dual Methodology for Case Studies: Synergistic Use of a Longitudinal Single Site with Replicated Multiple Sites," *Organization Science*, Vol. 3. August. p. 248-266. 1990.

LEWIS, P. *Information Systems Development*, Pitman, London. 1994.

LYYTINEN, K. Stakeholders, IS failures and SSM: an assessment, *Journal of Applied Systems Analysis*, vol. 15, p. 61-81. 1988.

MARIN, H.F. **Informática em enfermagem.** São Paulo: EPU, 1995.

MARTIN, J. *Information Engineering* Vols. 1 ,2 3, Savant, Camforth, UK.1986.

MCCORMICK, Kathleen A; JONES, Cheryl B. *Is one taxonomy needed for healthcare vocabularies and classifications ? Online Journal of Issues in Nursing.* Sept. 1998. http://www.nursingworld.org/ojin/tpc7_2

MORGAN, G. *An Afterword: Is There Anything More to be Said About Metaphor.* Sage, London, 1996.

NONAKA, I., TAKEUCHI, H. **Criação de conhecimento na empresa**: como as empresas japonesas geram a dinâmica da inovação. Rio de Janeiro: Campus, 1997.

ORLIKOWSKI, W.J. *CASE Tools as Organizational Change: Investigating Incremental and Radical Changes in System development.* **Management Information Systems Quartely.** Vol 17. No 3, p.398-427. 1993.

PETTIGREW, A. M. *"Longitudinal Field Research on Change: Theory and Pratice",* **Organization Science,** Vol. (1:3), August, pp. 267-292, 1990.

RODRIGUES FILHO, J. *The complexity of development a nursing information system:a Brazilian experience.* **Computing in Nursing**, vol. 19. No 3. P.98-104. 2001.

SAUER, C. **Why Information systems fail, a case study approach,** Waller, Henley on Thames. 1993.

STENMARK, Dick. *Turning tacit knowledge tangible.* **International Conference on System Sciences** – HICSS33, 2000.

STRAUSS, A. **Qualitative analysis for social scientists.** New York: Cambridge University Press. 1987.

STRAUSS, A., CORBIN, J. **Grounded theory methodology: An overview.** *In*: N.K. Denzin; Y.S. Lincoln (Eds.), Handbook of Qualitative Research, Thousand Oaks, California: Sage Publications.1994.

STRAUSS, A.; CORBIN, J. **Basics of qualitative research: Grounded theory procedures and techniques**. Newbury Park, California: Sage Publications. 1990.

TRAUTH, EILEEN M. *Qualitative Research in IS: Issues and Trends.* Northeastem University, USA. Idea Group Publishing, 2000.

WELLS, K. *The strategy of grounded theory: possibilities and problems. Social Work Research.* Vol. 19. Issue 1 p33. 1995.

XIMENES, A. F. Buscando compreender a prática de enfermagem através da *grounded theory* – uma contribuição para o desenvolvimento de um sistema de informação. **Recife, 2003. (Dissertação de Mestrado. Universidade Federal de Pernambuco).**

Capítulo 10

Participação dos Usuários no Desenvolvimento de Sistemas de Informação: Uma Reflexão sob a Óptica Positivista e Interpretativista

Rodrigo Cesar Reis de Oliveira
Mônica Ximenes Carneiro da Cunha
Marcílio Ferreira de Souza Júnior
Décio Fonseca

Resumo

É cada vez mais evidente o fato do desenvolvimento de sistemas de informação procurar considerar o contexto sócio-organizacional. O sucesso de um sistema depende sensivelmente do quanto os requisitos dos usuários são satisfeitos, derivados ou limitados por esse contexto. Este trabalho busca identificar os aspectos relevantes de dois diferentes tipos de abordagens na construção de sistemas de informação: positivista e interpretativista. A partir de tais perspectivas, lança o olhar para as atividades relacionadas à gestão de requisitos, que representam papel fundamental no processo de construção de um sistema, especialmente por constituírem o alicerce para as fases subseqüentes do processo de desenvolvimento. Para ilustrar cada tipo de abordagem, são apresentadas suas respectivas características, sempre com ênfase na importância da participação do usuário no processo de desenvolvimento dos sistemas. Ao final é apresentada uma análise dos pontos mais importantes de cada abordagem à luz das contribuições dos usuários.

Palavras-chave: Sistemas de informação. Desenvolvimento. Participação de usuários.

Introdução

As tecnologias da informação (TI) têm participado do cotidiano das organizações e das pessoas que trabalham com sistemas de informação (SI) nas empresas e têm sido consideradas protagonistas de mudanças organizacionais. Conforme relata Ramos (2000), as TI são geralmente usadas para auxiliar a ação humana nas organizações, para permitir novas formas de realizar as atividades de negócio ou para implementar novas atividades. As aplicações de TI são parte integrante da realidade de trabalho, reforçando a sua estrutura, práticas, relações entre os atores organizacionais e significados partilhados, permitindo o controle e a coordenação das várias atividades.

Ainda conforme Ramos (2000), existem relatos de que muitas vezes os sistemas de informação não atendem as necessidades dos usuários. Um problema que está muitas vezes relacionado com a adoção de aplicações que não satisfazem os requisitos para elas definidos. Além disso, os custos de desenvolvimento usualmente excedem os benefícios esperados com sua utilização, a partir da constatação de que a aplicação não atende as necessidades, expectativas e/ou interesses das entidades (organizações e grupos) afetadas pela sua adoção.

Para Furnival (1995), os casos de projetos para sistemas de informação automatizados que fracassam são muitos, em geral resultando em não-uso, sub-uso, ou até em sabotagem do sistema, pois este não atinge os objetivos para os quais foi projetado, ou os faz de uma forma diferente da prevista. Segundo o autor, o que é difícil de entender é como tais sistemas chegam ao ponto de ser implementados.

De fato, o desenvolvimento de sistemas de informação tem procurado considerar o contexto social e organizacional. E o sucesso ou fracasso desse processo depende do quanto os requisitos dos usuários são satisfeitos, derivados ou limitados por esse contexto. Para entender e captar adequadamente esses requisitos algumas metodologias são utilizadas. As tradicionais, de cunho positivista, alegam que os requisitos podem ser clara e precisamente especificados lingüisticamente desde o começo do projeto. Como observa Partridge (1986) *apud* Furnival (1995), estas metodologias definem a maneira 'correta' de desenvolver sistemas como aquela que primeiro especifica completamente o problema. Existem dúvidas de que os requisitos dos usuários podem mesmo ser determinados (e fixados) desde o começo do projeto, além da dificuldade de compreensão da comunicação formal baseada em diagramas e documentos.

Segundo Furnival (1995), as metodologias de cunho interpretativista, como o desenho participativo, têm suas próprias técnicas de promover a participação dos usuários no processo do *design*. Essas técnicas variam de *workshops* de crítica (criticando o sistema atual), fantasia (imaginando um cenário ideal) ou de contar histórias (de suas experiências com sistemas) à re-projeção do departamento e do trabalho (*job and departmental re-design*) e à especificação dos requisitos de satisfação do trabalho. Estes tipos de mecanismos de participação estão longe dos "contatos" feitos com os usuários nas metodologias tradicionais, nas quais os *designers* tendem a identificar as informações relevantes por meio de enquetes, relatórios, questionários, entrevistas, ou talvez por meio de experiências em laboratórios, ou via um usuário selecionado, ou um gerente que apresenta as reivindicações da comunidade inteira dos usuários. Ou seja, à medida que os usuários colaboram com os analistas por meio destes contatos, o *designer* está também absorvendo o que é visto como "o necessário" do domínio dos usuários.

De acordo com Ferreira e Lima (2005), a resistência dos usuários ao sistema é apenas a ponta de um *iceberg* cuja base foi construída a partir de premissas falsas ou incompletas. Ou seja, o verdadeiro problema se encontra, muitas vezes, na fase inicial do projeto onde são levantadas informações sobre as necessidades do sistema (quais funcionalidades o sistema deverá possuir para alcançar determinados fins), o negócio do cliente, isto é, o processo produtivo a ser informatizado, e o saber operatório dos operadores no controle e supervisão do processo. É a qualidade destas informações que determinará, em grande parte, o sucesso do *software* no que se refere à sua aceitação e eficiência. A área de Engenharia de Requisitos dedica-se ao levantamento eficiente dessas necessidades do cliente.

Todos estes potenciais problemas, decorrentes da adoção de aplicações das TI, realçam a importância de definir aplicações adequadas a realidades de trabalho percebidas como motivadoras e geradoras de sentimentos de satisfação no trabalho. A correta definição dos requisitos facilita o desenvolvimento de aplicações que se ajustam à ação humana, aumentando a probabilidade de satisfazer os seus usuários e contribuir para uma maior eficácia do trabalho (RAMOS, 2000).

Ao analisar a produção científica da década de 1990 na área de Sistemas de Informação, Hoppen (1998) mostra que houve um predomínio de estudos sobre o desenvolvimento e uso de sistemas de informação. Porém, apesar desta representatividade histórica, apenas 7,1% dos trabalhos sobre 'uso de SI' foram destinados a investigações sobre os usuários. Em se tratando do tópico 'desenvolvimento de SI', os usuários e sua participação não constituíram sequer uma subcategoria de análise. Tal fato denota preocupações, já que os usuários são diretamente afetados com a implementação de novos sistemas e o seu uso adequado é a base para a melhoria da eficiência e dos resultados organizacionais.

O estudo sobre a participação dos usuários no desenvolvimento de sistemas de informação ainda é pouco explorado pela literatura nacional em Administração. Essa constatação está pautada na dificuldade de encontrar artigos sobre esse tema no principal evento da área (Encontro da Associação Nacional dos Programas de Pós-graduação e Pesquisa em Administração - EnANPAD), entre 1998 e 2007, o que reforça o interesse pelo estudo.

No que refere-se às pessoas no uso das tecnologias, Vasconcelos *et al.* (2003) afirma que a maneira com que os indivíduos se apropriam e atribuem sentido a determinada ferramenta é que permitirá o seu uso dentro de uma função automatizadora ou de informatização. A primeira, promove apenas o aprendizado de circuito simples, ou seja, apenas com maior eficiência da operação/procedimento; já a segunda, entendida como um paradigma mais amplo de aprendizagem de circuito duplo e inovação, pressupõe uma abordagem de interação sustentável e produtiva entre pessoa e tecnologia.

Além disso, existem paradoxos inerentes ao discurso empresarial quando se utilizam de modelos (Pós) Industriais para justificar a implementação de novas tecnologias e sistemas de informação. Nesse sentido, a tecnologia não induz necessariamente um tipo de percepção específica nos diferentes grupos de atores sociais. Assim, considera-se que estes reagem à tecnologia a partir do sentido que atribuem à mesma, o que depende de suas experiências passadas e fatores ligados à sua identidade/convivência social (VASCONCELOS, *et al.* 2001).

Desenvolvimento de sistemas de informação: foco em engenharia de requisitos

De acordo com Rezende (2005), os sistemas de informação, independentemente de seu nível ou classificação, objetivam auxiliar os processos de tomada de decisões nas organizações. Se os sistemas de informação não se propuserem a atender a esse objetivo, sua existência não será significativa para a organização.

Um sistema de informação que utiliza recursos da tecnologia da informação pode ter um ciclo de vida curto, de no máximo cinco anos, quando não sofre implementações. O ciclo de vida natural abrange as fases: concepção ou criação; construção ou programação; implantação (disponibilização); implementações (pequenos ajustes ou melhorias); maturidade (utilização plena do sistema); declínio, manutenção; morte ou descontinuidade. Quando as três primeiras fases são elaboradas de forma errada, a morte do sistema de informação é acelerada, principalmente se o sistema focar a gestão estratégica da organização (REZENDE, 2005).

A ênfase deste trabalho está na fase de concepção ou criação, que envolve aspectos tratados especialmente pela Engenharia de Requisitos. De acordo com Sommerville (2003), a engenharia de requisitos é um processo que envolve todas as atividades exigidas para criar e manter o documento de requisitos nos sistemas. Existem quatro atividades genéricas de processo de engenharia de requisitos que são de alto nível, são elas: o estudo da viabilidade do sistema, a obtenção e a análise dos requisitos, a especificação de requisitos e sua documentação e, finalmente, a validação desses requisitos.

Algumas pessoas consideram a engenharia de requisitos como o processo de aplicação de um método estruturado, como a análise orientada a objetos. No entanto, embora os métodos estruturados tenham um papel a desempenhar no processo de engenharia de requisitos, existem muito mais aspectos na engenharia de requisitos do que os que são abordados por esses métodos. Eles não fornecem apoio efetivo aos estágios iniciais do processo de engenharia de requisitos, como a obtenção de requisitos (SOMMERVILLE, 2003).

Para Ramos (2000), a Engenharia de Requisitos (ER) tem sido designada como sendo a área científica que aborda a problemática em torno da definição de requisitos para aplicações das TI. Nesse sentido, refere-se à configuração do equipamento tecnológico, a funcionalidade e informação disponibilizadas, a interação com os utilizadores, além de desenvolver as técnicas e os métodos adequados à definição e gestão de requisitos que estejam de acordo com determinados critérios de qualidade.

Ainda de acordo com Ramos (2000), a especificação dos requisitos num documento formal implica a tradução dos requisitos diretamente implementáveis numa tecnologia. Esta tarefa possui um caráter instrumental na medida em que o problema se traduz na definição de um conjunto de regras que permita essa tradução de acordo com determinados critérios de qualidade técnica e linguística. Já a definição dos requisitos dos usuários assume um caráter mais complexo. Esta complexidade resulta essencialmente da complexidade das interações sociais da realidade de trabalho onde a aplicação vai ser integrada e de alterações ambientais que, de uma forma mais ou menos regular, coloca novos desafios, oportunidades e problemas com os quais os atores sociais devem ser capazes de lidar. No entanto, nem sempre aqueles atores organizacionais têm uma idéia clara de quais são aqueles desafios, oportunidades e problemas, ou compreendem a totalidade das interações sociais e seu impacto na organização. Por outro lado, apresentam muitas vezes percepções diferentes e até antagônicas sobre a realidade de trabalho, ou não têm qualquer idéia de como as tecnologias de informação podem ser usadas para atingir os objetivos de negócio.

O resultado final do processo é um documento contendo os requisitos da aplicação, o qual servirá de base para seu desenvolvimento ou aquisição, permitindo também, aos utilizadores e demais entidades interessadas, verificar se a aplicação satisfaz as necessidades, expectativas e interesses que motivaram a sua adoção. Este documento pode funcionar como um contrato legal entre os fornecedores da aplicação e as entidades nela interessadas. Para além dos requisitos da aplicação, este documento deverá conter uma descrição da nova realidade de trabalho, a qual integra a aplicação. Dessa forma, o documento também representa um compromisso explícito de quem colaborou na sua criação para com um conjunto de novos conceitos, significados e práticas que servem de base à nova realidade de trabalho e que a aplicação ajuda a institucionalizar (RAMOS, 2000).

Conforme ressalta Vianna (2004), a visão de Sommerville (2003) sintetiza a Engenharia de Requisitos como o conjunto das seguintes atividades:

- **Elicitação de Requisitos**: Compreende o conjunto de atividades que a equipe de desenvolvimento emprega para elicitar ou descobrir as solicitações dos usuários, determinando as reais necessidades por trás das solicitações. É quando todas as necessidades, expectativas e recursos esperados do sistema serão levantados pelo Analista de Requisitos junto a cada *stakeholder*. Esta atividade normalmente requer uma forte comunicação entre o Analista e os *stakeholders*. Esta interação pode dar-se através dos mais diversos meios, como entrevistas, dinâmicas participativas, questionários, dentre outros. Os requisitos devem ser levantados pela equipe do projeto, em conjunto com representantes do cliente, usuários-chave e outros especialistas da área de aplicação.

- **Análise e Negociação de Requisitos**: Nesta etapa está incluída a análise de todas as necessidades e expectativas levantadas na atividade anterior, que agora serão compiladas e ponderadas pelo Analista de Requisitos. Através da utilização de critérios de análise, como exeqüibilidade, prioridade, estabilidade ou benefício do requisito, ter-se-á como resultado a definição dos requisitos que fazem parte do escopo do sistema, e que devem ser devidamente registrados e continuados no processo de desenvolvimento. A determinação de quais requisitos serão realmente tratados no desenvolvimento deve ser estabelecida por meio de um consenso entre a equipe de desenvolvimento e os *stakeholders*, como conseqüência da negociação;

- **Documentação de Requisitos**: Compreende a atividade de especificação dos requisitos do sistema, ou seja, a "tradução" dos desejos e necessidades dos *stakeholders* para uma forma mais estruturada, que possa ser compreendida pelos demais participantes da equipe de desenvolvimento. Como o propósito da Engenharia de Requisitos é estabelecer um entendimento comum entre os usuários e a equipe de desenvolvimento sobre os requisitos do sistema a ser construído, os requisitos de *software* devem ser documentados. Tal entendimento comum serve como base para o estabelecimento de um acordo entre os usuários e a equipe de desenvolvimento, e como tal, a especificação é o documento central do processo, que orientará as fases subseqüentes do desenvolvimento;

- **Validação de Requisitos:** Através desta atividade os requisitos previamente documentados ou especificados são validados pelos *stakeholders*, sob o ponto de vista de sua consistência e completude. O resultado perseguido é a aprovação dos requisitos pelos *stakeholders*, sinalizando sua continuidade dentro do processo de desenvolvimento, porém pode-se ter o eventual retrabalho de determinados requisitos.

De acordo com Espindola *et al* (2004), apesar do aparente fluxo entre as atividades acima descritas, não existe uma fronteira explícita entre elas. De fato, na prática existe muita sobreposição e interação entre uma atividade e outra. Os autores ressaltam ainda os tipos de entradas importantes para o processo, tais como: descrições do que os *stakeholders* necessitam para suportar suas atividades, informações a respeito do sistema que será implantado, padrões vigentes na organização a respeito de práticas de desenvolvimento de sistemas, regulamentos externos e informações gerais sobre o domínio de aplicação.

Perspectivas positivista e interpretativista no desenvolvimento de sistemas de informação

O desenvolvimento de SI, como qualquer outra atividade humana, necessariamente envolve princípios ou suposições explícitas ou implícitas. Dependendo dos princípios adotados, diferentes perspectivas podem ser identificadas e cada uma conduz a diferentes sistemas como resultado. Vale notar que diferentes filosofias podem levar a opções radicalmente diferentes em termos de características de projeto, estratégias de implementação, satisfação do usuário e uso do sistema (POZZEBON; FREITAS, 1997).

A inserção de sistemas de informação nas organizações pode ser realizada de diversas maneiras. No entanto, duas abordagens servem de base para o desenvolvimento e implementação de sistemas de informação (SI): positivista e interpretativista. A primeira é considerada tecnológica, sob a perspectiva *hard*, na qual a tecnologia é priorizada no processo de desenvolvimento dos sistemas. A segunda abordagem está relacionada a uma perspectiva *soft*, que incorpora características gerenciais no processo de desenvolvimento e implementação de SI's.

Segundo Reinhard (2005), autores como Michel Crozier estudaram as contradições entre os requisitos de lógica "radicalmente" consistente entre todos os níveis da organização e a realidade das grandes empresas, nas quais conflitos e agendas próprias convivem com uma estrutura apenas formalmente consistente. A transparência de informações que os novos sistemas oferecem explicita estas contradições e cria situações de conflito que precisam ser antecipadas e resolvidas, sob pena de inviabilizar a organização ou levar à rejeição (ou deturpação) do sistema implantado. Estas considerações levaram à constatação de que pode haver uma diferença entre o que o sistema permite fazer e o que convém que ele faça.

Estes conhecimentos sobre o comportamento organizacional passaram a orientar as ações dos analistas de sistemas responsáveis pelo projeto de implantação de sistemas de informações e tinham por objetivo reduzir a elevada taxa de insucesso na implantação (REINHARD, 2005).

De acordo com Vianna (2004), a tarefa de implantação de um novo sistema de informação em uma organização é uma tarefa com um elevado nível de complexidade, e o seu sucesso depende fortemente dos requisitos do software. O Quadro 1 apresenta uma comparação entre a abordagem positivista e a interpretativista e oferece subsídios para uma análise acerca das diferenças entre as perspectivas *hard* e *soft* nas seções que a sucedem, com um olhar voltado para o desenvolvimento de sistemas de informação.

Suposições Metateóricas	Positivismo	Interpretativismo
Ontologia	Pesquisador e realidade são separados	Pesquisador e realidade são inseparáveis
Epistemologia	Realidade objetiva existe além da mente humana	Conhecimento construído reflete metas, cultura, experiência, história
Objeto de Pesquisa	Objeto de pesquisa tem qualidades inerentes que existem independentemente do pesquisador	Objeto da pesquisa é interpretado à luz de estrutura de significado da experiência vivida pelo próprio pesquisador
Método	Estatísticas, Análise de conteúdo	Hermenêutica, estudo de caso, fenomenologia, etc
Teoria da Verdade	Mapeamento um-a-um entre declarações do pesquisador e realidade	Verdade como conteúdo intencional: interpretações do objeto de pesquisa
Validade	Dados verdadeiros medem a realidade	Conhecimento construído
Confiabilidade	Replicabilidade: resultados das pesquisas podem ser reproduzidos	Pesquisadores reconhecem e endereçam implicações de sua subjetividade

Quadro 1. Comparação entre Positivismo e Interpretativismo
Fonte: Weber (2004).

A perspectiva positivista na área de SI

Filosoficamente falando, o positivismo foca os fatos, troca o imaginário, o metafísico pelo real e observável, em busca de uma explicação do fenômeno em si, descartando suas origens e seus fins. O método positivista tem características como: imaginação subordinada à observação; descrição do fato real; quantificação e análise estatística; foco na precisão, rigor e clareza; privilégio do objeto; posição de neutralidade.

Segundo essa abordagem também conhecida como funcionalista, os analistas de sistemas devem descobrir os verdadeiros requisitos do sistema e modelá-los objetivamente. Eles adquirem o conhecimento através da busca de relações causa-efeito mensuráveis, objetivas e tratam de uma realidade organizacional que é independente da percepção ou crença do observador.

O funcionalismo/positivismo é o paradigma dominante em praticamente todas as escolas de análise de sistemas. Nele há uma preocupação com o levantamento preciso de requisitos que buscam a identificação de "requerimentos verdadeiros". Para Pozzebon e Freitas (1997):

> A postura mais freqüente encontrada entre os analistas de sistemas é a de especialistas aptos a modelar as necessidades dos usuários de sistemas. O resultado do seu trabalho é inquestionável: corresponde ao atendimento das necessidades em termos de informação dos usuários. Falhas no levantamento dos requisitos dos sistemas fatalmente são atribuídas às dificuldades dos usuários em "saber o que necessitam" ou em "transmitir o que desejam".

De acordo com Ferreira e Lima (2005), as metodologias tradicionais, de cunho positivista, dividem o desenvolvimento em duas fases: planejamento e desenvolvimento propriamente dito. O planejamento deve ser o mais completo e detalhado possível; os desenvolvedores devem fazer um exaustivo levantamento de requisitos para depois se envolverem na criação da arquitetura do sistema (funcionalidades, características, soluções). O objetivo desta fase é prever o maior número possível de funcionalidades que o sistema deverá possuir para assim ser construído o alicerce do sistema.

A fase de levantamento de requisitos consiste em entrevistas com os clientes para a obtenção de informações sobre as necessidades do sistema e o funcionamento do processo. Após sua conclusão, é definido o escopo do projeto para posterior aprovação pelo cliente. Depois de acordado com cliente, os desenvolvedores partem para o desenvolvimento propriamente dito, ou seja, irão desenvolver as funcionalidades do sistema.

Para Ferreira e Lima (2005), as experiências práticas e as pesquisas têm demonstrado deficiências nesta metodologia de desenvolvimento de *software*. Quando ocorrem modificações ao longo do projeto, aparece uma grande resistência dos programadores na sua incorporação, pois, como o sistema já foi todo idealizado, uma modificação pode acarretar mudanças estruturais, impactando no prazo e no custo do projeto. Além disso, a interação com o cliente ou usuário fica restrita a esta fase inicial do projeto, ou ao momento de teste do protótipo, limitando consideravelmente as retro-alimentações e os *feedbacks* dos usuários no decorrer do desenvolvimento.

Por isso, o sistema produzido pouco atende as necessidades dos usuários, ou seja, é um sistema mais voltado para a representação do analista sobre a atividade do usuário do que realmente voltado para as reais necessidades destes. A origem destes problemas está relacionada ao método de levantamento de requisitos desta metodologia. O problema principal é a crença na capacidade dos seres humanos de prever todas as funcionalidades do sistema logo de início; é por isso que se limita a definição dos requisitos a esta fase, tentando explicitar tudo o que o cliente deseja no sistema. Esta crença não condiz com o funcionamento cognitivo dos seres humanos, que é situado e dinâmico, isto é, muda ao longo das interações com o sistema. Assim, não é possível aos futuros usuários ou clientes saberem a priori tudo o que o sistema precisa contemplar, tendo em vista que também desconhecem o funcionamento do *software*, suas possibilidades e limitações. Não raras vezes, os clientes demandam funcionalidades impossíveis de serem desenvolvidas devido à complexidade, e, noutras vezes, aquém das possibilidades do software.

Outra característica deste método de levantamento de requisitos é a intensificação do contato com o cliente na fase inicial e o distanciamento nas fases de desenvolvimento. Há uma separação temporal entre concepção e execução. Por este motivo, quando termina a fase de levantamento de requisitos, não faz mais sentido o contato com o usuário, configurando-se, desse modo, um longo distanciamento entre analistas e clientes durante o desenvolvimento do sistema propriamente dito, sendo o contato retomado apenas nos momentos de teste e na implementação dos sistemas. Esta distância contribui para a criação de um *software* cujas funcionalidades não atendem bem as reais necessidades dos usuários.

A construção de sistemas seguindo esta metodologia de desenvolvimento foi amplamente usada pela comunidade até a década de 80. E ainda o é em alguns casos. Esses processos rígidos, sustentados em muita documentação e burocracia, são considerados muito preventivos, tentando evitar situações dispendiosas ao invés de buscar a otimização. Procuram analisar exaustivamente os requisitos e eliminar erros antes do seu aparecimento na etapa de implementação.

O modelo em cascata, apresentado em Sommerville (2003), conhecido também como clássico ou linear, tem como premissa a metodologia apresentada anteriormente, pois se caracteriza por seguir um modo quase estritamente seqüencial das etapas de desenvolvimento. A fase de análise só tem início quando a fase de levantamento de requisitos é considerada concluída. Semelhantemente, a fase de projeto ou *design* só começa após a finalização da fase de análise e assim por diante. Contudo, Bezerra (2007) explica que os seres humanos têm sérias dificuldades em lidar, de uma só vez, com sistemas complexos. É difícil construí-los de uma forma puramente seqüencial. Ao invés disso, adota-se uma estratégia incremental e iterativa, tentando dividi-lo em grupos de pequenos problemas. Além disso, atualmente, a volatilidade dos requisitos é um fato com o qual a equipe de desenvolvimento tem de conviver. A menos que o sistema a ser desenvolvido seja muito simples e estático, que são características raras nos sistemas atuais, é praticamente impossível pensar em todos os detalhes a princípio. A existência de requisitos voláteis é mais uma regra do que uma exceção. Consequentemente, o congelamento de requisitos é impraticável para organizações que precisam se adaptar, cada vez mais rapidamente a mudanças do mercado.

A perspectiva interpretativista na área de SI

Segundo Rodrigues Filho *et al* (1999) algumas anomalias podem ser identificadas no paradigma funcionalista/positivista, o que nos remete a uma possibilidade de crise paradigmática como estabelece Kuhn (2001) em seu livro, "A estrutura das revoluções científicas". Algumas anomalias do paradigma positivista são apresentadas por Klein (1985) *apud* Rodrigues Filho (1999):

> - A construção de sistemas de informação como artefato técnico, ignorando a dimensão social;

> - A definição da informação derivada de um dado objetivo, através de procedimentos formais e impessoais;

> - Aderência ao modelo burocrático de organização como máquina, cujo racionalismo causa alienação e falhas na implementação dos sistemas de informação;

> - Interpretação do desenvolvimento de sistemas de informação como um processo de engenharia, evitando a participação do usuário.

A impessoalidade presente em tais anomalias evidencia a necessidade de uma maior interação social, em que o usuário não seja evitado, mas seja um ator ativo no processo de desenvolvimento e implementação de SI. Nesse sentido, o paradigma interpretativo mostra-se como uma alternativa para resolução das anomalias acima citadas. Nessa nova perspectiva, a realidade a ser analisada para o desenvolvimento de um sistema de informações passa a ser vista como um texto, seguindo a lógica hermenêutica de interpretação da realidade. Assim, a realidade é socialmente construída e não objetivada e reducionista. As interações sociais passam a ser consideradas e os usuários passam a ter papel essencial na interação com os analistas para um desenvolvimento em conformidade com a realidade, considerando as suas peculiaridades e complexidade.

Para Pozzebon e Freitas (1997), no paradigma interpretativista, chamado por eles de relativismo social, o analista é tido como um facilitador. Dessa forma, os SI emergem como uma construção organizacional da realidade, num processo de criação de sentido, o que nos remete a uma reflexão fenomenológica de análise organizacional. Assim, nas palavras do autor:

> A função do desenvolvedor é interagir com a gerência para achar o tipo de sistema que faz mais sentido, uma vez que não existem critérios objetivos para distinguir bons e maus sistemas. Ele deve atuar como um facilitador, estimulando a reflexão, cooperação e aprendizado experimental. Os próprios negócios não induzem a uma objetiva realidade econômica, mas envolvem mudanças em leis sociais, convenções, cultura e atitudes. Todo sistema com aprovação das partes é legítimo.

Este paradigma é, do ponto de vista epistemológico, anti-positivista, pois, para ele a busca de uma explicação causal e empírica dos fenômenos sociais é ilegítima, podendo assim ser sobreposta pelo julgamento pessoal. Desse modo a complexidade, na sua reflexão de base ontológica, não pode ser considerada imutável ou simplificada em modelos, ao invés disto, deve ser socialmente construída. Nesse sentido as mudanças devem se guiar pelo conhecimento aceito, em consonância com a opinião geral, gerando mudanças que não afetem a harmonia social (HIRCHHHEIM; KLEIN, 1989 *apud* POZZEBON; FREITAS, 1997).

Ultimamente, devido à complexidade cada vez maior dos sistemas, os modelos mais utilizados para o desenvolvimento são os que usam a abordagem incremental e iterativa, mesmo que, apesar de todos os seus problemas, o modelo em cascata ainda venha sendo utilizado durante anos. O modelo incremental e iterativo foi proposto como uma resposta aos problemas encontrados no modelo em cascata. Um processo de desenvolvimento segundo esse modelo divide o desenvolvimento de software em iterações. Em cada iteração, são realizadas as atividades de análise, projeto, implementação e testes para uma parte do sistema.

Uma vez alocados os requisitos a uma iteração de desenvolvimento, estes requisitos são analisados, projetados, implementados, testados e implantados. Na próxima iteração, outro subconjunto dos requisitos é considerado para ser desenvolvido, o que produz uma nova versão (ou incremento) do sistema que contém extensões e refinamentos sobre a versão anterior. Desta forma, o desenvolvimento evolui em versões, através da construção incremental e iterativa de novas funcionalidades até que o sistema completo esteja construído [Bezerra, 2007].

Segundo Bezerra (2007), o modelo incremental e iterativo incentiva a participação do usuário nas atividades de desenvolvimento. Isso porque os usuários desde o início do projeto já possuem uma versão do sistema para utilizar. De fato, as versões iniciais do sistema não contêm a implementação de todas as funcionalidades necessárias. Porém, essa situação é muito melhor do que aquela em que o usuário recebe o sistema todo de uma vez, somente no final do projeto, conforme ocorre no modelo em cascata.

Desenvolvida no início da década de 90, *Extreme Programming* (XP) é uma das mais modernas dentre metodologias de desenvolvimento disponíveis e amplamente utilizadas pelas empresas. XP faz parte das metodologias leves, ou ágeis, de desenvolvimento de *software*. É baseada em um processo simples, flexível, disciplinado e marcado pela conscientização e envolvimento de todos para o desenvolvimento, pois se sustenta no conhecimento tácito do time do projeto com o intuito de lidar mais facilmente com as mudanças constantes de requisitos e reduzir o custo global de desenvolvimento (BECK, 1999).

O processo de desenvolvimento com XP é essencialmente interativo. As correções vão sendo feitas à medida que o projeto progride, com constantes conversas entre os clientes e os desenvolvedores. Desta maneira, pequenas alterações na rota põem o projeto na direção certa. É importante que haja um cliente no ambiente de desenvolvimento, isto é, um usuário do sistema que participe de maneira mais ativa no projeto. Esta pessoa se encarrega de tirar dúvidas sobre o funcionamento da empresa e participa das dificuldades do dia-a-dia do desenvolvimento. Assim, o diálogo entre os usuários e os desenvolvedores torna-se mais uniforme, os desenvolvedores passam a ser encarados como parte da equipe e o usuário não é mais considerado como "aquele chato que não sabe o que quer". Um sistema que tem a participação do usuário tem mais chance de dar certo, por representar melhor as necessidades do cliente e também por ter um defensor de sua implantação, parte ativa do processo de criação do sistema. Por esta razão que um dos valores básicos preconizado por XP é a comunicação. É fundamental haver comunicação entre o desenvolvedor e o cliente. O desenvolvedor não conhece o negócio do cliente e o cliente não conhece as dificuldades inerentes à tarefa de desenvolvimento. A comunicação deve ser clara e aberta para que os desenvolvedores tenham a mesma visão que têm os usuários do sistema.

Ênfase na participação do usuário no desenvolvimento de sistemas mais eficientes e mais adaptados à realidade

Nas subseções seguintes serão abordados temas, problemas e características do desenvolvimento de sistemas que enfatizam a importância da participação do usuário que detém o conhecimento do negócio, tendo em vista a valorização de suas idéias como fator preponderante no envolvimento e na responsabilização com o produto final. Com isso, pressupõe-se uma menor resistência a mudanças, uma maior aceitação da tecnologia, facilidade de uso e grande eficiência de operação.

Participação na mudança de sistema

Segundo a perspectiva interpretativista, a participação dos usuários é tida como elemento essencial para o sucesso do sistema implementado, considerando assim as peculiaridades do trabalho e as necessidades das pessoas que irão utilizar os sistemas, novos ou modificados. Já a perspectiva *hard*, trabalha numa lógica mais técnica, associada à área de Engenharia de Software, na qual a análise é essencialmente objetiva e a prioridade são os processos em detrimento das necessidades individuais dos funcionários da empresa.

Para Furnival (1995), as limitações das metodologias de design tradicionais têm sido solucionadas pela adoção de metodologias *soft*, "que se baseiam na idéia de que somente a participação contínua dos usuários no desenvolvimento do novo sistema pode evitar problemas futuros". Nesse sentido é reconhecido o conhecimento especializado dos usuários sobre seu trabalho. Assim, o usuário é percebido como ator fundamental para a construção de um sistema de alta qualidade e produtivo.

Percebe-se no argumento acima que teoricamente a participação tem sido valorizada em estudos sobre o desenvolvimento e implementação de SI. Porém, diversos sistemas implantados não têm o devido sucesso, como ratificam Furnival (1995) e Rodrigues Filho *et al* (1999). Um dos problemas mais comuns é a resistência de funcionários a novos sistemas implantados devido a uma falta de identificação com os propósitos dessas novas aplicações. Nesse sentido, a participação dos usuários busca, através de uma interação efetiva, uma melhor compreensão por parte dos funcionários das potencialidades e possíveis benefícios dos sistemas de informação que são implantados.

Segundo O'Brien (2006) a implantação de um novo sistema, geralmente dá origem a um processo conhecido como curva de aprendizagem. Nesse sentido, o pessoal que opera e utiliza o sistema cometerá erros simplesmente por ainda não estarem familiarizados com ele. Embora tais erros diminuam com o passar do tempo, na medida em que os usuários adquirem certa experiência, para o autor, tais erros indicam, na verdade, áreas em que o sistema precisa melhorar.

Nesse sentido, a mudança de sistema pode ser vista como fator relevante na aceitação de uma nova tecnologia por parte dos usuários, bem como na sua utilização de forma produtiva. Tal processo de mudança deve, segundo O'Brien (2006) ser acompanhado de uma revisão pós-implementação para garantir que os sistemas recém-implementados alcancem os objetivos. Assim, o sistema deve ser acompanhado incluindo-se atividades de revisão e auditoria periódica do sistema para garantir o alcance de objetivos, além disso, deve-se monitorar de forma continuada o novo sistema para a detecção de potenciais problemas ou mudanças necessárias.

Usuário final, mudança, participação e envolvimento

Os processos de mudança são geralmente dificultados pela resistência das pessoas em aceitar novas experiências e mudanças nas suas rotinas, seja de trabalho ou de sua vida pessoal. Na implementação de sistemas de informação não é diferente, como ratifica O'Brien (2006), as mudanças nas tecnologias podem gerar receio e resistência por parte do usuário final dos sistemas. Para esse autor a chave para solucionar tais resistências consiste em utilizar-se de educação e treinamento adequados.

Para O'Brien (2006), ainda mais importante é o envolvimento do usuário-final nas mudanças organizacionais e no desenvolvimento de novos sistemas de informação. Nesse sentido a participação do usuário no desenvolvimento de projetos de sistemas de informação, antes da sua implementação é particularmente importante para a redução do potencial de resistência do usuário-final. Essa concepção de envolvimento ajuda a garantir que os usuários assumam a autoria e que seu produto final atenda a todas as suas necessidades. Assim, seja qual for o grau de elegância técnica e de eficácia no processamento de dados de um determinado sistema, ele não será efetivo se frustrar ou incomodar os seus usuários.

O envolvimento dos usuários é definido por Barki (1989) como sendo "um estado psicológico subjetivo relativo à importância e relevância pessoal de um sistema para o usuário". Esse autor distingue esse conceito do de participação que é para ele: "o conjunto de comportamentos ou atividades desempenhadas por um usuário durante o desenvolvimento de um sistema de informação". Nesse trabalho o autor argumenta que até então as pesquisas têm abordado com maior freqüência a participação dos usuários e em menor quantidade o seu envolvimento no desenvolvimento de sistemas de informação.

Ainda segundo o autor acima, o envolvimento dos usuários é diretamente relacionado ao resultado dos sistemas de informação produzidos e tem sido observado como determinante para: atitudes dos usuários, qualidade dos sistemas e sucesso dos sistemas.

Modelo de aceitação a tecnologia (TAM)

A utilização e o convívio de usuários com produtos e serviços de base tecnológica é o ponto de partida para as investigações a cerca da aceitação a tecnologia. Um modelo bastante utilizado em estudos dessa natureza é o *Technology Acceptance Model* (TAM), desenvolvido por Davis (1986), como uma adaptação do modelo Theory of Reasoned Action (TRA) ou teoria da ação racionalizada. Tem por objetivo fornecer explicações sobre as causas determinantes da aceitação dos computadores de forma geral, bem como explicar o comportamento dos usuários frente às diversas tecnologias ligadas a informática, prevendo e explicando a pesquisadores e interessados porque um sistema pode ser aceito ou invalidado, assim como pode dar orientações para devidas correções (COSTA FILHO e PIRES, 2005).

Ainda segundo Costa Filho e Pires (2005), o estudo parte da aceitação baseada na esfera cognitiva e afetiva. Desse modo, o modelo TAM se sustenta em dois construtos importantes para a aceitação a tecnologia, que são a utilidade percebida (*percieved utility*) e a facilidade de uso percebida (*perceived ease-of-use*).

Desenho participativo

Segundo Rodrigues Filho e Ludmer (2005), "os modelos racionais tradicionais ou modelos "hard" têm sido incapazes de lidar com o mundo organizacional cada vez mais complexo e turbulento, com perspectivas humanas conflitantes". Nesse contexto os autores argumentam que outras opções (paradigmas) devem ser buscados para que o contexto tecnológico não seja enfatizado em detrimento do humano na área de Sistemas de Informação.

Ainda segundo esses autores, a metodologia de Desenho Participativo (DP) foi evidenciada inicialmente nos países escandinavos e tem ganhado popularidade na América do Norte e em outros países. Esta metodologia de desenho participativo enfatiza muito mais a participação das pessoas no desenvolvimento de sistemas de informação em detrimento de questões técnicas. Assim, o DP "reconhece o papel central do usuário no processo de *design* de sistemas e enfatiza as oportunidades para que o usuário possa influenciar o desenvolvimento".

A caracterização do desenho participativo é também abordada por Furnival (1995) quando afirma que:

> Tais abordagens, as quais surgiram na década de 80, focalizam a participação dos usuários no processo de design de um sistema. Estas interações acontecem somente se houver oportunidades para a equipe do design e a comunidade de usuários aprenderem o máximo possível sobre seus respectivos domínios de trabalho. Os usuários deveriam ter chances de adquirir conhecimento das opções tecnológicas e organizacionais, ficando expostos a várias alternativas, pois, ao se tornarem cientes da série de possibilidades ofertadas, podem participar da tomada de decisões de um ponto de vista consciente.

Para contextualizar esta metodologia de desenvolvimento faz-se necessário relacioná-la a uma análise da engenharia de requisitos, a exemplo de Rocha (2000) que identificou três tipos de abordagens relacionadas às perspectivas "hard" (positivistas) e "soft" (interpretativistas) de desenvolvimento, descritas abaixo:

- **Abordagens Tecnológicas**: aquelas que realçam a visão objetiva dos requisitos e os aspectos técnico/tecnológicos dos SI. Englobam os conhecidos métodos "hard", tradicionais ou estruturados.

- **Abordagens Sócio-organizacionais**: aquelas que enfatizam a visão inter-subjetiva dos requisitos e os aspectos sociais e organizacionais dos SI. Englobam os métodos que vulgarmente são conhecidos por métodos "soft", interpretativistas ou construtivistas.

- **Abordagens Sócio-tecnológicas**: aquelas em que há uma situação intermédia, em que existe uma combinação de algo de cada uma das duas abordagens anteriores. Geralmente focam-se primeiro nas questões sócio-organizacionais, deixando as questões técnico/tecnológicas para uma segunda fase.

Para esse autor a última abordagem é considerada, a partir de uma análise dos principais modelos de maturidade da área de SI, a mais adequada e relacionada com atividades de Engenharia de Requisitos (ER) de maturidade superior. Assim, o uso de uma abordagem sócio-técnica, que prioriza questões sócio-organizacionais, dentre elas a participação dos usuários no desenvolvimento e implementação de SI é um caminho em direção a uma maturidade dos sistemas de informação desenvolvidos/ implementados (ROCHA, 2000).

Considerações finais

Diante do exposto, é possível perceber que se tenta rotular as metodologias tradicionais como uma visão puramente objetivista e orientada ao produto, sem relevante preocupação com os aspectos subjetivos dos requisitos. No entanto, as novas abordagens da engenharia de software, que seguem um desenvolvimento iterativo durante todo o ciclo de vida do desenvolvimento do sistema, apontam para uma participação do usuário em maior escala que tempos atrás. Uma vez que os processos ágeis pressupõem a construção de forma iterativa e incremental em todas as etapas do processo. Dessa forma, a abordagem rotulada como *hard* não pode mais ser considerada essencialmente positivista.

As abordagens tradicionais de desenvolvimento de software fundamentam-se em certos conceitos técnicos que, geralmente, não englobam fatores sociais e psicológicos da organização na qual o novo sistema será implantado. Os sistemas são situados em ambientes organizacionais, isso inclui políticas e procedimentos que são, por sua vez, regidos por questões políticas, econômicas, sociais e ambientais mais amplas. Se o ambiente organizacional não for adequadamente compreendido, o sistema poderá não atender às necessidades da empresa e ser rejeitado pelos usuários e pelos gerentes. Dentre os fatores humanos e organizacionais que afetam o sistema destacam-se as mudanças nos processos de trabalhos, modificação na estrutura do poder político da organização e diminuição da habilidade dos usuários ou modificação do modo de trabalho. O custo de ignorar tais fatores é, às vezes, alto, pois usuários insatisfeitos podem resistir ao uso do sistema ou usá-lo de uma maneira diferente da qual foi originalmente projetado levando o sistema a não atingir seus objetivos com sucesso.

As limitações das metodologias tradicionais têm sido suavizadas pela adoção de métodos ágeis de produção de *software*, que se baseiam na idéia da participação contínua dos usuários no desenvolvimento do novo sistema. Nestas metodologias o usuário é parte integrante da equipe de desenvolvimento, desta forma, estabelece-se uma relação de transparência e confiança desde o princípio e mantém-se até o final. Por outro lado, o envolvimento mais estreito do usuário no processo de desenvolvimento e o seu constante *feedback* em relação às versões que são liberadas resultam em uma quantidade de trabalho significativa para fazer as alterações e correções necessárias. Assim, se o re-trabalho resultante dos requisitos em evolução não for bem gerenciado, ele pode ser um fator de desaceleração do ritmo do projeto.

No entanto, o que de fato acontece na prática é uma combinação de influências de vários paradigmas em cada situação, sendo normalmente um deles predominante. Ou seja, o tipo de abordagem vai estar de acordo com as características do sistema, da equipe e/ou empresa contratada para implantá-lo, bem como da experiência e disponibilidade espacial e temporal dos usuários para participar ativamente do processo. É importante lembrar que, visando alcançar eficiência, apenas usuários finais que possam colaborar ricamente com o sistema devem ser designados para fazer parte da equipe. Eles devem se sentir responsáveis pelo resultado final do projeto. Usuários indecisos e com dificuldades de expressar ou retratar os processos práticos podem confundir a equipe e atrasar a elaboração do produto final.

Apesar das abordagens rotuladas de interacionistas promoverem uma aproximação entre a equipe de desenvolvimento e os usuários - muito construtiva na medida em que o grupo de desenvolvimento toma um maior contato com a realidade do usuário, e por outro lado, o usuário tem conhecimento do ambiente de desenvolvimento e de eventuais restrições tecnológicas - existem também pontos fracos. Como mencionado acima, se o grupo participante da dinâmica não for homogêneo, poderão existir discussões paralelas, que não agregam valor à especificação do sistema, além de ser difícil a obtenção da convergência do grupo acerca de determinados assuntos.

Referências

BARKI, Henri; HARTWICK, Jon. *Rethinking the user Involvement*. In: MIS Quartely, March, 1989.

BECK, Kent. *Extreme Programming Explained*. Addison-Wesley Pub Co; 1st edition, October 1999.

BEZERRA, Eduardo. *Desenvolvimento incremental e iterativo*. MundoOO. Disponível em http://www.mundooo.com.br/php/modules.php?name=MOOArtigos&pa=showpage&pid=20. Acessado em agosto de 2007.

COSTA FILHO, Bento A.; PIRES, Péricles J. *Avaliação dos Fatores Relacionados na Formação do Índice de Prontidão À Tecnologia - TRI (Technology Readiness Index) como Antecedentes do Modelo TAM (Technology Acceptance Model)*. In Anais: XXIX Encontro da Associação Nacional de Pós-Graduação e Pesquisa em Administração, Brasília, 2005.

ESPINDOLA, Rodrigo S.; MAJDENBAUM, Azriel; AUDY, Jorge L. N. *Uma Análise Crítica dos Desafios para Engenharia de Requisitos em Manutenção de Software*. Anais do WER04 - Workshop em Engenharia de Requisitos, Tandil, Argentina, Dezembro 9-10, 2004, pp 226-238.

FERREIRA, Renata B.; LIMA, Francisco P. *Definição de Requisitos na Concepção de Sistemas Informatizados: da elicitação à cooperação*. Anais do 1º Workshop um Olhar Sociotécnico sobre a Engenharia de Software – WOSES. Rio de Janeiro, 2005.

FURNIVAL, Ariadne C. *A participação dos usuários no desenvolvimento de sistemas de informação*. In: Ciência da Informação - Vol 25, Número 2, 1995.

HOPPEN, Norberto. *Sistemas de Informação no Brasil: uma Análise dos Artigos Científicos dos Anos 90*. RAC, v.2, n.3, Set./Dez. 1998: 151-177.

KUHN, Thomas S. *A estrutura das revoluções científicas*. 6 ed. São Paulo. Editora Perspectiva, 2001.

O'BRIEN, James A. *Sistemas de Informação e as decisões gerenciais na era da internet.* São Paulo: Saraiva, 2 ed., 2006.

POZZEBON M.; FREITAS H.. *Por um conjunto de princípios que possibilitem a construção de novos modelos de sistemas de informação.* São Paulo: RAP, v. 31, n° 5, Set/Out. de 1997, p. 87-104.

RAMOS, Isabel M. P. *Aplicações das Tecnologias de Informação que suportam as Dimensões Estrutural, Social, Política, Simbólica do Trabalho.* Tese de Doutorado em Tecnologias e Sistemas de Informação - Universidade do Minho, Departamento de Sistemas de Informação. Guimarães - Portugal, Dezembro de 2000.

REINHARD, Nicolau. *Implementação de Sistemas de Informação.* In: Tecnologia da Informação. Organizado por Albertin, Alberto L. e Albertin, Rosa M. M. São Paulo: Atlas, 2005.

REZENDE, Denis A. *Sistemas de Informações Organizacionais: guia prático para projetos em cursos de administração, contabilidade e informática.* São Paulo: Atlas, 2005.

ROCHA, Álvaro; VASCONCELOS, José. *PERSI – Modelo para Avaliação do Pendor da Engenharia de Requisitos de Sistemas de Informação.* Disponível em: http://wer.inf.puc-rio.br/WERpapers/artigos/artigos_WER03/alvaro_rocha.pdf. Acesso em 11 de julho de 2007.

RODRIGUES FILHO, J.; Borges, C. F.; Ferreira, R. C. F.. *O paradigma interpretativo na pesquisa e desenvolvimento de sistemas de informação.* Conferência da Business Association of Latin American Studies, New Orleans, 1999.

SOMMERVILLE, Ian. *Engenharia de Software.* São Paulo: Addison Wesley, 2003

VASCONCELOS, Isabella F. F. G.; MASCARENHAS, André. *Paradoxos Organizacionais e Tecnologia da Informação: Uma Análise Crítica da Implantação de Sistemas de Auto-Atendimento na Área de Gestão de Pessoas da Souza Cruz. In* Anais: XXVII Encontro da Associação Nacional de Pós-Graduação e Pesquisa em Administração, Atibaia, Setembro de 2003.

VASCONCELOS, Isabella F. F. G.; MOTTA, Fernando C. P.; PINOCHET, Luis H. C.; SEGALLA, Denise R. *O Lado Humano da Tecnologia: um Estudo Exploratório sobre os Paradoxos Organizacionais dos Sistemas de Informação*. In Anais: XXV Encontro da Associação Nacional de Pós-Graduação e Pesquisa em Administração, Campinas 2001.

VIANNA, Elaine Cristina C. M. *Estudo e Proposta de Práticas Participativas na Gestão de Requisitos*. Trabalho Final de Mestrado Profissional - Universidade Estadual de Campinas, Instituto de Computação. Campinas, 2004.

WEBER, Ron. *The Rhetoric of Positivism Versus Interpretivism: A Personal View*. In: MIS Quarterly, Vol. 28, No. 1, March 2004.

PARTE 4

TECNOLOGIA E SOCIEDADE

Capítulo 11

Corpo, Tecnologia e Produtividade

Rodrigo Cesar Reis de Oliveira

Resumo

A partir de uma reflexão sobre corpo, tecnologia e produtividade, num contexto de modernidade, este ensaio busca discutir sobre esses elementos a partir de suas inter-relações e peculiaridades presentes na sociedade. Corpo tecnologia e produtividade são discutidos a partir de alguns referenciais que discorrem sobre a constituição do corpo numa conjuntura capitalista em que os ambientes produtivos buscam a otimização do desempenho de um corpo cada vez mais tecnologizado. Nesse ambiente, o limite entre o real e o simulado, o corpo e a prótese é cada vez mais tênue e perturbador.

Palavras-chave: tecnologia e sociedade.

Introdução ao corpo

Este ensaio busca refletir sobre o corpo e as conseqüências de suas relações, principalmente com a tecnologia e a produtividade num contexto de mudança paradigmática, de um paradigma mecânico industrial para um informacional. Esse novo paradigma, apesar de entender o corpo em parte como mecanismo, começa a pensá-lo (enquanto vida) como um texto, que pode ser copiado ou melhorado. Esse contexto se estabelece dentro de uma lógica capitalista em que a reprodução passa a ser pensada como produção. Assim, o corpo passa a ser elemento de análise desse novo paradigma que é diretamente relacionado a uma noção de corporeidade. (FERREIRA, 2007).

Ao refletir sobre a questão *"Why the body?"* em *Body and Society*, Turner (1997) afirma que o interesse pelo estudo do corpo é conseqüência de profundas transformações das sociedades em que o corpo do trabalho tem se tornado o corpo do desejo. Relacionando-se com fenômenos como pós-industrialismo, pós-fordismo e pós-modernismo; nesse contexto, a máxima de Descartes transformou-se em "Penso, logo consumo". Para um internauta curioso, ao pesquisar na *Web*, a reflexão poderá encontrar uma nova versão: "Penso, logo digito" que reflete bem o contexto de pervasividade e ubiqüidade das Tecnologias da Informação e Comunicação – TIC's em que temos vivido.

Ainda segundo Turner (1997), essas mudanças sociais e culturais devem ser vistas dentro de um contexto histórico, nominalmente o declínio do sistema feudal, baseado na propriedade privada; a ascensão do capitalismo industrial, baseado no controle dos processos industriais e finalmente a emergência da sociedade pós-industrial e pós-moderna, organizada em volta das comunicações e dos sistemas de significado.

Nesse contexto de análise, encontramos o corpo num ambiente capitalista que passa a vê-lo como elemento a ser disciplinado; no cartesianismo pela mente (que vai ser questionado posteriormente) e no capitalismo industrial pelos tempos e movimentos de Taylor. Neste último, o cuidado com o corpo é para não gastar energia "à toa", assim a idéia não é apenas controlar, mas disciplinar para a maximização. Algo que é diferente da lógica medieval, em que o objetivo era reprimir os corpos (conter para acumular e aumentar).

Dentro desse ambiente, o corpo produtivo é também o corpo do consumo, pois está inserido numa sociedade informacional consumista. Nessa sociedade, o capitalismo não sobreviveria hoje apenas a partir de uma lógica de satisfação de necessidades, pois estas poderiam ser "plenamente" satisfeitas. Por isso, o capitalismo passa a vislumbrar a criação de desejos. Os sonhos dos seres humanos (corpos desejantes) são transmitidos nas telas para que sejam consumidos. Nesse sentido as propagandas têm foco não apenas nas necessidades, mas também e principalmente no desejo. "Criar desejo e satisfazer necessidades" é uma das definições encontradas em livros para a área de Marketing. Nesse contexto, Ferreira (2007) coloca as seguintes questões: "Em que sentido o mundo pode comportar tanto desejo?" "Em que sentido o planeta pode suportar o bombardeio do desejo?".

Para Merleau Ponty (1999), ser humano é estar no mundo, é construir com o corpo. O corpo não é mais o objeto, assim, esse autor critica a separação cartesiana entre corpo e mente, pois para ele as experiências são experiências corpóreas. Esse corpo é para ele uma construção histórica, a possibilidade aqui é a de uma historicidade do corpo, ou seja, este produzindo história. Nessa perspectiva de análise, existem ainda outras três perspectivas para o corpo: como construção social (Bourdieu); como receptáculo de símbolos (Mary Douglas), que mostra a importância das metáforas para um entendimento social e o corpo como objeto de poder (em Foucault, por exemplo), além da já citada noção merleaupontiana de um corpo fenomenológico performático. (FERREIRA, 2007)

Corpo e tecnologia

Numa reflexão trazida por Lupton (1995) sobre o uso do computador, a autora coloca que em sua experiência cotidiana com a máquina tem experienciado impaciência, raiva, pânico, ansiedade e frustrações quando o seu computador não responde aos seus comandos ou por vezes quebra. Assim como a caneta passa a não ser percebida com o aprendizado da escrita, o teclado passa a substituir a caneta e Lupton, ao refletir sobre sua própria experiência, revela "Eu posso digitar mais rápido do que escrever com uma caneta". Tal situação pode ser entendida a partir do momento em que o instrumento, antes a caneta, agora o teclado (computador), passa a ser percebido como uma extensão do próprio corpo, assim, esse exemplo se insere numa noção em que a corporeidade busca um refúgio em uma noção de completude e continuidade do ser, sendo aqui a continuidade obtida através do instrumento tecnológico.

Pensemos num corpo produtivo, reconfigurado para produção. Pensemos também em edições, em marcas de próteses destinadas ao melhor desempenho do trabalhador. E quando o protético superar o "natural" em potencial produtivo? E quando o Silício for trabalhado em comunhão com o Carbono? (MEIRA, 2000). Teremos um marco histórico na confusão entre natural e tecnológico; uma criança poderá pedir ao pai não mais uma luva de baseball, mas um novo braço arremessador ou a prótese de corrida específica para trilhas com três níveis de dificuldade (cascalho, montanha e gelo). As fronteiras entre natural e real simulado tem sido trazidas pela ficção como em "*Blade Runner*" de Ridley Scott em que os seres criados "artificialmente" são confundidos, pois são virtualmente idênticos aos humanos naturais. Tal reflexão está cada vez mais próxima do nosso dia a dia, basta olharmos para os desenvolvimentos da ciência, particularmente na área de nanobiotecnologia.

Nos jogos Para-pan-americanos Rio 2007 o especialista técnico responsável pela manutenção dos equipamentos protéticos dos atletas falou em entrevista a rede Globo da dificuldade em ajustar os diversos tipos, modelos e marcas que funcionam a todo vapor no "Parapan". No exemplo mostrado na reportagem, o arremessador de peso da equipe brasileira chegou mancando e saiu andando normalmente com firmeza. O atleta afirmou que o desajuste na prótese é como um tornozelo torcido, porém nesse caso, não o gesso, mas as chaves regulam/ajustam o corpo ajustável. Esse exemplo mostra a capacidade de assimilação do corpo que passa a "possuir" a prótese como elemento constituinte de sua corporeidade. Não possuindo ainda memória própria como no filme *The thieving hand* de 1908, mas já possuindo, a partir de cada modelo protético, uma funcionalidade pré-definida (prótese para velocidade, ou para resistência, dentre outras).

"A máquina imita a vida, quer ser humano também". Assim a repórter da rede Globo encerra a reportagem do jornal Nacional do dia 18 de agosto de 2007, sobre a mostra de arte baseada em informática, realizada em São Paulo. Dentre as novidades: uma máquina que serve como "espelho digital", capturando a imagem da face do ser a sua frente e tornando-a independente da face de origem, começando a ter "vida própria", o que causa uma sensação de captura de identidade; outra "obra" é apenas um amontoado de tecido que simula a pele humana, neste momento a repórter diz: "Não parece humano, mas ela transpira e reage aos nossos toques", o que simula afetividade, essa é para a repórter a máquina que quer ser humano. Outras ainda são mostradas, como a que usa o corpo humano como artefato de intervenção, sendo capturado pela tela para receber galhos protéticos para o pouso de pássaros. A última a ser mostrada mexe com a noção de real e virtual, pois a equipe de reportagem se posiciona frente à tela que captura a imagem dos repórteres que ao se retirarem da frente da máquina proporcionam a saída apenas de uma imagem virtualizada, o que simula uma captura do real pelo virtual.

O tênue limite existente entre real e simulado, entre natural e protético é o que causa essa "confusão" trazida pela mostra de arte. Parte dessas reflexões, proporcionadas pela evolução das novas tecnologias, é algo que a ficção já trabalha há anos em filmes como *Total Recall*, ou *Blade Runner* de Ridley Scott da década de noventa, ou mesmo o filme *The thieving hand* que trabalha a questão da memória e do protético já em 1908.

Ficção e memória

No filme "O pagamento" a produtividade do personagem foi atrelada ao esquecimento. O valor da tarefa desempenhada por ele estava atrelado à possibilidade dela ser apagada da sua memória, algo que nos remete a memória do esquecimento, pois o mesmo personagem tinha as suas "atitudes deletadas", reprocessadas pelo seu inconsciente e o levavam a agir de determinada maneira. Neste mesmo exemplo pode-se perceber uma materialização do paradoxo da informação no paradigma informacional, analisado por Ferreira (2004) em que o valor da informação está na sua capacidade de rápida desvalorização, neste caso está na sua possibilidade de esquecimento. Neste exemplo a possibilidade de esquecimento torna a informação propriedade apenas da organização que financia o trabalho secreto do agente.

No filme acima citado, o personagem passa pelo problema também vivido por Quaid em *Total Recall*; o conflito de identidades, pois a "memória do esquecimento" deixa-os confusos e com incertezas quanto as suas "verdadeiras" identidades. Assim as próteses de memória passam a ser confundidas com a memória "real" o que ilustra a tênue fronteira entre real e simulado analisado, por exemplo, em Landsberg (1995). A confusão dos filmes, nem sempre respondida é: Qual a identidade real e qual a protética? Nesse conflito de identidades, a memória é quem determina a experiência corporal, nesse sentido o personagem torna-se "do bem" ou "do mal" a depender da memória que possui. Assim, seu corpo produz o que sua memória o conduz.

Corpo e produtividade

"O pensar é corporal", nesse argumento sadiano trazido por Ferreira (2007) há uma indissociabilidade entre corpo e mente, um corpo pensante, inteligente. Este mesmo corpo/pensamento sofre a sobrecarga de trabalho não só braçal, mas também intelectual, inerente aos novos tempos em que a tecnologia é condutora de muitos postos de trabalho. Nesse sentido, o corpo reage, se frustra, adoece, envelhece e entristece, mas nesse ambiente de sofrimento corporal, a solução das sociedades contemporâneas não passa mais pelo descanso, mas pela edição do texto corporal. Basta alterar a parte do código genético que cuida da resposta corporal ao excesso de trabalho, ou seja, condicioná-lo geneticamente para o trabalho. Agora não precisaremos mais medir os tempos e movimentos do funcionário-padrão como fez Taylor (1970), para que fosse o padrão a ser seguido pelos demais funcionários. Agora poderemos copiar a seqüência genética responsável pelo melhor desempenho e colá-la nos demais funcionários, seria um sonho para Taylor ter um exército geneticamente modificado para o trabalho, com tempos e movimentos padrão. Assim, quem sabe não teremos gens embalados em medicamentos para transmissão mais precisa do potencial produtivo, seja ele braçal ou intelectual.

Nesse sentido Ferreira (2002, p. 222) traz algumas questões como: "o que impede hoje a engenharia genética de prescindir por completo da idéia de humano, instalando processos de transformação em nossa estrutura orgânica, segundo alguma conveniência de curtíssimo prazo?", segundo esse autor, esse fato já estaria sendo aguardado por uma certa radicalização do pensamento cibernético. Nesse contexto, a quem serviria a engenharia genética? Certamente o capital financiador dos projetos de pesquisa em biotecnologia detém certos interesses sobre tais resultados de pesquisa, desse modo, teremos quem sabe, como dito acima, um sonho taylorista realizado.

Nesse contexto, a vida começa a ser lida como texto e a lógica passa a ser a da edição textual e por que não termos uma edição voltada a um corpo produtivo. Ferreira (2002) ao analisar o 'alfabeto da vida', afirma que:

> O livro da vida é virtual porque ao descobrir uma 'sintaxe da vida' nós tanto passamos a nos reconhecer como expressões lingüísti-

cas do mundo natural, como a nos aventurar como autores num novíssimo mercado editorial. (...) *A vida já não pode mais simplesmente ser pensada como resultado de uma reprodução. A vida agora passa a ser produzida.* A idéia de um alfabeto da vida nos remete a um espaço literário aberto. (p. 223)

Segundo Ferreira (2002), a atenção de Foucault foi sobre o controle político dos corpos, o controle do *zoe* (uma vida nua). As estratégias distintas de materialização do biopoder serviram como afirmação da lógica mecânica e industrial. A primeira estratégia foi a disciplina, centrada no corpo individual, numa tentativa de torná-lo mais maleável e eficiente. Nesse sentido, "o capitalismo industrial treinou, aumentou e potencializou a vida útil destes corpos"; já a segunda estratégia, regulamentação da vida humana, Foucault pensa não apenas num disciplinamento do corpo, mas num exercício de controle sobre o homem-vivo. Assim, para Ferreira, os poderes disciplinares e regulamentadores "na prática se articulam como equipamentos essenciais da lógica industrial, que, modelando a vida em bloco ou individualmente, afirmam sempre a prioridade do mecanismo."(p.226). Nesse contexto, o autor inspirado numa reflexão foucaultiana relata que:

> A vida (humana e não humana) que cumpre às estruturas modernas de poder moldar, estender, potencializar, higienizar, distribuir no espaço, transformar de acordo com a lógica do mecanismo industrial, precisa ser pensada como "vida nua", uma vida esvaziada de conteúdos culturais e, portanto, passível de racionalização. Assim, por exemplo, a disciplina industrial concebe a vida do operário em termos bastante semelhantes àqueles empregados para garantir o funcionamento das máquinas. Nos dois casos deve-se garantir o necessário à operacionalização, seja sob a forma de manutenção periódica e amortização das máquinas, seja sob a forma de pagamento de um salário que possa garantir subsistência ao trabalhador e à sua prole. (p.225)

Nesse contexto o autor afirma que a "vida nua" pode ser inserida nessas estratégias político-econômicas inerentes a lógica industrial de produção e extração de mais-valia. Nesse sentido, há uma incorporação dessa vida ao trabalho abstrato, assim, ela pode ser direcionada para a produção industrial capitalista.

Ainda para esse autor é necessário diferenciar as práticas biopolíticas na sociedade industrial e na sociedade da informação, como descreve:

> No primeiro caso a vida é uma substância maleável, que pode ser *reproduzida e modelada* dentro de limites mais ou menos claros; no segundo caso, trata-se da *digitalização e produção da vida*. Enquanto o corpo moderno tem se mostrado plástico, adaptável as pressões do capital, *o capital biotecnológico contemporâneo prescinde da própria inteireza de corpo ou de limites da espécie para reproduzir e produzir a vida.*(p. 226)

Desempenho do corpo produtivo

Partindo-se dos argumentos da história da sexualidade, como em Foucault, lembramos que na história da Administração, tomando como referência as teorias organizacionais, a sexualidade é elemento ausente em análises e em aparições propriamente. Nesse sentido, essa ciência apresenta-se historicamente desvinculada da análise dos excessos nos contextos organizacionais, elemento um tanto quanto velado na modernidade. Onde se localizam os excessos na modernidade? As organizações são assépticas a sexualidade? Por exemplo, em *Management Lives* de Knights e Willmott (2000), livro utilizado em disciplinas como teorias organizacionais, na Inglaterra, por exemplo, traz a tona essa questão quando mostra uma realidade mais pragmática da vivência no mundo organizacional. Nesse livro os corpos não são apenas subordinados as técnicas, ferramentas e programas organizacionais, mas são corpos vivos, pulsantes e sexuados, como os corpos dos personagens abordados pelo livro, dos filmes "A insustentável leveza do ser" em que os excessos são devidamente contemplados, numa vida superficialmente dionisíaca, de um mundo organizacional real. Já em, *"The Remain of the days"*, também analisado no livro, o mordomo Stevens é o exemplo extremado e caricaturado da submissão a ordem do capital, porém este não suporta a opressão aos sentimentos corpóreos revelados discretamente por seu personagem politicamente correto. Já no terceiro filme analisado (Fogueira das vaidades) há elementos de promiscuidade no ambiente de trabalho. Assim, entende-se, a partir desta primeira tentativa surgida na Inglaterra, que há uma necessidade de incorporar aos estudos organizacionais não apenas aspectos formais da realidade organizacional, mas também a lógica viva e pulsante do mundo das organizações; inevitavelmente constituído de pessoas de um mundo real, onde a sexualidade se faz presente.

Outra relação possível é que o corpo inserido na lógica produtiva do capitalismo, seja na sociedade industrial ou na sociedade da informação deve ter sempre seu desempenho otimizado. Para isso, seja na esfera do trabalho ou na pessoal, o corpo precisa buscar melhores desempenhos. Tal fato pode ser ilustrado pelo surgimento e ascensão dos medicamentos destinados a disfunção erétil como o Viagra. Nesse contexto, é interessante perceber que os médicos, ao caracterizarem a necessidade ou não do produto, demonstram estar inseridos nessa lógica de produtividade e desempenho, pois o que define a necessidade ou não do medicamento pode ser resumido na seguinte frase: "Use, se você sentir uma melhora no seu desempenho sexual, você não tem um desempenho satisfatório e precisa do medicamento". Assim, não é de se espantar que grandes investidores como Bill Gates tenham investido no mercado da (im)potência sexual.

Infelizmente muitas empresas ainda estão nos tempos do jato d'água psiquiátrico para curar as suas paranóias comportamentais. Os programas de auto-ajuda, o *pop-management*, o condicionamento behaviorista, tentam coisas semelhantes ao que Ferreira (2007) argumenta sobre a opinião de Foucault a cerca dos psiquiatras que tentam transformar as paranóias de seus clientes em jatos d'água, para, através desse ato reflexo associativo, curar seus pacientes. Não é muito diferente do que tem produzido a literatura *pop* em administração como traz Wood Júnior (2004), eles tem tentado associar o consumo dos *packages* de consultorias, ou da moda, ao sucesso organizacional, transmitindo através de marketing persuasivo (ou jato d'água) condicionamentos que buscam a difusão dos modelos de gestão pré-fabricados que têm levado as organizações a uma infeliz replicação de modelos sem o devido tratamento das peculiaridades organizacionais.

Tecnologia e produtividade

Para Freitas e Dwyer (2005):

> É preciso perguntar também por que as TIC's são tão bem avaliadas por quase todas as categorias de atores sociais enquanto outras tecnologias de informação, e especialmente as de manipu-

lação genética aplicada à comida, centrais nucleares e outras são tão mal recebidas? A resposta parece ser que a comunicação e a informação fazem parte de uma utopia construída, uma extensão do iluminismo. É preciso fazer análises precisas e empíricas e também ver como estas análises afetam a construção da ação dos outros, sejam cidadãos que se manifestam contra transgênicos ou cidadãos que aderem à causa zapatista.

Segundo (SOUTO e SÁ 2002):

> A rápida evolução tecnológica que estamos vivendo é o principal pilar de uma transformação bio-psico-social, exigindo uma melhor compreensão das mudanças decorrentes, bem como suas inter-relações, de forma a possibilitar o desenvolvimento sustentado, a evolução nas relações e a continuidade da espécie humana.

Neste sentido, vimos que com a introdução das máquinas e das linhas de montagem, o Homem teve que adaptar seu ritmo ao das máquinas. Posteriormente, a partir da terceira revolução industrial, as novas "máquinas inteligentes" fizeram com que o Homem trocasse o *stress* físico dos tempos e movimentos pelo *stress* mental dos nanosegundos dos computadores, interferindo diretamente na saúde mental dos trabalhadores. (EWARD 2005). Desse modo entramos numa fase em que as pessoas realizam seus trabalhos cada vez mais rápido e têm cada vez menos tempo disponível, uma contradição do mundo moderno, em que a sobrecarga de trabalho eleva os níveis de estresse das pessoas e levam, segundo Edward (2005), o fator crítico de produtividade da resposta física à mental e da força muscular à cerebral, ratificando ele com o dado de que nos EUA, o estresse ocupacional custa às empresas cerca de 200 bilhões por ano.

Nesse contexto, os avanços tecnológicos podem ser vistos como desbravadores de paradigmas, pois "derrubaram conceitos culturais arraigados até a primeira metade do século passado, tais como: limite de atuação, fronteira geográfica, conhecimentos específicos e cumulativos, além de uma infinidade de outros pressupostos construídos pelo acúmulo dos anos" (SOUTO e SÁ, 2002).

O investimento em tecnologia é para as empresas, geralmente sinônimo de modernidade, agilidade e maior efetividade para os seus processos. Tal investimento consiste muitas vezes no redimensionamento das atividades de seus funcionários, assim, faz-se necessário uma política de planejamento adequada para que as tecnologias implementadas possam ser adaptadas à realidade de seus usuários. Portanto espera-se que não mais as pessoas sejam moldadas pela tecnologia e sim, a tecnologia se adeqüe ao trabalho, sendo, assim, parceira e não vilã da saúde do trabalhador.

Entretanto, podemos destacar segundo Gramkow e Guimarães (2000) que as organizações, quando introduzem inovações tecnológicas, raramente preocupam-se em avaliar os aspectos humanos relacionados e afetados por tal processo, nem tampouco levam em consideração o indivíduo em sua dimensão integral, o que inclui, obrigatoriamente, uma preocupação com a qualidade de vida no trabalho e na vida pessoal do trabalhador.

Para Trope (*apud* SOUTO E SÁ, 2002), o trabalho baseado na tecnologia possibilita um importante impacto de característica social sobre o indivíduo, que é a difícil identificação entre os limites da vida profissional e privada, pois surge a possibilidade de ocorrer invasão de privacidade por parte do contratante ou de colegas por ser facilitado o contato com o indivíduo em qualquer hora e local. Por outro lado é necessário cuidado por parte do trabalhador para que a sua produtividade não seja prejudicada pela possibilidade de administrar seu horário.

Nas organizações há uma constante busca por competitividade e níveis de crescimento favoráveis ao sucesso dos empreendimentos. Porém tal busca ainda é vista por muitos numa perspectiva de curto prazo, com avaliações de desempenho e metas específicas a serem cumpridas. As pressões/tensões existem e são fatores críticos para o desempenho das pessoas que estão cada vez mais sobrecarregadas. O trabalho muitas vezes não é executado apenas na empresa; com o advento das tecnologias de informação/comunicação, o trabalho passa a ser realizado e/ou sentido nos mais diversos ambientes do cotidiano das pessoas. O acumulo de atribuições leva o ser humano a desempenhar o seu papel de empregado não mais apenas no seu local de trabalho, mas na sua casa, no seu computador pessoal ou mesmo no seu telefone móvel particular. Assim, a tecnologia passa a interferir não só no contexto de trabalho, mas na vida pessoal, chegando às relações sociais e também ao contexto familiar.

Vemos que a adoção de novas tecnologias nas organizações tem impactos não só nos processos produtivos, mas principalmente nos atores desses processos a partir do que bem traduz Silva (2000), quando diz que a adoção de novas tecnologias implica adotar novos pontos de vista e assumir novos papéis, acarretando uma revisão nos papéis de cada um e naturalmente redimensionando a importância de cada agente inserido no contexto organizacional.

Nesse contexto, Barros (2002) traz que o grande problema da impiedosa necessidade de obter resultados é que se a tensão atinge nível muito elevado as pessoas e as empresas perdem performance.

Uma outra preocupação advinda da inserção de novas tecnologias nas organizações é a redução de jornadas de trabalho e o conseqüente desemprego. Nesse perspectiva Wisner (*apud* SOUTO E SÁ 2002) alerta para a questão da densidade do trabalho porque, "muitas atividades profissionais caracterizam-se agora por um esforço mental tão denso que não é possível mantê-lo durante todo o tempo de uma jornada de trabalho".

Já segundo Fernandes *et al.* (2001) o avanço tecnológico, a globalização e as exigências por qualidade nos produtos e serviços, vem transformando, modificando e causando diversos impactos nas formas de produzir das organizações, afetando também sua cultura, estrutura e principalmente as pessoas. Pode-se observar também que os trabalhadores são atingidos de forma direta por estas transformações, pois elas tem acontecido num ritmo muito elevado, muitas vezes maior que a própria capacidade humana pode suportar.

Atualmente, é comum a presença de doenças ocupacionais nas organizações, devido ao desconhecimento e despreparo por parte dos trabalhadores e em muitos casos dos próprios administradores, na inserção de novas tecnologias. Todavia, entende-se que não é a tecnologia por si só, responsável pelo aparecimento de doenças ocupacionais, mas sim o modo como é concebida e implantada nas organizações (FERNANDES *et al.* 2001).

Souto e Sá (2002) fazem uma análise acerca das jornadas e do volume de trabalho e suas consequencias para os indivíduos, quando discorrem baseados inicialmente em Wisner (1976:48):

Esse autor ainda ressalta três fatores principais que influem na densidade da atividade mental: a exigência sobre a memória imediata, exigência de micro-decisões contínuas e a informática, que implica na auto-aceleração. Desta forma a redução da jornada não necessariamente significa menor desgaste para o trabalhador, ao contrário, os resultados dessa redução são desastrosos para a saúde daqueles. Ele alerta ainda que a densidade cognitiva e afetiva no trabalho pode ocupar o tempo livre, alienando culturalmente o trabalhador, semelhante ao que Dejours (1992:37) cita sobre a organização do trabalho rígida que "domina não somente a vida durante as horas de trabalho, mas invade igualmente (...) o tempo fora do trabalho.

Para Vasconcelos, *et al* (2001) existem paradoxos inerentes ao discurso empresarial quando utilizam-se de modelos (Pós)Industriais para justificar a implementação de novas tecnologias e sistemas de informação. Nesse sentido, concluem mostrando que a tecnologia não induz necessariamente um tipo de percepção específica nos diferentes grupos de atores sociais. Consideram assim, que estes reagem à tecnologia a partir do sentido que atribuem à mesma, o que para esses autores, depende de suas experiências passadas e fatores ligados à sua identidade social.

Considerações finais

Este ensaio buscou analisar o corpo a partir de uma perspectiva sociológica, incorporando aspectos relacionados a sua constituição num ambiente em que ele está fortemente relacionado à tecnologia e às intenções de produtividade da sociedade capitalista em que está inserido. Nesse sentido, o corpo foi evidenciado em diferentes contextos e diferentes perspectivas de análise. Desse modo, buscou-se mostrar a importância de se estudar o corpo e suas inter-relações na sociedade, considerando-se perspectivas de um corpo ora mecânico, ora textual que será elemento cada vez mais polêmico a partir da evolução científica de áreas como a nanobiotecnologia.

Esse corpo na prática está se aproximando da sua referencia ficcional, e suas possibilidades são cada vez menos delimitadas e restritas. Nesse sentido, as fronteiras entre real e simulado, natural e artificial, saudável e patológico são elementos com fronteiras cada vez mais tênues e confusas. Tal caracteristica parece não ter volta na evolução de uma sociedade que é cada vez mais voltada para lógica do consumo e o corpos passam a ser corpos do desejo.

Referências

BARROS, Betânia Tanure. Desafio de equilibrar resultados de negócio e qualidade de vida. In: Manual de Gestão de pessoas e equipes: estratégias e tendências, Gustavo e Magdalena Boog (org.), vol. 1 – São Paulo, ed. Gente, 2002.

EDWARD, NOBORU E SHIGUEO, **O fim dos empregos**. Disponível em: http://www.ime.usp.br/~is/ddt/mac339/projetos/fim-dos-empregos/ - acesso em julho de 2005

FERNANDES, Simone da Costa; GONTIJO Leila Amaral e BEHR, Ricardo Roberto. A Influência da Organização do Trabalho – Tecnologia e Treinamento - No Aparecimento de Lesões por Esforços Repetitivos: O Caso do NPD da UFSC. In: XXV Encontro da ANPAD - Associação Nacional de Pós-Graduação e Pesquisa em Administração. Campinas, **Anais**, 2001.

FERREIRA, Jonatas. AMARAL, Aécio. Memória eletrônica e desterritorialização. *In*: Política e sociedade: **Revista de sociologia política**. Vol. 1 n. 4. Florianópolis, UFSC, Cidade Futura, 2004.

_____. O alfabeto da vida. **Revista Lua Nova** n. 55-56, 2002.

_____. Tecnologia e sociedade: corpo e modernidade. **Notas de aula**, 2007

FREITAS, Christiana DWYER, Tom. Desafios da sociedade da informação. **Disponível em**: Liinc em revista, v.1, n.2, setembro 2005, http://www.ibict.br/liinc. Acessado em 09/07/2007

GRAMKOW, Alessandra; GUIMARÃES, Valeska Nahas. Inovações Tecnológicas e Impactos na Qualidade de Vida dos Trabalhadores. In: XXIV Encontro da ANPAD - Associação Nacional de Pós-Graduação e Pesquisa em Administração. Atibaia, **Anais** 2000.

KNIGHTS, David; WILLMOTT, Hugh. **Management Lives**: power and identity in work organizations. Londres, SAGE, 1999.

LANDSBERG, Alison. Prosthetic Memory: Total Recall an Blade Runner. **In**: Cyberspace/Cyberbodies/Cyberpunk: Cultures of Technological Embodiement. Featherstone e Burrows (eds.). Sage Publications, Londres, 1995.

LUPTON, Deborah. The embodied Computer/User **In**: Cyberspace/ Cyberbodies/Cyberpunk: Cultures of Technological Embodiement. Featherstone e Burrows (eds.). Sage Publications, Londres, 1995.

MEIRA, Silvio. Informática 2055: história e futuro da informática. Palestra da RNP, 2000. **Disponível em:** www.meira.com.

MERLEAU-PONTY, M. **Fenomenologia da Percepção**. São Paulo, Martins Fontes, 1999.

SILVA, Sandro Márcio da, FLEURY, Maria Tereza Leme. Cultura organizacional e tecnologia da informação – um estudo de caso em organizações universitárias. **In**: Informática, organizações e sociedade no Brasil/ Guilhermo Rubem, Jaques Wainer, Tom Dwier, (organizadores). São Paulo: Cortez, 2003.

SOUTO, Álvaro José Braga do e SÁ, Maria Auxiliadora Diniz de. Evolução do Trabalho Tecnológico: Impactos sobre Recursos Humanos na Indústria. In: XXVI Encontro da ANPAD - Associação Nacional de Pós-Graduação e Pesquisa em Administração, Salvador. **Anais**, 2002.

TAYLOR, Frederick Wislow. **Princípios de Administração Científica**. São Paulo, 7 ed Atlas, 1970.

TURNER, Bryan S. **The body and society**: explorations in Social Theory. Sage Publications, 1997

VASCONCELOS, Isabella Francisca Freitas Gouveia de; MOTTA Fernando Cláudio Prestes; PINOCHET Luis Hernan Contreras e SEGALLA Denise Roehrig. O Lado Humano da Tecnologia: um Estudo Exploratório sobre os Paradoxos Organizacionais dos Sistemas de Informação. In: XXV Encontro da ANPAD - Associação Nacional de Pós-Graduação e Pesquisa em Administração. Campinas. **Anais**, 2001.

Wood Júnior, Tomaz. **Mudança organizacional**. São Paulo, 4º Ed., Atlas, 2004.

Capítulo 12

Um Estudo Observacional da Dualidade da Tecnologia em Filmes Cinematográficos de Ficção Científica

André Felipe de Albuquerque Fell
Nilke Silvania Pizziolo Fell
Fátima Regina Ney Matos

Resumo

O presente trabalho, sob a perspectiva da dualidade da tecnologia, procura observar como alguns filmes cinematográficos de ficção científica apresentam a interação entre homens e tecnologia ao longo dos tempos. Para os proponentes do imperativo ou determinismo tecnológico as tecnologias têm uma influência causal direta (imposta) sobre as pessoas, organizações e a sociedade, ou seja, a tecnologia determina o seu próprio uso. Por outro lado, no outro extremo, os proponentes do determinismo social defendem a construção social da tecnologia, ou seja, o enfoque denominado de SCOT (*Social Construction of Technology*). Este enfoque ou perspectiva surgiu da rejeição ao determinismo tecnológico e seu objetivo é demonstrar como a sociedade influencia a tecnologia. Neste caso, a força determinante não é a tecnologia, mas a sociedade. Neste trabalho, através da teoria da estruturação, defende-se um terceiro enfoque que é o da dualidade da tecnologia.

Palavras-chave: dualidade da tecnologia; construção social da tecnologia.

Uma breve exposição histórica

Com a invenção do relógio mecânico nos mosteiros beneditinos dos séculos XII e XIII, esperava-se proporcionar uma determinada regularidade, mais ou menos precisa, nas rotinas dos mosteiros de forma a permitir, entre outras coisas, a possibilidade de haver sete períodos de devoção ao longo do dia, bem como os sinos anunciarem (com constância e previsibilidade) as horas canônicas. Em outras palavras, era preciso uma tecnologia que permitisse a definição clara de momentos precisos de rotinas para os rituais de devoção. O que os monges não previram é que em meados do século XIV, o relógio mecânico se expandiria para além das paredes dos mosteiros, vindo a ser um meio não de mero acompanhamento das horas, mas também de organizar, sincronizar e controlar as ações dos homens. Em sua obra *Technics and Civilization* (1963), Lewis Mumford afirma que "o relógio mecânico tornou possível a idéia da produção regular, das horas de trabalho regular e de um produto padronizado". Para o autor, dificilmente o capitalismo teria se desenvolvido sem o relógio. Curiosamente e de forma paradoxal, o relógio que inicialmente havia sido criado por homens que queriam se dedicar mais rigorosamente a Deus acabou sendo a tecnologia de maior uso para os homens que desejavam se dedicar à acumulação de dinheiro e bens materiais.

No século XVI, com a invenção da imprensa de tipos móveis, o alemão Gutenberg, católico devoto, não imaginava as possíveis críticas e conseqüências de sua invenção, como por exemplo:

* Os copistas, os papeleiros (que vendiam livros manuscritos), os cantores contadores de histórias profissionais criticavam o novo instrumento por recearem que a imprensa os privaria de seu meio de vida. A imprensa visivelmente constituía um ataque à "epistemologia da tradição oral" (POSTMAN, 1994, p.38);

* Os eclesiásticos, por sua vez temiam que os leigos comuns pudessem estudar os textos religiosos por conta própria ao contrário de seguirem as prescrições das autoridades religiosas. Na Itália do século XVI, por exemplo, sapateiros, tintureiros, pedreiros e donas-de-casa, reivindicavam o direito de interpretar as escrituras (DAVIDICO *apud* FRAGNITO, 1997, p.73). Lutero, o "herege"

para a Igreja; visualizando o potencial de maior acesso à informação pela produção em massa de livros, descreveu a imprensa como "o ato de graça mais alto de Deus, com o qual a causa do Evangelho foi impulsionado para a frente".

* Na esfera política, o maior acesso a informações (via jornais impressos, livros, etc.) alimentaria a possibilidade do cidadão comum discutir e criticar as medidas de governantes autoritários. Isso levava a um dilema: caso esses governos autoritários não respondessem às críticas poder-se-ia ter a impressão de que não tinham argumentos a apresentar. Por outro lado, ao responderem às críticas estariam estimulando a própria liberdade de julgamento político que desaprovavam. Daí o principal censor da imprensa após a restauração de Carlos II, o inglês Sir Roger L'Estrange, questionar "se a invenção da tipografia não trouxera mais malefícios do que vantagens para o mundo cristão" (KITCHIN, 1913).

* Por último, a expansão da informação subseqüente à invenção da imprensa. Para Tennant (1996, p. 9), a informação se alastrou "em quantidades nunca antes vistas e numa velocidade inaudita". Enquanto na alta Idade Média havia o problema de escassez informacional devido à falta de livros, já no século XVI o problema agora passava a ser a superfluidade. Em 1550, o escritor italiano Antonfrancesco Doni se queixava da existência de "tantos livros que não temos tempo para sequer ler os títulos". O uso de metáforas explica o sentimento à época: para alguns, como Jean Calvin *apud* Cavallo e Chartier (1999, p.234), os livros seriam uma "floresta" na qual os leitores poderiam se perder. Já para outros, os livros eram um "oceano", no qual os leitores tinham de navegar, ou uma "inundação" de material impresso em meio a qual era difícil não se afogar (LIESHOUT, 1994, p. 134). Em síntese, a nova invenção exigia de forma urgente novos métodos de gerenciamento da informação.

Enquanto as lentes como auxílio à leitura dos idosos foram criadas na Europa do século XIII, especificamente na Itália em 1280; o primeiro telescópio só surgiu no século XVII. Foi na Holanda em 1608 que um fabricante de óculos chamado Johann Lippershey fez a primeira combinação de lentes em um instrumento "tipo telescópio", destinada a melhorar a visualização dos telespectadores de óperas. No ano seguinte, Galileo

Galilei tomando conhecimento desse invento, resolveu modificá-lo para os seus estudos, construindo ele próprio as suas lentes. Dessa forma, estava inventado o telescópio refrator composto por duas lentes na extremidade de um tubo de couro. O que Galileo e os estudiosos que refinaram o telescópio não imaginavam é que com a melhoria nas condições de especular, medir e conhecer mais precisamente o céu estar-se-ia desencadeando um possível colapso na teologia e na metafísica do mundo medieval, tão cuidadosamente vigiada e controlada pela Santa Fé. Por que o colapso? Porque conforme os doutores da Igreja interpretavam os textos sagrados, a Terra sendo o centro estável do universo, Deus haveria de ter um interesse especial pelos homens. Com o telescópio e outras tecnologias da época, a Terra perdia o favoritismo de centro do universo, por conseguinte, a desolação psíquica do homem medieval seria inevitável diante da idéia de que talvez Deus não tivesse tanto interesse pela humanidade.

As explicações acerca do relógio mecânico, da prensa tipográfica e do telescópio foram desenvolvidas para mostrar que conseqüências imprevistas acontecem no esforço de definir os caminhos para a qual a interação entre homem e tecnologia vem conduzindo a sociedade. Dito de outra forma, qualquer previsão futurista acerca das conseqüências da interação homem-tecnologia pode ser pouco precisa, quando não completamente equivocada. Será por isso que até hoje não houve um cientista social que conseguisse efetivamente determinar uma organização social do futuro?

Dualidade da tecnologia

Um grande e longo debate na literatura de tecnologia da informação diz respeito à relação entre a tecnologia e as organizações. Em resumo, é a tecnologia que age sobre as organizações ou os atores humanos que determinam como a tecnologia é usada?

Para os proponentes do imperativo ou determinismo tecnológico as tecnologias têm uma influência causal direta (imposta) sobre as pessoas, organizações e a sociedade, ou seja, a tecnologia determina o seu próprio uso. Por outro lado, no outro extremo, os proponentes do determinismo social defendem a construção social da tecnologia, ou seja, o enfoque denominado de SCOT (*Social Construction of Technology*).

Este enfoque ou perspectiva surgiu da rejeição ao determinismo tecnológico e seu objetivo é demonstrar como a sociedade influencia a tecnologia. Neste caso, a força determinante não é a tecnologia, mas a sociedade.

Nos últimos anos, foram feitas várias tentativas para sugerir uma posição intermediária. Assim sendo, uma terceira sugestão bastante discutida nos dias de hoje visa transcender as polaridades das duas perspectivas anteriores, ou seja, do determinismo tecnológico e do determinismo social. A teoria da estruturação, como teoria social "tem a tarefa de fornecer concepções da natureza da atividade social humana e do agente humano que possam ser colocadas a serviço do trabalho empírico" (GIDDENS, 1989, p.14).

Nesta direção, objetivando analisar a interação entre tecnologia e organização, sob a ótica da teoria da estruturação, criou-se a chamada teoria estruturacional da tecnologia (ORLIKOWSKI, 1992). Sob esta ótica, a tecnologia é criada e alterada pela ação humana, além de ser usada pelas pessoas para executar alguma ação (Figura 1). Neste caso, a tecnologia é tanto objetiva (fisicamente construída por atores que trabalham num particular contexto social e histórico), quanto subjetiva (socialmente construída pelos atores sociais através dos significados que lhe são atribuídos) (RODRIGUES FILHO; ALPES DA SILVA, 2001).

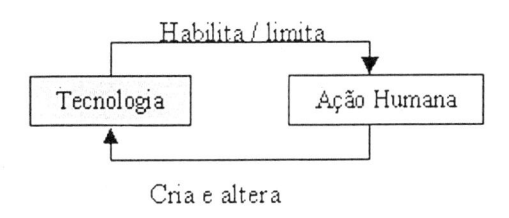

Figura 1. Dualidade da tecnologia.
Fonte: Rodrigues Filho e Alpes da Silva (2001)

Sob a perspectiva da dualidade da tecnologia, o presente trabalho procura observar como alguns filmes cinematográficos de ficção científica apresentam a interação entre homens e tecnologia ao longo dos tempos.

A Pesquisa qualitativa

A pesquisa qualitativa, apesar de ter sido utilizada com determinada regularidade por antropólogos e sociólogos, só nos últimos trinta anos começou a ganhar reconhecimento em outras áreas, como a psicologia, a educação e a administração de empresas (GODOY, 1995, p.58). Seja na abordagem quantitativa ou qualitativa, busca-se pela pesquisa realizar novas descobertas de informações ou relações, ou ainda verificar e ampliar o conhecimento existente; mesmo que os caminhos seguidos por essas abordagens assumam contornos diferentes.

Em geral, na pesquisa quantitativa, o trabalho do pesquisador é orientado por um plano estabelecido *a priori*, apresentando hipóteses claramente especificadas, além da definição operacional das variáveis de interesse ao estudo. Ainda há a preocupação com a medição a mais objetiva e precisa possível, evitando distorções ou enviesamentos nas inferências obtidas; e por último, há uma busca por quantificar os resultados.

Diferentemente acontece na pesquisa qualitativa. Para Godoy (1995, p.58): "...a pesquisa qualitativa não procura enumerar e / ou medir os eventos estudados, nem emprega instrumental estatístico na análise dos dados. Parte de questões ou focos de interesses amplos, que vão se definindo à medida que o estudo se desenvolve. Envolve a obtenção de dados descritivos sobre pessoas, lugares e processos interativos pelo contato direto do pesquisador com a situação estudada, procurando compreender os fenômenos segundo a perspectiva dos sujeitos, ou seja, dos participantes da situação em estudo".

Breve histórico da pesquisa qualitativa

Há indícios que sugerem o aparecimento dos estudos qualitativos nas investigações de natureza social a partir da segunda metade do século XIX.

Frédéric Lé Play (1806-1882) em *Lés ouviers européens*, um estudo sociológico sobre as famílias das classes trabalhadoras da Europa, publicado em 1855, é mencionado como uma das primeiras pesquisas a usar a observação direta da realidade. Sua inovação reside no desenvolvimento de um estudo comparativo de monografias constituídas a partir de dados coletados em inúmeras viagens pela Europa, que a pouco e pouco, permitiram a identificação de famílias "típicas" da classe trabalhadora, a partir de pessoas exercendo determinadas ocupações.

Ainda tendo como foco de estudo a classe trabalhadora, a obra de Henry Mayhew, *London labour and the London poor*, publicada em quatro volumes entre 1851 e 1862, retrata as condições de pobreza, tanto dos trabalhadores, quanto dos desempregados de Londres. Na fase de coleta de informações, o autor utilizou histórias de vida e entrevistas "em profundidade".

Há autores que consideram a obra de Sidney Webb (1859-1947) e Beatrice Webb (1858-1943), *Methods of social investigation*, publicada em 1932; o primeiro esforço em delimitar os aspectos metodológicos da abordagem qualitativa. Os Webbs desenvolveram grandes quantidades de estudos sociais e políticos que contribuíram para o desenvolvimento da sociologia inglesa. Seus estudos apoiavam-se fundamentalmente na descrição e análise das instituições, não necessariamente utilizando uma teoria, *a priori*, para explicá-las; valorizando, ainda, as entrevistas, os documentos e as observações pessoais.

Nos Estados Unidos, o estudo pioneiro que representou uma tentativa de acoplar dados qualitativos aos quantitativos na análise de problemas de cunho social, foi o *Pittsburgh Survey*, publicado entre 1908-1909. Nele, entre outras coisas, há a apresentação de descrições detalhadas, entrevistas, retratos e fotos da época. Durante o período de 1910-1940 é possível encontrar o uso da abordagem qualitativa nos trabalhos realizados pelo Departamento de Sociologia da Universidade de Chicago. Para Becker (*apud* Ciência Hoje, 1991), não se pode falar em clareza metodológica naquela época porque os pesquisadores de Chicago simplesmente inventavam, criavam métodos, a partir da coleta de autobiografias, análise de cartas e outros documentos, além da realização de entrevistas. A contribuição do grupo de Chicago reside na forma como interpretavam os resultados de suas investigações, isto é, enfatizavam a natureza social e interacional da realidade (abordagem interacionista). Em outras palavras, reconheciam que todas as opiniões, públicas ou privadas são frutos do meio; cabendo ao pesquisador a função de captar a perspectiva daqueles entrevistados por ele.

Na antropologia, pode-se citar os estudos de campo de Franz Boas (1858-1942) e Bronislaw Malinowski (1884-1942), realizados sob uma perspectiva qualitativa. O primeiro pesquisador, muito contribuiu para o processo de estruturação da antropologia na América do Norte, e através de estudos essencialmente descritivos, defendia a perspectiva de pouca possibilidade de generalização nas ciências sociais, já que culturas estudadas deveriam ser abordadas indutivamente, a partir dos referenciais e valores dos seus membros. Malinowski acreditava ser indispensável ao pesquisador permanecer "em campo" tanto tempo quanto possível, para captar, como observador participante, a realidade social e interacional da cultura em estudo.

Por outro lado, vale ressaltar a resistência, durante algum tempo, dos sociólogos à abordagem qualitativa devido à significativa influência dos trabalhos iniciais de Durkheim, predominantemente estatísticos na organização e análise de dados.

O período entre os anos de 1930 e 1960 é marcado por uma diminuição na realização de pesquisas qualitativas; merecendo destaque a contribuição da escola do pensamento sociológico (a Escola de Chicago) em 1937, onde Herbert Blumer elaborou o termo "interacionismo simbólico": a sociedade é um processo em que indivíduo e sociedade mantêm constante e estreita inter-relação; sendo o aspecto subjetivo do comportamento humano um elemento necessário na formação e manutenção dinâmica do *self* social. O sentido que as coisas (idéias, situações vivenciais, objetos físicos, instituições) tem para as pessoas surge da interação entre os indivíduos, sendo modificado e manipulado em consonância com o processo interpretativo cotidianamente usado.

É a partir da década de 60 que a pesquisa qualitativa é incorporada em outras áreas de estudo além da antropologia e sociologia. Na área de administração de empresas isso começa a ser claramente delineado a partir dos anos 70, especificamente 1979, com a publicação de um número da revista *Administrative Science Quarterly*, totalmente dedicada ao tema "qualitative methodology". O enfoque qualitativo foi se mostrando de grande utilidade e adequado aos estudos organizacionais, como por exemplo, nos trabalhos publicados na *Administrative Science Quarterly*, pelos estudiosos Lawrence e Lorsch (1967), Hirsch (1975) e Sebring (1977).

Algumas características da pesquisa qualitativa

Há na literatura uma ampla discussão acerca das vantagens e desvantagens das pesquisas com enfoque qualitativo ou quantitativo. Objetivando, de forma sucinta, mostrar os aspectos conceituais que diferenciam cada um deles, o Quadro 1 a seguir, mostra a caracterização de ambos os tipos de pesquisa, a partir dos pressupostos ontológico, epistemológico, axiológico, retórico e metodológico.

Pressuposto	Questão	Quantitativa	Qualitativa
Ontológico	Qual é a natureza da realidade?	A realidade é objetiva e singular, independente da postura do pesquisador.	A realidade é múltipla, de acordo com a vivência do pesquisador na situação pesquisada.
Epistemológico	Qual é a relação entre pesquisador e assunto pesquisado?	O pesquisador tem uma postura independente em relação à situação pesquisada.	O pesquisador interage com o assunto objeto da pesquisa.
Axiológico	Qual é o papel dos valores?	O valor é de liberdade e de não influência na postura de pesquisador.	O valor é carregado e influenciado pela postura do pesquisador.
Retórico	Qual é a linguagem da pesquisa?	A linguagem é formal e baseada em definições; a voz é impessoal; são usados termos quantitativos.	A linguagem é informal e abrange decisões; são usados termos qualitativos.
Metodológico	Qual é o processo da pesquisa?	O processo é dedutivo; busca relações de causa e efeito; faz uso de desenho estatístico; categorias de análise *a priori*; há generalização dos resultados; o cuidado no tratamento é feito através da validez e da confiabilidade.	O processo é indutivo; busca compartilhamento mútuo e simultâneo de fatores; categorias de análise *a posteriori*; os resultados são limitados ao contexto; o cuidado e a segurança no tratamento são feitos através da verificação.

Quadro 1. *Características básicas das pesquisas qualitativas e quantitativas.*
Fonte: *adaptado de Creswell (1994).*

Para Bogdan e Biklen (1982), apesar de uma grande diversidade de trabalhos intitulados qualitativos, é possível identificar alguns aspectos essenciais dos estudos qualitativos. São eles:

(1) A valorização da necessidade do pesquisador manter o contato direto e prolongado com o mundo empírico em seu ambiente natural, uma vez que o fenômeno pode ser mais bem observado e compreendido no contexto em que ocorre e do qual é parte. Aqui, através de instrumentos de coleta de dados como videoteipes e gravadores, ou um simples bloco de notas; o pesquisador, nas fases de observação, seleção, análise e interpretação dos dados coletados, conta com o aspecto do seu próprio subjetivismo, suas interpretações reflexivas do fenômeno.

(2) As pesquisas qualitativas são descritivas. Neste aspecto, o ambiente e as pessoas não são reduzidos a variáveis estatísticas / numéricas; busca-se o entendimento do todo, em toda a sua complexidade e dinâmica. Os dados coletados aparecem sob a forma de transcrições de entrevistas, anotações de campo, fotografias, desenhos e vários tipos de documentos. Não é possível compreender o comportamento humano sem levar em conta o quadro referencial e contextual que os indivíduos se utilizam para interpretar o mundo em volta.

(3) As pesquisas qualitativas procuram compreender o fenômeno estudado a partir da perspectiva dos participantes; considerando todos os pontos de vistas importantes para esclarecer, sob diversos aspectos interpretativos, a situação em estudo.

(4) Os pesquisadores qualitativos usam do enfoque indutivo na análise dos dados. Não há a preocupação em se procurar dados ou evidências que corroborem com suposições ou hipóteses estabelecidas, *a priori*. O pesquisador de orientação qualitativa ao planejar desenvolver alguma teoria sobre o que está estudando, vai a pouco e pouco construindo o quadro teórico, à medida que coleta os dados e os examina.

Procedimentos metodológicos

A Observação como método de coleta de dados na pesquisa qualitativa

O ato de observar a realidade em volta torna os seres humanos inclinados a serem observadores natos, uma vez que é a partir da observação, ainda que inconsciente e não sistematizada, que se aprende a identificar comportamentos, atitudes, valores e ações que são socialmente aceitos pelos grupos a que se pertence. Acontece que, assim como há uma significativa diferença entre conversar informalmente com alguém e entrevistar essa mesma pessoa, há uma diferença significativa entre o ato de observar rotineiramente a nossa interação com o mundo e observar "com olhos clínicos", isto é, observar apurada e sistematicamente para coletar dados (MERRIAM, 1998).

A observação passa a ser um método de coleta de dados quando serve a um propósito formulado de pesquisa; é deliberadamente planejado; passa a ser sistematicamente gravado e passa a ser objeto de consulta e controle no que diz respeito a aspectos de validade e confiabilidade. Em que situação o pesquisador optaria por utilizar a observação para a coleta de dados? Algumas explicações são possíveis:

(a) o observador externo pode perceber coisas importantes para a compreensão de um contexto que passariam despercebidas para os membros de um grupo social;

(b) observações podem ser conduzidas para triangular, em conjunto com entrevistas e análise de documentos, dados encontrados;

(c) a condução de uma observação permite o conhecimento de um contexto natural, ou seja, no instante e no local em que ele se apresenta;

(d) a observação é a técnica mais recomendada quando se deseja conhecer em "primeira mão", com exclusividade; alguma atividade, evento ou situação que normalmente os participantes não têm condições ou desejo de discutir publicamente.

Um outro aspecto importante da observação é com relação a o que se deve observar. Tal aspecto está muito associado e dependente ao problema, ao modelo conceitual ou às questões de interesse formuladas pelo pesquisador. Além disso, questões de natureza prática também precisam ser consideradas no instante de definir o que será observado, como por exemplo, comportamentos de difíceis possibilidades de observação; a questão de o pesquisador ter tempo, disposição e dinheiro ou a autorização daqueles a quem vai observar. Há ainda que se considerar que o que será observado vai depender de quão estruturado o pesquisador optou por ser, na escolha de certos eventos, comportamentos ou pessoas. Pelo problema de pesquisa é possível determinar, antecipadamente, por onde começar a observação. No entanto, onde focalizar ou parar a ação são difíceis de serem determinados com antecedência, já que podem acontecer mudanças inesperadas ao longo do curso do estudo. Reconhecendo que o pesquisador não pode observar tudo e que ele precisa começar de algum lugar, é possível citar alguns elementos que podem auxiliá-lo, como por exemplo, o cenário físico; os participantes; as atividades e as interações; as conversações; os fatores tácitos e o próprio comportamento do pesquisador.

Ressalta-se ainda um outro aspecto a ser considerado na observação diz respeito às anotações feitas em campo. Tais anotações passam a ser "matéria-prima" preciosa na fase de análise dos dados, daí a necessidade de cuidados com elas porque quanto mais detalhadas e completas estiverem, mais fáceis e ricas serão as análises. O quanto é possível de ser anotado durante a observação? A resposta está no papel que o observador desempenhar no processo. Por exemplo, se ele for um participante ativo, possivelmente as anotações serão possíveis de serem feitas *pos facto*. Há que se considerar até que ponto o uso de filmadora, máquina fotográfica ou gravador não passa a ser algo indesejável e ameaçador para os grupos observados; nesses casos, ao observador sobra o recurso de utilizar um bloco de notas para registrar o máximo possível no instante da observação ou após ela, recorrendo à memória. Do pesquisador é requerida muita autodisciplina no aspecto de sentar e descrever, o mais detalhado possível, aquilo que acaba de ser observado. O formato das anotações varia, mas essencialmente, deve ser de um modo que o pesquisador consiga facilmente encontrar a informação desejada. Para tal, anotações como horário, local, propósito da observação, nome dos participantes; podem ser de grande utilidade no momento de localizar alguma informação durante a análise dos dados. Os comentários pessoais do observador no bloco de notas durante a observação podem ser considerados um preparativo para o início da análise dos dados, por conseguinte, facilitando a preparação de possíveis questionamentos e interpretações.

O "modus operandi" do estudo proposto

O presente trabalho pretende, através da observação como método de coleta de dados, verificar como alguns filmes cinematográficos de ficção científica apresentam a interação entre homem e tecnologia ao longo dos tempos, através da ótica da dualidade da tecnologia. O presente estudo caracteriza-se por ser predominantemente qualitativo, do tipo descritivo-interpretativo.

Após a escolha dos filmes de ficção científica que melhor permitissem analisar a interação entre homem e tecnologia, sob a ótica da dualidade da tecnologia; o observador assistiu a cada um deles sem a preocupação de fazer anotações, mas unicamente com a intenção de se assegurar da existência da interação entre homem e tecnologia. Em seguida, os filmes foram revistos, dessa vez, com um esforço de "olhar clínico e crítico", isto é, buscando conhecer, interpretar, identificar categorias analíticas comuns aos filmes que pudessem refletir a proposta do estudo.

Após algumas reflexões, foi possível categorizar inicialmente os filmes em dois grandes grupos analíticos, aqui apresentados como 1ª parte e 2ª parte. A seguir, um maior detalhamento dessas duas partes.

- **1ª PARTE.** Aqui, um esforço é feito no sentido de verificar como são apresentadas as interações entre homem e tecnologia, nos seguintes filmes de ficção científica:

* "2001: Uma Odisséia no Espaço" (1968);
* "O Exterminador do Futuro" (1984);
* "Assassino Virtual" (1995);
* "Inteligência Artificial" (2001);
* "Minority Report" (2002);
* "Simone" (2002).

Foi possível observar nos filmes da 1ª parte que o foco é essencialmente a interação particular e específica de uns poucos personagens com determinada tecnologia. Em outras palavras, o foco diz respeito a cenas de comportamentos, das reações, atitudes e decisões desses personagens diante de sua interação com a tecnologia e no qual o telespectador é como que convidado e estimulado a "se colocar no lugar do outro", tamanha é a ênfase nas conseqüências pessoais daquela interação.

- **2ª PARTE.** Tentou-se verificar as conseqüências e repercussões sociais das interações estabelecidas entre homem e tecnologia, nos seguintes filmes:

* "Tempos Modernos" (1936);
* "Blade Runner" (1982);
* "Matrix" (1999);
* "Eu, Robô" (2004).

Já na 2ª parte, apesar da existência de um enredo do personagem principal em interação com a tecnologia, as "lentes do diretor" são ampliadas no seu foco no sentido de nos direcionar / alertar, ao fim do filme, para questionamentos do tipo: "Será que a nossa sociedade vai passar por algo parecido apresentado no filme?"; "Será que já não vivemos de alguma forma, com a atual tecnologia, o que o filme trata de denunciar na forma de ficção, comédia, drama?" Em outros termos, a 2ª parte possibilita o exercício de estender as reflexões para níveis sociais, culturais, filosóficos, etc.

A seguir, são apresentadas e explicadas as categorias analíticas identificadas na 1ª e 2ª partes. Em anexos, todos os filmes observados e analisados, com as respectivas sinopses e fichas técnicas para cada um deles.

Categorias analíticas identificadas na 1ª Parte

Após observação dos filmes de ficção científica da 1ª parte, foi possível identificar algumas categorias analíticas comuns entre eles:

(A) A criação funcional da tecnologia para o desempenho de tarefas previsíveis. Ficam bem evidenciadas pelas funções / tarefas que a tecnologia desempenha qual é a razão dela ter sido elaborada: tornar o trabalho humano mais produtivo, realizar tarefas ou missões humanamente difíceis, satisfazer alguma necessidade ou anseio humano, proporcionar conforto / segurança para os seres humanos, etc.

(B) A tecnologia é "boa" enquanto estiver submissa aos desígnios das ações humanas. A completa submissão aos humanos e a previsibilidade nas "ações" da tecnologia refletem a sua qualidade funcional, produtividade e satisfação de quem a adquire. Parece haver nos filmes quase um sentimento de felicidade humana subliminar no ato de poder subjugar algo que é fisicamente (força, velocidade de processamento, agilidade e destreza, etc.) superior às faculdades e habilidades do corpo orgânico humano.

(C) A tecnologia é "má" quando passa a desobedecer às ordens humanas. A não obediência às ordens humanas denota "defeito de fabricação", "erro de programação" ("capricho algorítmico"), "projeto mal elaborado", etc. Desse modo, a desconfiança e o receio passam a imperar na interação porque a frágil vida física do ser humano passa a ser potencialmente ou efetivamente ameaçada pela força mecânica superior de sua invenção.

(D) Quanto maior a complexidade tecnológica, maior a imprevisibilidade da tecnologia. A tecnologia de "última geração" tende a apresentar "comportamentos aleatórios, imprevisíveis"; o que compromete o seu desempenho e funcionalidade; acarretando riscos e prejuízos à ordem estabelecida pelos humanos. Contraditoriamente, ao mesmo tempo em que se (re)conhece (de forma tácita, não declarada) os potenciais riscos para os homens da imprevisibilidade da invenção, grande é o júbilo e até a alegria por se está sempre lançando um invento mais "moderno", mais "complexo"; refletindo, desse modo, a insaciável necessidade humana de "vencer desafios", "ir além dos limites", etc. Nos filmes, é visível a imagem de inventores e cientistas desapegados, materialmente desinteressados; movidos apenas pelo desafio intelectual e pelo "amor às ciências e ao progresso da humanidade".

(E) Quanto mais "inteligente" uma tecnologia for programada, mais humanizada se parecerá. Paradoxalmente, quanto mais "humanizada e inteligente" a tecnologia é, menos confiança passa a existir na interação porque atributos humanos como dissimulação, imprevisibilidade, agressividade e desejo de poder passam a compor uma possível relação "perde-ganha". O interessante nesse paradoxo encontrado nos filmes é que os humanos querem uma tecnologia tão inteligente ou humana quanto eles próprios, todavia, que seja completamente submissa à ação humana como o são objetos e artefatos criados pela cultura. Historicamente, a escravidão demonstrou que um homem completamente subjugado aos desígnios de outro, perde a sua condição de humanidade, "coisificando-se".

(F) À medida que se procura agregar mais atributos "humanizantes" e particularidades de desempenho que aumentem a autonomia da tecnologia, constata-se de forma diretamente proporcional, um aumento da ameaça à soberania humana. Com inventos fisicamente mais fortes e capazes de aprender a raciocinar mais rapidamente e a "ter vontade própria" (livre arbítrio?), corre-se o risco de, mais cedo ou mais tarde, os homens serem subjugados por sua própria invenção.

(G) A atitude ou crença de se aceitar incondicionalmente as informações ou explicações da tecnologia. Percebe-se por meio de frases como: "o computador está mostrando..."; "o computador determinou..." que elas quase se equivalem à afirmação: "É a vontade de Deus!", ou seja, o que a invenção tecnológica demonstrar é necessariamente e inquestionavelmente correta porque além de ser "a última palavra em tecnologia avançada", ela nos é superior em velocidade de processamento, cálculo probabilístico, etc. O que os filmes esquecem é que o "input" (entrada) informacional, muitas vezes é iniciada por humanos e que uma entrada errada levará necessariamente a um processamento e saída igualmente errada.

Categorias analíticas identificadas na 2ª Parte

Na 2ª parte, após observação dos filmes foi possível visualizar algumas categorias analíticas comuns:

(A) Crescente dependência humana da tecnologia. À idéia e esforços iniciais de desenvolvimento da tecnologia para uma melhoria progressiva da condição humana tem, todavia, levado a uma maior dependência dos homens com relação às invenções, por conseguinte, à falta de liberdade humana. Os filmes de ficção científica ressaltam de forma criativa e bem humorada (e de forma inconsciente) essa dependência. Em diversas situações triviais, por exemplo, o ser humano aparece fazendo cada vez menos esforço físico porque há uma tecnologia realizando as tarefas operacionais para ele, como escrever uma mensagem para alguém, controlar a temperatura no lar, etc.

(B) A tecnologia desencadeando um reordenamento dos valores; reconstrução e tecnificação da cultura. O convívio e a interação entre homens e tecnologia, sob uma lógica digital e racionalidade instrumental-consumista, leva a uma espécie de identificação total entre todo mundo, isto é, uma homogeneidade valorativa e conseqüente busca por exterminar o diferente, o estranho. Como numa linha de produção automatizada, o que não está dentro dos padrões e das conformidades é sumariamente rejeitado e eliminado.

(C) A racionalização instrumental e tecnológica da vida e relações sociais. Percebe-se que a tecnologia vai, a pouco e pouco, sugerindo uma nova relação dos humanos com a informação, com o trabalho, com o poder e com a própria natureza. Nos filmes, por meio da permanência da convicção vanguardista, é enfatizada a idéia de que os problemas humanos poderão ser resolvidos pela tecnologia. Aspectos como conflito de interesses e manipulação, são desconsiderados por seguirem uma racionalidade difusa, pouco clara e de difícil estruturação.

(D) A desintegração da individualidade humana. Percebe-se que com as aceleradas mudanças tecnológicas bastante enfatizadas nas cenas dos filmes, pouco ou nenhum tempo sobra para o homem refletir sobre a sua condição existencial e os seus valores de referência, nem muito menos se admirar com o a ciência do belo, na natureza e na arte. Em outras palavras, a sociedade tecnológica dos filmes parece ser movida por fórmulas vazias e repetitivas, cuja ênfase é na pura e simples ação ou resposta ao comando e desígnios objetivos da tecnologia. Além disso, nos filmes de ficção científica, as atrações pelas máquinas virtuais parece se originar "(...) menos na sede de informação e de conhecimento, ou mesmo de encontro, do que no desejo de desaparecimento e na possibilidade da dissolução numa convivialidade fantasma" (BAUDRILLARD, 1997: 147).

(E) Dificuldade em definir o que é humano e o que é não humano (tecnologia). Nos filmes observados, os avanços da biotecnologia como elemento de convergência entre tecnologia e as ciências da vida; além do salto qualitativo da inteligência artificial, levantam uma série de questionamentos filosóficos, éticos e morais acerca da natureza humana. O que diferenciaria um ser humano de um andróide ou robô inteligente capazes de exprimir sentimentos e pontos de vistas particulares acerca de algum assunto? Para os materialistas, não haveria diferença alguma. Mas os filmes sempre deixam uma "interrogação no ar": seríamos apenas um amontoado de células funcionando sob o comando de um cérebro perecível e, coordenadas por reações físico-químicas e impulsos elétricos?

(F) Desejo humano de superar a fatalidade da morte física por meio da tecnologia. Não se atendo a reflexões mais profundas acerca da natureza humana, os filmes parecem mostrar (tacitamente) o receio da sociedade tecnológica unidimensional no que diz respeito à morte. E o vencer esse receio consiste na utilização das potencialidades da tecnologia, como a digitalização, a virtualização e a desmaterialização da consciência; tornando o homem imortal. Saí-se da esfera restrita do corpo orgânico para o corpo pós-orgânico (SIBILIA, 2003).

Considerações finais

Nos filmes cinematográficos de ficção científica analisados, tentou-se observar como é apresentada a interação entre homem e tecnologia ao longo dos tempos, através da ótica da dualidade da tecnologia. Em todos os filmes, foi possível identificar um princípio de crítica aberta ou subentendida (na maioria dos casos) sobre a racionalidade prática que permeia o modo de vida das sociedades humanas e, fundamentalmente centrada nos aspectos de interesses individuais, eminentemente utilitaristas e egoísticos; daí tanta ênfase no desenvolvimento tecnológico-científico.

O fato de se viver numa sociedade tecnológica onde são enfatizados os sistemas de conduta de ação racional com propósito, ou seja, "o fazer alguma coisa movido exclusivamente pelo objetivo de obter um resultado" – não seria conceber o ser humano apenas como uma criatura capaz do cálculo utilitário de conseqüências, onde o mercado é o modelo de acordo com o qual sua vida associada deveria organizar-se e a tecnologia o meio para essa organização? Em outras palavras, não é limitar a natureza humana a uma função meramente sensorial, como o animal instintivo que busca o alimento diário; uma vez que a existência acaba por se resumir a manter o aparelho biológico em bom funcionamento? De nada servem, por não constituírem uma relação premeditada de interesse (formal), a literatura, as artes, a música; o exemplo de personalidades históricas humanas, cuja abnegação e esforço incansável no serviço ao bem estar do próximo desafiam qualquer lógica utilitária em uma sociedade tecnológica?

Ademais, em todos os filmes foi possível observar que a extrema racionalização instrumental do meio social, caracterizando uma sociedade de intenso controle que é resultado da interação homem-tecnologia, parece paradoxalmente levar, a um irracionalismo por desencadear certa frouxidão no processo de diferenciação do que é ser humano e o que é ser não-humano. Tal fato é evidenciado em diversas cenas nas quais é visível a convergência científica e tecnológica da cibernética, a informática e a biologia através de uma relação simbiótica de alguns protagonistas com seus artefatos tecnológicos usados em seus corpos somáticos para aumentar a sua força física ou a sua inteligência. São essas inovações biotecnológicas apresentadas "naturalmente" nos filmes que parecem sinalizar para formas *pós-humanas* de existência, supondo que as fronteiras entre os sujeitos, seus corpos e o mundo exterior, estão sendo radicalmente reconfiguradas [...] Categorias analíticas centrais que temos amplamente utilizado para estruturar nosso mundo, que deriva da divisão fundamental entre cultura e natureza, estão em perigosa dissolução; categorias como 'o biológico', 'o tecnológico', 'o natural' e 'o humano' estão agora começando a borrar. (FEATHERSTONE; BURROWS, 1995, p.3).

Referências

BAUDRILLARD, Jean. **Tela-total**. Porto Alegre: Sulina, 1997.

BOGDAN, R.C., BIKLEN, S.K. **Qualitative research for education: an introduction to theory and methods**. Boston: Allyn and Bacon, 1982.

CAVALLO, G., CHARTIER, R. (eds.) **A history of reading in the West.** Cambrige, 1999.

CIÊNCIA HOJE. **A Escola de Chicago na visão de Howard S. Becker.** V.12, n.68, 1991, p.54-60.

CRESWELL, J.W. **Research Design: quality and quantitative approaches.** USA: Sage, 1994.

FEATHERSTONE, Mike, BURROWS, Roger. **Cultures of technological embodiment: an introduction.** *In:* _____; _____ (Eds.). Cyberspace/Cyberbodies/Cyberpunk: cultures of technological embodiment. London: Sage Publications, 1995.

FRAGNITO, G. **La Bibbia al rogo: la censura ecclesiastica e I volgarizzamenti della Scrittura**: 1471-1605. Bologna, 1997.

GIDDENS, Anthony. **A constituição da sociedade.** Tradução Álvaro Cabral. São Paulo. Martins Fontes, 1989.

GODOY, Arilda Schmidt. Introdução à pesquisa qualitativa e suas possibilidades. **Revista de Administração de Empresas** (RAE), v.35, n.2, mar / abr., 1995, p.57-63.

HIRSCH, P.M. Organizational effectiveness and the institutional environment. **Administrative Science Quarterly**, v.20, n.3, 1975, p.327-44.

KITCHIN, G. **Sir Roger l'Estrange.** London, 1913.

LAWRENCE, P.R., LORSCH, J.W. Differentiation and integration in complex organizations. **Administrative Science Quarterly**, v.12, n.1, 1967, p.1-47.

LIESHOUT, H.H.M. van. **Dictionnaires et diffusion de savoir,** *In:* H. Bots & F. Waquet (eds.), Commercium litterarium. Amsterdam and Maarssen, 1994.

MERRIAM, S. **Qualitative research and case study applications in education.** San Francisco: Jossey-Bass, 1998.

MUMFORD, L. **Technics and civilization**. Nova York, Harcourt Brace Jovanovich, 1963.

ORLIKOWSKI, W.J. The duality of technology: rethinking the concept of technology in organizations. **Organizational Science**, 3(3):398-427, August, 1992.

POSTMAN, Neil. **Tecnopólio: a rendição da cultura à tecnologia.** São Paulo: Nobel, 1994.

RODRIGUES FILHO, J., ALPES DA SILVA, Katiane O. A teoria da estruturação na construção social da tecnologia – Um estudo de implementação da intranet. **Revista de Administração Pública**, 2001.

SEBRING, R.H. The five million dollar misunderstanding: a perspective on state government-university interoganizational conflicts. **Administrative Science Quarterly**, v.22, n.4, 1977, p.505-23.

SIBILIA, Paula. **O homem pós-orgânico: corpo, subjetividade e tecnologias digitais**. Relume-Dumará, 2003.

TENNANT, E.C. **The protection of invention: printing privileges in early Modern Germany**, *In*: G.S. Williams & S.K. Schindler (eds.) Knowledge, science and literature in early Modern Germany (Chapel Hill, 1996) p.7-48, em especial p.9.

Segurança e Auditoria em Sistemas de Informação

Autor: *Maurício Rocha Lyra*

264 páginas - 1ª edição - 2009
ISBN: 9788573937473
Formato: 16 x 23

A informação é o bem mais precioso e estratégico do século XXI. A era da informação disponibiliza este bem em um volume significativo e sem precedentes na história. A preocupação com as ameaças à confidencialidade, integridade e disponibilidade também é crescente e o assunto tem sido tratado nas reuniões dos CIOs e CSOs das grandes corporações.

Esta obra procura tratar da integração entre a Engenharia de Software e a Segurança da Informação, apresentando o conteúdo em quatro grupos:

Segurança da Informação: discute o ciclo de vida da informação, classificação e controle dos ativos da informação, segurança no ambiente lógico e físico, seus aspectos humanos, engenharia social e impacto na segurança.

Segurança no Contexto do Desenvolvimento de Software: ambiente de desenvolvimento seguro e garantia da segurança nas aplicações desenvolvidas.

Auditoria em Sistemas de Informação: traz ferramentas, técnicas e métodos consagrados pelo mercado, assim como as melhores práticas em auditoria de sistemas.

Administração Estratégica da Segurança da Informação: Plano Diretor de Segurança, Plano de Contingência, Plano de Continuidade de Negócio, Plano de Administração de Crise, Plano de Recuperação de Desastre, estratégias de contingência e Plano de Continuidade Operacional.

O livro traz ainda um resumo das normas ISO/IEC 17.799 e ISO/IEC 15.40

À venda nas melhores livrarias.

CM EDITORA CIÊNCIA MODERNA

Impressão e acabamento
Gráfica da Editora Ciência Moderna Ltda.
Tel: (21) 2201-6662